AUSNUTZUNGSBEDINGUNGEN

Die nachfolgenden Vereinbarungen zwischen Ihnen und der Autorin (im Folgenden auch »Anitra Eggler« oder »ich« genannt) regeln Ihre (nicht meine, Sie sind gemeint, ja, Sie! Hören Sie auf, sich umzudrehen, das macht einen paranoiden Eindruck) Nutzung von »Mail halten! Digitale Selbstverteidigung für Arbeitshelden und Alltagskrieger« in gedruckter, elektronischer oder sonst einer Form. Wenn Sie jetzt einatmen, stimmen Sie diesen und allen folgenden Bedingungen zu. Wenn Sie diesen Bedingungen nicht zustimmen, hören Sie jetzt einfach auf zu atmen. Halt, halt! Legen Sie vorher bitte dieses Werk weit weg, damit kein kausaler Zusammenhang hergestellt werden kann. Was zum Henker heißt das? Jetzt seien Sie nicht so, bei Apple zicken Sie auch nicht rum und akzeptieren das 666.666te AGB-Update ungelesen. Ok, ok, damit das hier harmonisch beginnt, das Wichtigste: Wenn Sie jetzt weiterlesen, akzeptieren Sie alles, was hier steht. Für immer. Sie geben das Recht ab, später rumzuölen, Sie hätten nicht gewusst, was Sie erwartet, und wenn Sie das vorher gewusst hätten, hätten Sie auch Ihr Einverständnis mit den AGB von Google, WhatsApp und sonstigen Datengroßmächten rechtzeitig kritisch hinterfragt. Hätten Sie ...? »Hätte« ist die Mutter vom falschen Leben im richtigen. Am besten, Sie streichen das Wort aus Ihrem aktiven Wortschatz. Dieses Buch ist ehrlich zu Ihnen, seien Sie ehrlich zu sich selbst. Es geht hier um Risiken und Nebenwirkungen der Digitalosphäre. Es geht um »Digitalis«, in der Pflanzenwelt als »Fingerhut« bekannt, dadurch nicht minder gefährlich – deshalb auch Fingerhut – Finger (lat. digitus), sei auf der Hut! Dieser Warnhinweis hätte der Menschheit mehr gebracht als der »Intel inside«-Aufkleber. Warum das? Je nach Dosis kann Digitalis bei Herzinsuffizienz helfen oder tödliche Herzrhythmusstörungen auslösen. Fluch und Segen in einer Pflanze, die beliebt ist und in Fingerfarben total pazifistisch daherkommt. Genauso ist das mit datengetriebenen Digitalika. Sehen Sie sich das Logo von Google an: So harmlos und niedlich, dass man Neugeborene in seine Obhut geben möchte – viele Menschen tun das.

Stop! Sind Sie überhaupt ein Mensch? Die Autorin lässt nur erwünschte Algorithmen in ihr Werk. Erwünschte Algorithmen erkennen seine Relevanz und belohnen sie (nein, diesmal nicht Sie, sorry) mit einer Top-Platzierung bei Amazon. Alle anderen Algorithmen müssen draußen bleiben. Nerds haften für ihre Codes. Um auszuschließen, dass Sie ein unerwünschter Algorithmus sind, der dieses Werk hacken, sich für die Weltherrschaft oder den Roboterjournalismus aufschlauen will, müssen wir einen Test machen. Bereit? Sind Sie ein Mensch? Sollten Sie Zweifel haben, legen Sie die rechte Hand aufs Herz (das ist links unter Ihrer rechten Brust). Pocht es? Wie schön. Sie leben. Sie lesen. Sie sind da! In Ihr Hirn strömen Buchstaben, in Ihren Adern fließt Blut. Das unterscheidet Sie von einem Algorithmus. Diese Lektüre führt zu unerwünschten Wechselwirkungen mit Google-Evangelisten und anderen »Weltverbesserern« im Namen des Geldes – Kirchgängern, US-Anwälten, Facebook-Aktionären. Das ist keine Betriebsanleitung. Die Betriebsanleitung sind Sie. Dieses Werk gibt Ihnen Impulse, wie Sie Digitalika zu Ihrem Vorteil nutzen. Die individuellen Konfigurationen müssen Sie selbst vornehmen. Das ist kein wissenschaftliches Werk und will es auch nicht sein. Es ist die Summe aus 15 Jahren Arbeitsfreude an vorderster Digitalfront gepaart mit Überlebensspaß und einer Prise Lebensklugheit durch Herdplattenanfassen im erlebnispädagogischen Selbsterfahrungsprinzip.

Dosierungswarnhinweise: Hochdosierter Klartext ist nichts für Weichspüler. Dieses Werk tut manchmal weh, aber meistens gut. Es gibt zu viele unkritische Glorifizierer, zu gut bezahlte Lobbyisten und zu viele ängstliche Skeptiker, die Ihnen entschieden zu einem »vielleicht« raten oder einen Text mit »die Zeit wird es zeigen« beenden. Die Zeit wird nichts zeigen. Sie müssen es der Zeit zeigen! Dieses Buch ist für die Bedürfnisse des informationsüberfluteten und aufmerksamkeitsgestörten Homo Digitalis konzipiert und gestaltet. Eine letzte Wahrheit: »Gendern« stört die Buchstabendosis. Liebe Kronen der Schöpfung, bitte fühlen Sie sich dennoch herzlich angesprochen – der Verzicht auf die weibliche Textform ist ein Tribut an Verständlichkeit und Lesefluss. Wenn Sie das alles nicht ertragen, lesen sie trotzdem weiter. In Smartphone stehen ja auch »SM«, »ART« und »SMART« nebeneinander. Sie haben doch ein Smartphone, oder? Dann blättern Sie jetzt um. Nein, nicht wischen!

Für das Einzige,
was Sie im Leben
verpassen können:
Ihr Leben.

Viel Lebenszeit
wünscht Ihnen

Anika Eggers

Mail halten!

6   Kennzahlen des Homo Digitalis

10   Wie viel Lebenszeit bleibt Ihnen?

12   Momente

16   Stoßgebet

18   Bedürfnispyramide 1996 vs. 2016

20   Wunsch ist Wunsch

22   #Wir

24   **ANSTIFTUNG ZUR DIGITALEN SELBSTVERTEIDIGUNG**

26   Warum wir jetzt kämpfen müssen

63   Digitaler Irrglaube, 23 ketzerische Antithesen

ONLINE ONLY
Extra-Kapitel für
Bürokrieger
**MEETING-MALARIA UND
PRÄSENTATIONS-PEST**

www.anitra-eggler.com/folienhaeschen

74 DATEN-DIARRHÖ [Morbus Google Dominationis Mundi]
76 Diagnose / **78** Betroffene / **80** Zahlen / **82** Ursachen /
86 Verlauf / **88** Anamnese / **90** Diagnose / **92** Therapie

114 SKLAVEN-PHONITIS [Servus Manicus Smartfonicum]
116 Diagnose / **118** Betroffene / **120** Zahlen **122** Ursachen /
126 Verlauf / **128** Anamnese / **130** Diagnose / **132** Therapie

158 E-MAIL-WAHNSINN [Pensum Perpetuus Interruptus]
160 Diagnose / **162** Betroffene / **164** Zahlen **166** Ursachen /
170 Verlauf / **172** Anamnese / **174** Diagnose / **176** Therapie

196 SINNLOS-SURF-SYNDROM [Maus Manicus Irrationalis]
198 Diagnose / **200** Betroffene / **202** Zahlen **204** Ursachen /
206 Verlauf / **208** Anamnese / **210** Diagnose / **212** Therapie

232 SOCIAL-MEDIA-INKONTINENZ [Tyrannus Zuckerbergus Asocialis]
234 Diagnose / **236** Betroffene / **238** Zahlen **240** Ursachen /
244 Verlauf / **246** Anamnese / **248** Diagnose / **250** Therapie

272 TINDERITIS [Libido Digitalis]
274 Diagnose / **276** Betroffene / **278** Zahlen **280** Ursachen /
284 Verlauf / **286** Anamnese / **288** Diagnose / **290** Therapie

306 Heute für immer
310 Lebenszeitrechner
314 Digitales Testament
328 Die Autorin
330 Schleichwerbung
332 Quellen
336 Impressum
∞ Dank

Lebenszeitkennzahlen des Homo Digitalis

Sein aktivstes Körperteil ist der Finger: Mehr als die Hälfte seiner 16 Wachstunden verbringt der Homo Digitalis mit seinem Handy, im Netz und vor der Glotze. Zehn Kusssekunden erschummelt er sich täglich durch Emojis. Wer ist der Homo Digitalis?

Ein ganz normaler Zeitgenosse. Ein Mensch wie Sie und ich. Die Mehrheit. Wenn alle verrückt sind, scheint jeder normal. Das ist fatal. Fatal für Ihre Lebenszeitbilanz. Fatal für jeden Moment, den Sie für immer verpassen, wenn Sie ihn fotografieren, anstatt ihn zu erleben. Der Homo Digitalis ist ein lebenszeitverachtender Prioritätensetzer: Sein Handy hält er für ein lebenswichtiges Organ, ohne Strom ist er nicht lebensfähig. Von zehn Lebensjahren verbringt er nur vier im echten Leben, der guten alten Fleischwelt. Kein Wunder, dass er in zehn Lebensjahren nur 10 Tage Sex erlebt und mehr Fingerkontakt mit dem Bussi-Emoji hat als Körperkontakt mit dem Menschen, den er am meisten liebt.

Der Homo Digitalis setzt andere Prioritäten: Er surft 158 Minuten am Tag. Das sind 80 Stunden im Monat oder 40 Tage im Jahr. Investierte Lebenszeit in 10 Jahren: 1 Jahr und 35 Tage. Er chattet 35 Minuten am Tag mit WhatsApp, 17 Stunden im Monat, 9 Tage im Jahr. Investierte Lebenszeit in 10 Jahren: 3 Monate. Er verbringt täglich 150 Minuten mit seinem Handy, 76 Stunden im Monat, 38 Tage im Jahr. Investierte Lebenszeit in 10 Jahren: 1 Jahr und 15 Tage. Er ist 15 Minuten am Tag auf Facebook, 8 Stunden im Monat, 4 Tage im Jahr. Investierte Lebenszeit in 10 Jahren: 1 Monat und 9 Tage. Er sieht täglich 221 Minuten fern, 112 Stunden im Monat, 57 Tage im Jahr. Investierte Lebenszeit in 10 Jahren: 1 Jahr und 7 Monate.

Machtkonzentration pur: WhatsApp gehört Facebook. Der Homo Digitalis schenkt ein Drittel seiner Handyzeit einer einzigen Firma. Und raten Sie mal, wer mit über 80 Prozent Marktanteil die Monopolposition in Sachen Handybetriebssystem hält? Android, also Google. Es gibt noch eine Steigerung. Der bürokriegernde Homo Digitalis in-

1 TAG = 16 WACHSTUNDEN = 960 WACHMINUTEN

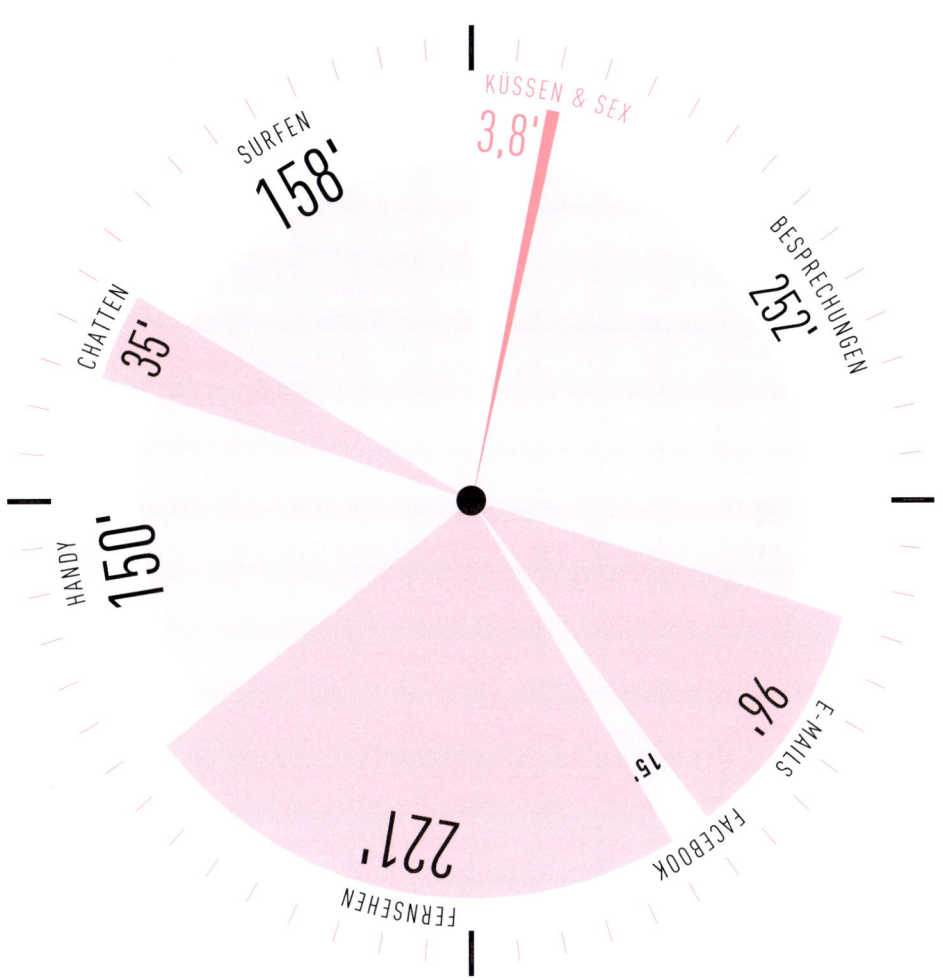

KÜSSEN & SEX
3,8'

SURFEN
158'

BESPRECHUNGEN
252'

CHATTEN
35'

HANDY
150'

E-MAILS
96'

FACEBOOK
15'

FERNSEHEN
221'

Rechnung auf Basis von 30,5 Monatstagen, 8-Stunden-Arbeitstag, 250 Arbeitstage.
Alle Zahlen gerundet[1].

vestiert noch mehr Lebenszeit: Er mailt 96 Minuten pro Arbeitstag, das sind 32 Stunden im Arbeitsmonat, 50 Arbeitstage im Jahr, in Summe zwei sortenreine Mailjahre in zehn Arbeitsjahren. Die Unternehmensberatung Bain hält die Hälfte der investierten Mailzeit für so unnötig wie Sonnenallergie. Lebens- und Arbeitszeitsparpotenzial pro Jahr: 25 Arbeitstage. Doppelter Jahresurlaub für Mailer, die ihren Menschenverstand einsetzen, bevor sie auf »senden an alle« klicken – das wäre doch mal eine Ansage für Mitarbeitermotivation und Jahresergebnis! Um den kausalen Zusammenhang von Motivation und Ergebnis zu analysieren, braucht es jedoch zunächst ein ... Meeting! Dort sitzen Bürokrieger täglich 252 Minuten Arbeitszeit ab, 80 Stunden im Monat, 120 Arbeitstage im Jahr. Investierte Lebenszeit in 10 Arbeitsjahren: 5 Jahre! Bain hält fast die Hälfte dieser Zeit für fehlinvestiert.

Wann lebt der Homo Digitalis? Lebt er überhaupt? Wann liebt er? Kommen wir zu den Premiummomenten: Der Homo Digitalis küsst im Schnitt 10 Sekunden am Tag, 6 Minuten im Monat, 1 Stunde im Jahr. Kusszeit in 10 Lebensjahren: 10 Stunden. Er hat – ungeprüften Angaben zufolge – 26 Minuten Sex pro Woche, 2 Stunden im Monat, 1 Tag im Jahr. Sex in 10 Lebensjahren: 10 Tage. Spätestens jetzt fällt Ihnen auf, dass die Kussbilanz auch bei stabiler Sexbilanz abnimmt und der inflationäre Einsatz von Bussimojis daran nichts ändert.

Like? Es kommt noch besser.

Der gemeine Homo Digitalis lässt sich nach 6 Ehejahren scheiden, stirbt mit höherer Wahrscheinlichkeit an einem Selfieunfall als an einem Haiangriff und hat eine geringere Aufmerksamkeitsspanne als ein Goldfisch – Goldfisch 9 Sekunden, Homo Digitalis 8 Sekunden.

Sind Sie noch da?

Auf der nächsten Seite erwartet Sie eine lebensentscheidende Frage, die selbst Google (noch) nicht beantworten kann.

10 JAHRE IM LEBEN DES HOMO DIGITALIS

KÜSSEN & SEX

SURFEN · HANDY · FERNSEHEN · E-MAILS

CHATTEN · FACEBOOK

1 2 3 4 5 6 7 8 9 10

Wie viel Lebenszeit bleibt Ihnen?

35 36 37 38 39 40 41 42 43 44 45 46 47 48 49

Jedes Jahr erleben Sie Ihren Todestag und ahnen nichts von der letalen Rolle, die dieses Datum für Ihr Leben spielt.

Eines ist sicher: Kein Mensch wünscht sich auf dem Totenbett, er hätte mehr E-Mails geschrieben, mehr Zeit mit seinem Handy verdaddelt, mehr gesurft, gepostet und gelikt.

Alle Menschen wünschen sich, sie hätten

mehr aus ihrer Lebenszeit gemacht.

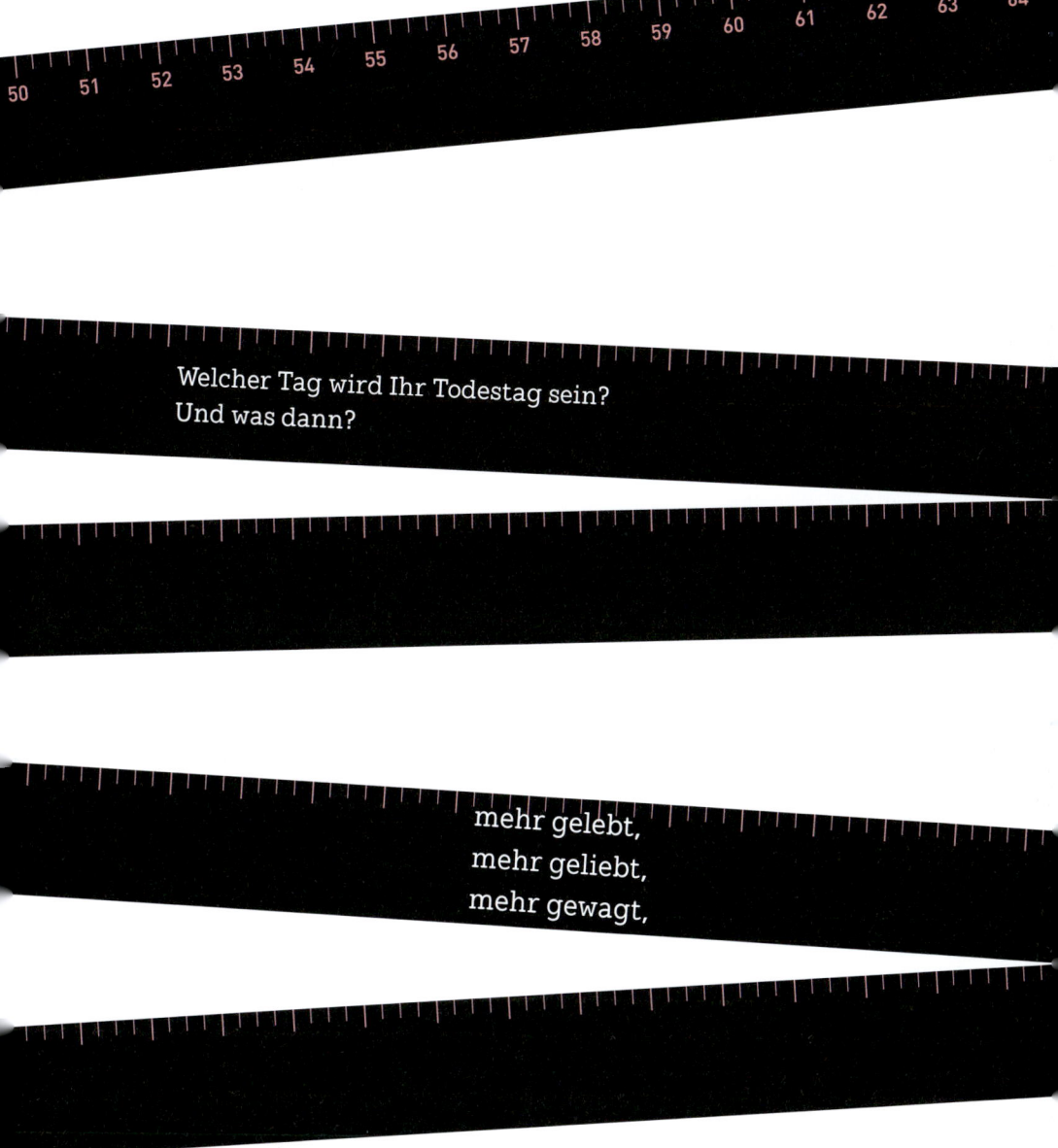

50 51 52 53 54 55 56 57 58 59 60 61 62 63 64

Welcher Tag wird Ihr Todestag sein?
Und was dann?

mehr gelebt,
mehr geliebt,
mehr gewagt,

Je mehr persönliche und biometrische Daten Sie digital preisgeben, desto höher ist die Wahrscheinlichkeit, dass Google demnächst Ihren Todestag kennt. Wundern Sie sich also nicht, wenn eines
Tages ein Sarg vor der Tür steht, den Sie definitiv nicht selbst bei Amazon bestellt haben.

MOMENTE

Wenn ich mein Leben noch einmal leben könnte,
würde ich versuchen, mehr Fehler zu machen.
Ich würde nicht so perfekt sein wollen,
ich würde mich mehr entspannen.

Ich wäre ein bisschen verrückter als ich gewesen bin,
ich würde viel weniger Dinge so ernst nehmen.
Ich würde nicht so gesund leben.

Ich würde mehr riskieren, würde mehr reisen,
Sonnenuntergänge betrachten,
mehr bergsteigen, mehr in Flüssen schwimmen.

Ich war einer dieser klugen Menschen,
die jede Minute ihres Lebens arbeitsam verbrachten;
natürlich hatte ich auch Momente der Freude,
aber wenn ich noch einmal anfangen könnte,
würde ich versuchen, nur gute Augenblicke zu haben.

Falls Du es noch nicht weißt,
aus diesen besteht nämlich das Leben;
nur aus Augenblicken, vergiss nicht den jetzigen!

Wenn ich noch einmal leben könnte,
würde ich von Frühlingsbeginn an bis in den
Spätherbst hinein barfuß gehen.
Und ich würde mehr mit Kindern spielen,
wenn ich das Leben noch vor mir hätte.
Aber sehen Sie – ich bin 85 Jahre alt und weiß,
dass ich bald sterben werde.

Don Herold, 1953[2]

TICK

TACK

TICK

TACK

WANN SCHLÄGT IHRE STUNDE?

JETZT. Dieses Buch schenkt Ihnen Zeit.
Greifen Sie zu. ___

Liebe Leserinnen, liebe Leser,

wir haben uns hier versammelt, um unserer Lebenszeit zu gedenken. Lasset uns beten.

Im Namen des Smartphones und des Internets und der Heiligen Textnachricht, Amen.

Ich glaube an das Internet,
das Web, das weltweite,
den Schöpfer von Suchmaschinen und Schwarmintelligenz,
und an den digitalen Fortschritt,
seine gewinnorientierte Notwendigkeit, unseren Antrieb.

Ich glaube an das Surfen,
empfangen durch unsere Innovationskraft,
gelitten unter unserer Maßlosigkeit,
hinabgestiegen in das Reich der Verdummnis,
in diesen Zeilen auferstanden von den Web-Wahnsinnigen.

Ich glaube an die Verwendung des Klammeraffen,
die Sprachlosigkeit der Emojis,
die Dauerablenkung der Empfänger,
die Vergebung der Sender,
die Auferstehung des fehlenden Anhangs
und an das Handyfonieren.

Menschenverstand unser im Web,
geheiligt werde deine Wachsamkeit,
deine Willenskraft komme,
deine Selbstdisziplin geschehe,
wie am Smartphone, so auch am Tablet.

Unseren täglichen Wissensvorsprung gib uns heute,
und vergib uns unsern Schund,
wie auch wir vergeben unseren Schundfingern.
Und führe uns nicht in Verrufung,
sondern erlöse uns von unserer Angst, etwas zu verpassen.
Denn dein ist das Heute,
und das Morgen
und das Übermorgen,
und unsere Vergänglichkeit,
in Ewigkeit.
Amen.

1996

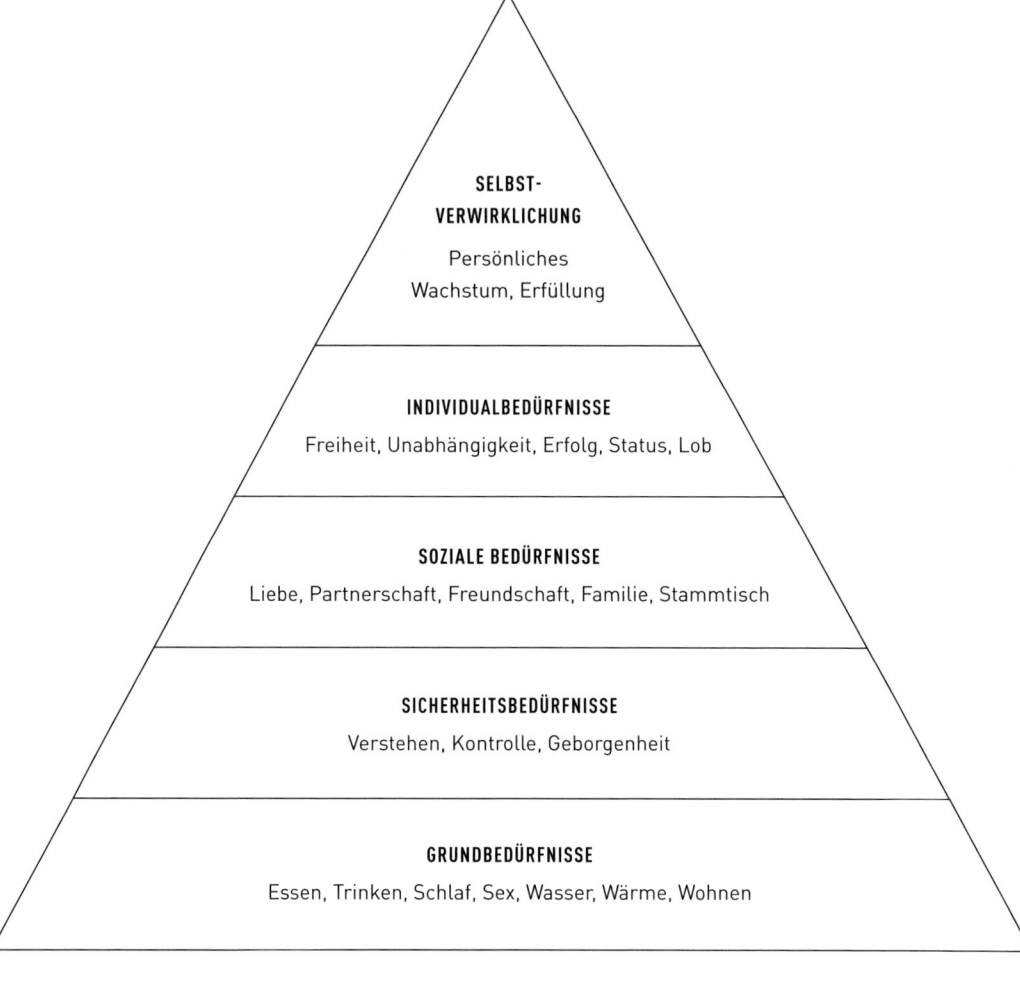

Bedürfnispyramide frei nach Maslow

Der Inhalt der Pyramide von oben nach unten:

SELBST-VERWIRKLICHUNG
Persönliches Wachstum, Erfüllung

INDIVIDUALBEDÜRFNISSE
Freiheit, Unabhängigkeit, Erfolg, Status, Lob

SOZIALE BEDÜRFNISSE
Liebe, Partnerschaft, Freundschaft, Familie, Stammtisch

SICHERHEITSBEDÜRFNISSE
Verstehen, Kontrolle, Geborgenheit

GRUNDBEDÜRFNISSE
Essen, Trinken, Schlaf, Sex, Wasser, Wärme, Wohnen

2016

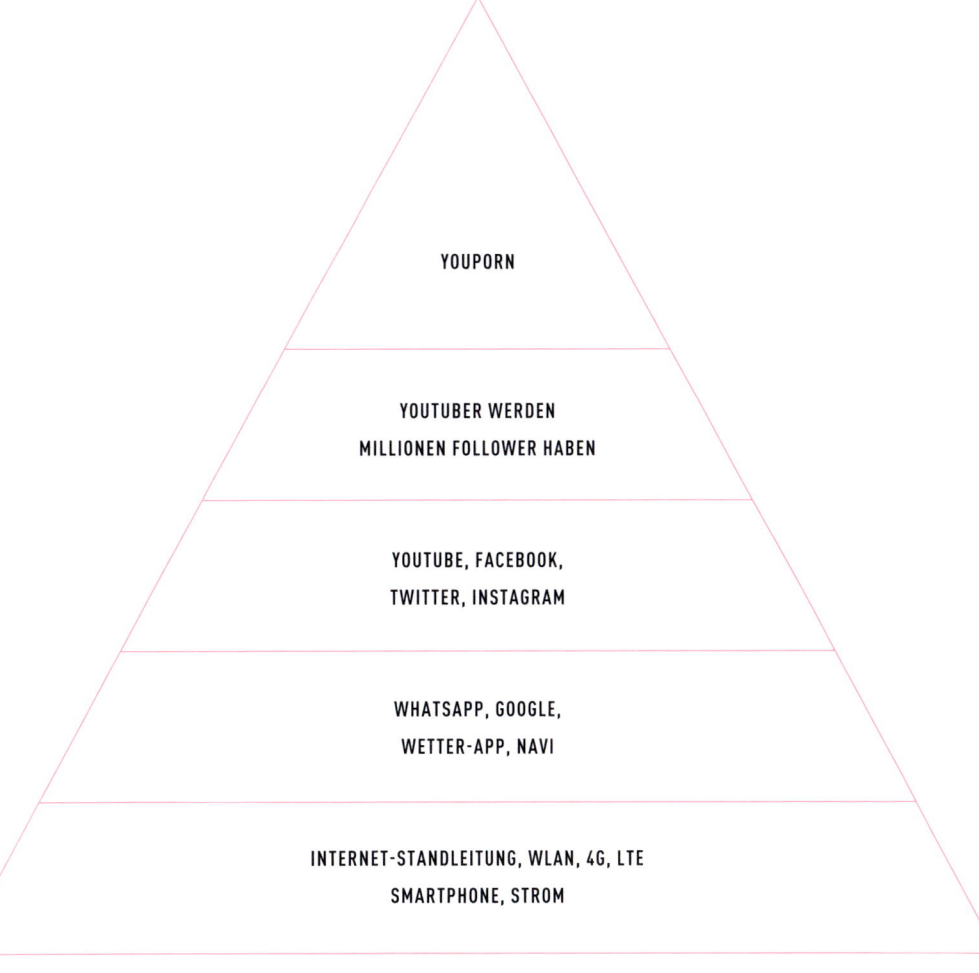

YOUPORN

YOUTUBER WERDEN
MILLIONEN FOLLOWER HABEN

YOUTUBE, FACEBOOK,
TWITTER, INSTAGRAM

WHATSAPP, GOOGLE,
WETTER-APP, NAVI

INTERNET-STANDLEITUNG, WLAN, 4G, LTE
SMARTPHONE, STROM

Bedürfnispyramide unfrei nach Homo Digitalis

Ich habe mir das nicht gewünscht, Sie etwa?

Was einem in den 90er Jahren noch wie die Horrorvision eines Hellsehers erschienen wäre, zählt heute zu den Grundbedürfnissen intelligenter Menschen. Zurück in die Zukunft.

1996. Schachmatt: Der Computer »Deep Blue« besiegt Schachgenie Garri Kasparow, »Braveheart« gewinnt den Oscar, Deutschland die Europameisterschaft. Stellen Sie sich vor, am 31.12.1996 hätte jemand diese Wünsche ins Universum geschickt …

ICH WILL IN ZUKUNFT …

… im Urlaub, nach Feierabend, am Wochenende und gerne auch mal nachts für den Chef, die Kunden und die Kollegen erreichbar sein.

… mein geheimes Tagebuch, meine Intimfotos und Privatvideos mit der Weböffentlichkeit teilen und diese in Zukunft »Freunde« nennen.

… eine Uhr tragen, die mich rund um die Uhr überwacht und alles aufzeichnet.

… täglich Fotos von mir selbst machen und diese veröffentlichen.

… nur noch so in den Tag starten: Erst WhatsApp checken, dann strecken. Dann mit Facebook aufs Klo gehen und dort den ersten Scheiß posten.

... unerklärbare Angst davor haben, eine digitale News zu verpassen. Welche? Egal! Eine halt. Irgendeine!!!

... Liebe und Zuneigung nur mit Herzchensmileys kundtun.

... mein Leben alle 18 Minuten unterbrechen, um auf ein Handy zu starren.

... Anrufe annehmen, um zu sagen, dass ich jetzt nicht telefonieren kann.

... meinen Traumpartner von einem Algorithmus aussuchen lassen.

... meine Daten Firmen schenken, die damit Geld machen.

... in Nanosekunden Antwort auf alles erhalten, was ich sende und selbst in Nanosekunden auf alles antworten und das 25 h/Tag.

... im Regen stehend auf eine App stieren, um sicher zu sein, dass es regnet.

... Beziehungen unpersönlich beenden, indem ich Kontaktdaten blockiere.

... alles bewerten: die Autobahntoilette, meine Firma, meine Freunde. Ich werde öffentlich machen, was mir gefällt – und was nicht.

1996 hätte ich diesem Menschen den Konsum bewusstseinserweiternder Substanzen verboten. Sie? Fakt ist: Diese Wünsche wurden erhört! Ob das ein Gottesbeweis ist oder das Gegenteil (#Nietzsche, #NSA, #Google), müssen Sie selbst entscheiden.

1 Wir sind ständig erreichbar und nirgends richtig präsent. **#RIP**

2 Wir verzichten lieber auf Sex als auf unser Smartphone. **#LOVE**

3 Wir stalken unsere Ex-Partner online und sind uns sicher, dass sie uns nichts mehr bedeuten. **#HAPPY**

4 Wir posten Essensfotos und gieren nach Likes. Kommen keine, ist uns der Hunger vergangen. **#FOODPORN**

5 Wir fotografieren Sonnenuntergänge, anstatt sie zu erleben. **#SKYPORN**

6 Wir verletzen die Privatsphäre unserer Kinder mit jedem Foto, das wir ohne ihr Einverständnis von ihnen veröffentlichen. **#FIRSTBABYPIC**

7 Wir fotografieren unsere Kleinstkinder so oft, das ihr erstes Selbstbild von leicht schielenden Selfies geprägt wird. **#LIKE**

8 Wir empören uns über #NSA, akzeptieren jedoch ungelesen die entmündigenden AGB von Google, Facebook, Apple & Co. **#SMILE**

9 Wir halten uns für smart, nutzen aber nur die Idiotenfunktionen unseres Smartphones. **#SEXY**

10 Wir wissen, dass wir eine Zahl in der Rechnung profitorientierter Firmen sind, dennoch negieren wir, dass »gratis« unsere Daten kostet, und verdrängen die Folgen. **#FUN**

11 Wir filmen Menschen und Tiere in Not und versenden als Erste Hilfe einen Tweet. **#LIFEISGOOD**

12 Wir sehen häufiger auf ein Display als in die Augen der Menschen, die wir am meisten lieben. #TRUELOVE

13 Wir sind dauerabgelenkt und verwechseln Kontrollverlust mit Karriere. #NEWWORK

14 Wir fürchten Hackerangriffe auf unser Bankkonto, befürworten aber Hackerangriffe auf vermeintlich böse Mächte. #HACKERSFORGOOD

15 Wir sind freiwillig ständig erreichbar und fühlen uns unfreiwillig versklavt. #FREEDOM

16 Wir lesen nicht mehr, wir scannen nur noch und wundern uns, wenn wir verblöden. #FAIL

17 Wir akzeptieren Datenschutzbedingungen ungelesen und fordern gleichzeitig mehr Datenschutz. #CUTE

18 Wir sind in Zeitnot, müssen aber 88-mal am Tag checken, ob unser Handy noch Strom hat und ob Facebook noch steht. #BESTOFTHEDAY

19 Wir sorgen dafür, dass unsere Kinder lieber mit Smartphones spielen als mit uns. #LOVEYOU

20 Wir lenken unsere Aufmerksamkeit so lange auf das Banale, bis wir blind sind für das Wesentliche. #FOLLOW

21 Wir verschenken unsere Privatsphäre und veröffentlichen Inhalte, die Hausfrieden, Sicherheit und Job kosten können. #TGIF

22 Wir verwechseln Google-Ergebnisse mit Wahrheit und halten das für Fortschritt. #NOTEVIL

23 Wir lassen uns von E-Mails sagen, was wir als Nächstes priorisieren, und wundern uns über Überstunden. #TGIM

24 Wir defragmentieren unsere Festplatten, aber niemals unser informationsüberflutetes Hirn. #NOFILTER

25 Wir möchten nicht, dass unsere Selfies so aussehen wie wir, wir möchten so gefiltert aussehen wie unsere Selfies. #BEAUTIFUL

26 Wir versenden täglich Heerscharen von Emojis, fühlen uns aber selbst nicht mehr. #ME

27 Wir fotografieren uns selbst, damit wir wissen, dass wir noch da sind. #SELFIESUNDAY

WARUM TUN WIR DAS?

WEIL WIR ES KÖNNEN.

WIR WOLLTEN FREIHEIT!

WIR HABEN UNS SELBST VERSKLAVT.

WIR NUTZEN DIE TECHNOLOGIE!

DIE TECHNOLOGIE BENUTZT UNS.

ANSTIFTUNG ZUR
DIGITALEN
SELBSTVERTEIDIGUNG.

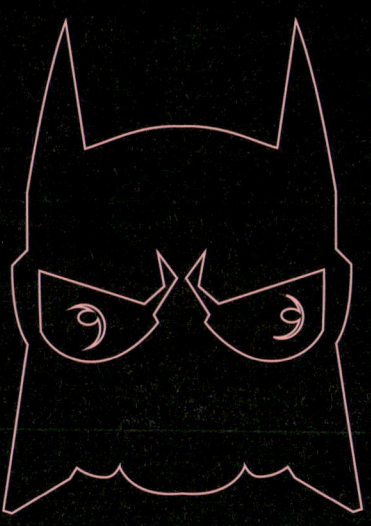

Warum wir jetzt kämpfen müssen

1996 bis 2016 – 20 Jahre, ein Fliegenschiss in der Menschheitsgeschichte. Und doch Zeit genug, um alles aufs Spiel zu setzen, wofür die Menschheit Jahrhunderte gekämpft hat: Freiheit, Demokratie, Selbstbestimmung. Und wer ist schuld? Wir selbst. Jeder, der nicht nein sagt, sagt ja.

Neinsagen ist heute so schwer wie nie. Was das Neinsagen so scheinbar unmöglich macht, ist die Alternativlosigkeit, die dahinter lauert. Monopolbildung erfolgreich und unwiderruflich abgeschlossen: Wer die Ausnutzungsbedingungen von Google, Facebook, Apple, Microsoft, Amazon & Co. nicht akzeptiert, kann ihre Produkte und Dienste nicht nutzen – und hat oftmals keine vergleichbare Alternative.

Das ist schlimm genug, aber es kommt noch wesentlich schlimmer: Wenn Google oder Amazon nicht gefällt, was ich hier schreibe, kann es passieren, dass dieses Buch eines Tages nicht gut oder gar nicht mehr gelistet wird. Die offizielle Version wird lauten, dass sich »etwas am Algorithmus geändert hat«.

SOLANGE ES KEIN GESETZ GIBT, das Machtmonopole aus wettbewerbsrechtlichen Gründen zwingt, ihre Algorithmen offenzulegen, werde ich das akzeptieren müssen. Wenn ich Glück habe, ändert der Algorithmus meine Suchergebnisse und Buchempfehlungen so, dass ich in einer ferngesteuerten Filterblase nichts von meiner eigenen Auslistung wahrnehme. Oder ich bekomme nur noch Inhalte angezeigt, die mein digitales Weltbild derart weichspülen, dass ich eine Religion namens »Google« gründen will. Halleluja! Ich wünschte, ich könnte diese Gedanken als futuristische Horrorvision abtun und mich heiteren Themen widmen. Leider ist es bereits sechs nach zwölf. Deshalb muss ich maximal deutlich werden: Es gibt keine Zukunft. Sie hat bereits begonnen.

Wie konnte es so weit kommen?
Ein Blick zurück nach vorne

1996 hatte mich das digitale Fieber bereits entflammt. Ich war aufstrebende Journalistin und stolze Besitzerin eines Nokia 2110. Zwei Jahre später leitete ich meine erste Internet-Firma: ein Content-Startup. 1998 musste man das Wort »Content« noch buchstabieren. Einer meiner Kunden war Amazon. Sie werden es nicht glauben, aber ich habe tatsächlich die ersten verkaufsfördernden Newsletter für Amazon.de getextet – eine Pionierleistung aus historischer Sicht. Dass ich fast dreißig Jahre später mein verlegerisches Ausgeliefertsein an das Amazon-Geschäftsdiktat beklagen würde, hätte ich damals nicht geahnt. Hätten Sie gedacht, dass Sie bei Amazon eines Tages Kokosblütenzucker und Boxspringbetten kaufen könnten? Klar, als Tchibo-Kunde hatte man gewisse Fantasien, aber diese Sortimentsbreite und -tiefe? Hätten Sie gedacht, dass Amazon eines Tages eigene Filme und Serien produzieren würde und neben Google die größte Serverfarm betreiben und an Big Dataplayer wie Dropbox vermieten würde? Kleiner Trost: Was ich von Amazon 1998 erwartet habe, ist eingetreten: Die Monopolstellung im Buchgeschäft ist so groß, dass ein Amazon-Schaufenster als Vertriebskanal reicht, um Bücher erfolgreich online zu verkaufen.

Der Rest wundert mich auch nicht mehr. Seit ich mich etwas intensiver mit Amazon-Chef Jeff Bezos beschäftigt habe, weiß ich: Amazon war nie als Konkurrent für den Buchhandel angetreten. Amazon ging es von Anfang an um digitale Weltherrschaft. Kein Scherz. Jeff Bezos' Vision war schon immer etwas größenwahnsinniger gewesen als alles, was man sich unter bewusstseinserweiterndem Drogeneinfluss vorstellen kann. Es gibt solche Menschen. Sie werden oft unterschätzt, dabei könnte jeder ihre Kampfansagen lesen und verstehen. 1998 war von einem Kampf um die Weltherrschaft noch nichts zu spüren. Es war Goldgräberstimmung. Der erste Internet-Boom. »Hast du ein Geschäftsmodell?« »Drei!« »Wie verdient ihr Geld?« »Werde ich nach dem Börsengang beantworten.« Ich habe damals solche Interviews geführt und sogar an manche Firmen geglaubt, die an die Börse gingen, bevor ihre fast noch minderjährigen Vorstände sich nach zwei durchgearbeiteten Jahren mit einem Sabbat-Jahr vor der geplatzten Blase und sich selbst vor dem Burnout retteten. Ich greife vor. Das alte Fieber packt mich, wenn ich von dieser Zeit erzähle. Ich verrate Ihnen was: Das war eine geile Zeit! Der gute alte erste Internetboom. Komm auch du, greif zu! Klick as much as you can! PENG!

War ich naiv? Ja. Sehr. Das waren wir alle. Zu viele sind es heute noch. Sehen Sie sich nur Twitter an. Die Firma macht seit Bestehen keinen Gewinn, hat kein Geschäftsmodell, bekommt immer wieder Investoren- und Börsengeld. Warum ist Twitter so viel wert? Weil die Menschheit aus dem Platzen der ersten Internetblase nichts gelernt hat. Das ist ein Grund. Der zeitgemäßere ist der: Weil Menschen wie Sie und ich Twitter mit unseren Daten, mit unserem Denken und mit unseren Emotionen füttern. Falls Sie zu internetgeschädigten Querlesern und Langtext-Verweigerern gehören und Ihr Dauerablenkung gewöhntes, dopamin-süchtiges Hirn eine Ablenkung fordert: Bezähmen Sie das Zittern Ihrer Finger, ich gebe Ihnen einen Klick: www.emojitracker.com. Klicken Sie nur ganz kurz! Versprochen?

Eine Stunde später. Online-Zeit ist Lebenszeit, gell?

Ihnen ist immer noch schwindelig von der Geschwindigkeit der Emoji-Zähler? Und Sie kapieren deshalb, und natürlich nur deshalb, überhaupt nicht, was diese Seite mit dem Firmenwert von Twitter zu tun haben soll? Ist ganz banal und deshalb sehr mächtig: Emojis verraten viel über die Stimmung von Menschen. Und da die Zeichenzahl auf Twitter begrenzt ist, werden verstärkt Emojis eingesetzt, um dem Kurztext die richtige Stimmung mitzugeben. Twitter hat eine höhere Emoji-Dichte als Whats-App, kaum zu glauben, aber wahr. Jetzt kommt Fantasie ins Spiel: Wenn ich diese Emoji-Daten Mitarbeitern zuordne oder regional eingrenze, dann habe ich als Führungskraft ein Stimmungsbild in Echtzeit oder als Rosenverkäufer den Tag meines Lebens. Comprende?

DATEN. DATEN. DATEN. Die Währung von heute war 1998 ein Thema, aber nicht DAS Thema. Nerds ahnten vermutlich schon 1998, dass man durch die Fähigkeit zu coden, also programmieren zu können, bald mächtiger sein würde als mit einem Doktortitel in Altgriechisch und Latein. Ich ahnte das nicht. Ich war einfach nur euphorisch und mit ungebremstem Internet-Enthusiasmus ganz vorne bei der Weltrevolution dabei. So hat sich das zumindest angefühlt, auch nach dem siebten Arbeitstag der Woche um kurz vor Mitternacht. Damit ich nicht allzu blauäugig dastehe, lassen Sie uns nochmal zu den deutschen Anfängen von Amazon gehen. 1998 arbeiteten bei Amazon Deutschland noch größtils lesebegeisterte Buchmenschen. Menschen, die dank ihres geisteswissenschaftlichen Hintergrunds sehr genau wussten, wie man Bücher in bester Feuilleton-Manier lobpreist oder verreißt. Menschen, die aber aus genau demselben Grund nicht wussten, dass man mit seitenlangen Buchrezensionen per E-Mail keine Bücher verkauft, sondern Kunden verliert und keine neuen gewinnt. Das war der Punkt, an dem meine Content-Agentur und ich ins Spiel kamen. Mit mir arbeiteten nur unterbezahlte, aber überqualifizierte Jungjournalisten, die ich selbst eingestellt hatte und in jeder unbezahlten Überstunde mit Sushi und Prosecco bei Laune hielt.

Wir waren hochmotiviert, aber wir waren Journalisten, keine Werber. Wir hatten genauso wenig Ahnung von Newsletter-Marketing wie die Amazon-Leute, aber wir hatten einen entscheidenden Vorteil: Wir schrieben nicht über Leute, die schreiben können, wir konnten selbst schreiben. Und das taten wir auch. Was ist ein Schweinebauch-Newsletter? Ein Flugblatt. Kleine Inhalte, aktivierende Überschriften, großes Produktfoto, attraktiver Preis. Klick! Sie wissen schon, wie diese Supermarktflugblätter, auf denen das Kilo Schweinebauch für 99 Cent angepriesen wird und die Masse kauft das und die Minderheit beschwert sich über Massentierhaltung und nennt Schnitzel ihr Lieblingsgericht. So ähnlich ist das inzwischen mit Amazon. Viele Gutmenschen boykottieren Amazon, sind aber selbst nicht bereit, Versandkosten zu bezahlen, und konsumieren im Stundentakt gratis Qualitätsjournalismus auf Kosten von Arbeitsplätzen und Medienfreiheit. Der Mensch ist ein ambivalentes Tier, aber Schweinebauch-Newsletter funktionieren immer.

1998 WAR EIN GOLDGRÄBERJAHR DER GESCHÄFTSIDEEN. Größer als in diesem Jahr sind meine Internet-Illusionen nie gewesen. Schöne, verheißungsvolle neue Welt. Ich bin überzeugt, dass in den Tagen des ersten Internetbooms nur die üblichen Größenwahnsinnigen gierige Absichten hatten. Wir gemeinen Startup-Krieger waren so ahnungslos wie Menschen, die Hoffnung wählen, wenn ein Diktator ihnen Arbeitsplätze durch Autobahnen verspricht. Wir waren geblendet von der Unfassbarkeit der Möglichkeiten. Wie haben wir das Internet verehrt! Wie haben wir für den digitalen Segen missioniert! Wie haben wir uns für die Vernetzung von Mensch und Wissen begeistert und die Tage der unendlichen Mitbestimmungsmöglichkeiten gefeiert. Digital war das Viagra unserer Kreativität, der Turbobooster unserer Geschäfts- und Börsengangfantasien.

1998 war DIGITAL Synonym für Freiheit. Grenzenlose Freiheit. Wir wussten, was wir tun, aber wir wussten nicht, wohin das führt. Den Highway of Datahell, unsere freiwillige Entmündigung, die selbstinitiierte Versklavung, das selbstverschuldete Outsourcing unseres Hirns, die Monopolisierung der wichtigsten und gefährlichsten digitalen Geschäftsfelder, die beginnende totale Überwachung von allem Sein durch Privatfirmen in Eigenregie und in Zusammenarbeit mit Regierungen ... das ahnte niemand, das kann doch auch niemand gewollt haben, oder?

Wir waren digital naiv: Wir haben unsere Rechnung ohne den Menschen gemacht.

ICH ERINNERE MICH NOCH AN MEINE ERSTE BEGEGNUNG MIT GOOGLE. Das war 1999 auf der Internet World in Berlin. Ich habe damals für einen der ersten Internet-Fernsehsender live von der Messe berichtet. Journalistisch gesehen, war die Live-Berichterstattung von der Messe ein Knochenjob.

Unser Schnittwagen war ein unterbelüfteter Container, unsere Daten waren groß, die Leitungen klein ... Eine der wichtigsten News, die wir produziert haben, war eigentlich gar keine News. Es war ein Gerücht. Das Gerücht hieß Google. Der Name wurde überall getuschelt. Damals waren wir mitten in der Hochphase der Kapitalvernichtung durch den börsenbefeuerten Dotcom-Wahn. Gerüchte konnten da sehr viel Geld wert sein, deshalb war es wert, zuzuhören, und Daueralarm war sowieso Synonym für Normalzustand, wenn man in der Internetbranche – oder hipper formuliert: Dotcom-Branche – lebte und arbeitete, was ebenfalls Synonym war. Google also. Eine neue Suchmaschine. Wer brauchte die? Wir hatten Fireball. Wir hatten Lycos. Wir hatten AltaVista. Wir hatten Yahoo. Ernstzunehmende Branchenkenner schworen bei ihrer Mutter: »Google macht das Rennen! Google wird DIE Suchmaschine. Alle anderen, die früher den Markt bestellt hatten, werden untergehen. Wenn dir dein Job wichtig ist, schreib über Google!«

Was soll ich sagen, mein Job war mir wichtig, ich war mein Job! Also zog ich los und suchte Google. Ich weiß nicht, ob es an der schlechten Luft lag. Fakt ist: Mir war ein bisschen schlecht, als ich nach langer vergeblicher Suche endlich den Google-Stand fand. Ich war tatsächlich ein halbes Dutzend mal daran vorbeigelaufen. Und das war auch absolut erklärbar: Der Google-Stand war so klein, dass man ihn gar nicht als »Stand« erkannte. Sie wissen schon: klotzen, nicht kleckern, das war das Motto der Dotocom-Zeit. Der Google-Stand war genau einen Quadratmeter groß. Ein Tresen, zwei dünne Metallzahnstocher rechts und links hielten ein Logo, das aussah wie selbst ausgedruckt. Hinter diesem Stand standen zwei erschöpfte Männlein. Nerds in der Endstufe. Augenringe in Pandabärengröße. Ich stapfte entnervt auf die beiden zu, schnappte mir eine ausgedruckte Pressemeldung und zog ab. Mein Körper brauchte dringend Sushi. Sushi war damals meine Allzweckwaffe gegen Übermüdung, Überarbeitung, Unterernährung. Der Eiweißturbo schob mich und mein Team immer wieder über diverse Deadlines. Nach dem Essen musste ich erstmal herzlich lachen: Google – was für ein Witz! Diese zwei Geeks? Noch eine Suchmaschine? Bullshit. Bei der Messeparty gab es kein anderes Thema. Was haben wir über Google gelacht! Irren ist menschlich. Heute – nicht mal 20 Jahre später – ist Google mächtiger als alle Großmächte der Welt zusammen. Was ich Ihnen damit sagen will, ist: Ich glaube, selbst die Leute von Google wussten anfangs nicht, welche Macht Google gewinnen würde. Macht war nicht das Ziel. Die wollten einfach ein geiles Produkt machen. Google war eine Geek-Bude. Die hatten keinen CEO mit Weltherrschaftsfantasien. Der spätere Google-Chef Eric Schmidt war damals noch bei Sun Microsystems, die 2010 von Oracle gekauft wurden. Hopp oder top – schneller, als Jahreszeiten wechseln, das gehört zur Internetbranche wie Highspeed zur Datenleitung.

Ich mochte dieses Tempo. Es entsprach meiner Lebensart. Immer Vollgas, volle Dosis, du kannst schlafen, wenn du tot bist. Ich lebte in Hochgeschwindigkeit, hatte aber damals schon einen Heidenrespekt vor der Zeit. In meiner Münchner Wohnung tickten in jedem Raum mindestens zwei Uhren. Mir war das Überaufgebot nicht bewusst. Ich wollte alles und vor allem, nichts verpassen. Außerdem war eigentlich ständig irgendwo Deadline ... Ich weiß noch, wie ich an einem der seltenen freien Abende branchenfremde Freunde zum Abendessen einlud. »Arbeitest du jetzt für die Zeiterfassung?«, fragte mich eine Freundin aus alten Tagen. Ich verstand ihre Frage nicht.

Ich wollte die Frage nicht verstehen, aber vergessen konnte ich sie auch nicht. Warum? Im Nachhinein habe ich die perfekte Antwort: Weil diese Frage einen Schlüsselmoment in meinem Leben und Arbeiten markiert. Das wurde mir nicht sofort, aber viel später dafür umso deutlicher bewusst. Noch war alles Business as usual, Hochgeschwindigkeit meine Normalgeschwindigkeit. Als die Blase im März 2000 platzte, blieb ich relativ gelassen. Ich war viel zu erschöpft und müde für Aufregung mit großer Amplitude. Nachdem ich zwei Jahre fast ununterbrochen gearbeitet hatte, schien mir auch der Niedergang meiner Agentur wie eine willkommene Zäsur, um Atem zu holen und um vielleicht mal wieder so was wie Urlaub zu machen.

Heute glauben Menschen am Rande des Nervenzusammenbruchs, mit einem Tag im Thermalbad ließe sich monatelange Überarbeitung einfach wegwaschen. Ich kann Ihnen sagen: Das funktioniert. Eine Zeit lang. Nach zwei Jahren Internet an vorderster Front war Therme bei mir allerdings bereits wirkungslos. Mein Körper ist ein schneller Konvertierer. Der wusste: heute Therme heißt die nächsten zehn Tage durcharbeiten. Da bleibe ich besser gleich so unentspannt wie Schockstarre, dann bekomme ich nicht so viel davon mit. Nun ja … Für den Neustart schied Therme aus. Ich brauchte die totale Tiefenentspannung und entdeckte »Floating«. Für meine Wiedergeburt stieg ich vier Wochen lang immer wieder in einen zweieinhalb Quadratmeter kleinen Salzwassertank und paddelte wie schwerelos in fötaler Entspannung von Wand zu Wand.

DER STRESS GING, EINE ERKENNTNIS KAM: ES IST AUS. Internet und ich: getrennte Leute. Startup-Business und ich? Njet. Dann lieber gleich auf dem Bau arbeiten mit einem ordentlichen Helm und Schutzkleidung. Mein Pakt mit mir selbst: Ich will und werde nie wieder zwei Lebensjahre durcharbeiten, ich bin doch nicht geisteskrank! Die Idee: Ich machte mich selbstständig. Das tat ich dann auch. Ich zog aufs Land. Wollte Bücher schreiben. Schrieb als freie Journalistin für meine Lieblingsmagazine und war nicht mal ein paar Wochen in Landruhe und Frieden, als das Angebot kam: Wien, Internet-Agentur, Creative Director mit Option auf Geschäftsführung. Nur drei Tage pro Woche vor Ort sein, den Rest: in der Stille der Landluft arbeiten, schreiben, leben, den Blumen beim Wachsen zusehen. Das war der Plan. Ich glaubte an den Plan. War ich naiv? Ich war naiv. Und wie! Ich war noch nicht mal dreißig. Erwachsensein hatte ich mir für später aufgehoben.

Der Plan verwirklichte sich genau ein Quartal lang. Dann arbeitete ich montags bis freitags in Wien, pendelte Freitagnacht kurz vor Mitternacht 300 Kilometer aufs Land, schrieb dort am Wochenende für meine Magazinkunden und arbeitete wieder rund um die Uhr.

Es klingt bekloppt, aber es ist die Wahrheit: Internet nach dem Crash, das war schon wieder vor allem eines: eine echt geile Zeit! Zugegeben, ich hatte keine Ahnung von der Kreativgeschäftsführung einer Internet-Agentur. Ich konnte Content, ich konnte Journalismus, ich konnte Kunden, ich war kreativ. Und: Ich war vom neuen weltweiten Felgaufschwung des Internets gnadenlos enthusiasmiert und, wie Sie inzwischen schon wissen, auf rund um die Uhr arbeiten bestens konditioniert. Das reichte. Ich habe es einfach gemacht. Ok, ich gebe zu, dass ich davor das Buch »Swimming with the sharks, without being eaten alive« gelesen habe. Ein inzwischen fast antiker, aber deshalb nicht minder wertvoller

Managementklassiker von Harvey Mackay. Lebt der überhaupt noch? Kurz mal googeln. Ja, Harvey lebt. Der wusste, wie es geht.

Meine Lieblings-Freischwimmer-Regel war und ist: You have to say NO, NO, NO until your tongue bleeds!

Diesen Satz murmle ich manchmal heute noch vor mich hin. Ist für Menschen mit Helfersyndrom ein lebenswichtiges Mantra.

Ich war sieben Jahre bei der Agentur. Die letzten drei Jahre als Geschäftsführerin. Ich vertrat Österreich als Jurorin der Internet-Arbeiten bei den Cannes Lions, den Oscars der Kreativbranche. Ich habe in sieben Jahren die wichtigsten österreichischen Firmen und viele internationale Marken ins Internet, ins Intranet, ins Online und ins mobile Marketing begleitet. Ich habe zusammen mit großen Unternehmensberatungen Wertschöpfungsketten in alle Richtungen digitalisiert, die Sie sich vorstellen können. Ich habe viel gelernt und alles immer sofort weitergegeben. Es war irgendwie dauernd jetzt, und das im gemütlichen Österreich! Das liegt an der Internetbranche: Sofortness schien Kundenservice und Wettbewerbsvorteil in einem. Wir waren nicht die einzige Agentur. Auf die Top-Kunden in Österreich waren auch die deutschen Top-Player scharf.

ENDE DER NULLERJAHRE: DAS GESCHÄFT WURDE IMMER SCHNELLER. Ich lerne: Menschen können nur bis zu einer Grenze schneller werden. Sie haben ein Limit. Wenn du 700 Kilometer mit 7.000 Umdrehungen fährst, läuft der beste Motor heiß und Sofortness wird zum Stress. Aber, ach, was für ein Segen! Die Digitalisierung hatte wieder mal ein Einsehen und machte mit. Mehr noch: Sie machte Sofortness zum Normalzustand von Milliarden Menschen. Die Smartphones kamen gerade noch rechtzeitig und mit ihnen die Ausweitung der Kampfzone. Zeigen Sie Ihren Kunden, dass Sie in der Lage sind, freitagabends eine E-Mail zu lesen und zu beantworten – und Sie werden sehen, wie Sie jeden Freitagabend E-Mails bekommen, gefolgt von Aufgaben, die bis Montag morgen zu erledigen sind, weil

»megadringend«. Plötzlich wird alles megadringend und megadringend Ihr innerer Unruhezustand.

Ich weiß gar nicht mehr, wann das war. Ich glaube, es war noch einen Karrieresprung weiter, als ich mich den Satz sagen hörte: »Überstunden gibt es nicht. Leben ist Arbeiten. Arbeiten ist Leben. Solange mein Kopf auf meinem Hals sitzt, denke ich. Solange ich denke, arbeite ich. Also kommt mir nicht mit Überstunden. Ich frage euch auch nicht, wann ihr zum Arzt geht oder euren Liebeskummer in einem dreistündigen Chat ertränkt.« Ich glaube, das war ein Satz aus meiner spontanen Antrittsrede. Geplant ist im Startup-Business nur, dass nichts geplant ist. Geplant war nach der Internet-Agentur wieder mal mein Ausstieg und ganz sicher nicht noch eine Internetfirma. Einmal internetinfiziert, länger internetinfiziert. Ich hätte es wissen müssen, oder? Ich war innerlich schon wieder auf dem Absprung Richtung Bücherschreiben, als ich ein Angebot bekam, das meinen Berufskreis so schön zu schließen schien, dass ich es annahm und weitere drei Jahre im digitalen Hamsterrad Pirouetten drehte: Diesmal als Geschäftsführerin eines Online-Medienhauses. Ich dachte, das schließt den Kreis, ich gehe zurück zu meinen Wurzeln. Was Anfang der Neunziger mit meinem ersten Volontariat begonnen hatte, sollte Ende der Nullerjahre mit Journalismus 2.0 enden. Auf dem Papier las sich das gut, in meiner Fantasie schien es wie eine Vollendung von allem, was ich gelernt hatte. Ich freute mich auf meine Wurzeln und wollte sie mit allem, was ich über die digitale Kommunikationskraft wusste, veredeln. Das war nicht so einfach, wie ich mir das vorgestellt hatte.

Ehe es mir bewusst wurde, hatte ich 60 Mitarbeiter, Durchschnittsalter 24, und eine beratungsresistente »Older than old school«–Medienkonzernhierarchie an der Backe. Golfspielende Alphamänner fünfzig plus, denen ich im Jahr 2008 immer und immer wieder erklären musste, dass das Internet gekommen war, um zu bleiben. Ich weiß, das liest sich jetzt gleich wie Satire, aber ich schwöre Ihnen, das ist noch eine harmlose Version eines ganz gewöhnlichen »Chef-Chef-Anitra«-Dialogs im Laufe eines stinknormalen, entspannten 14-Stunden-Arbeitstags.
»Nein, das Internet ist kein Trend. Ja, das ist auch in Ihrem Browser. Jetzt klicken wir mal hier. Ja, das ist Google. Nein, wir haben keine Zeit, um

ein halbes Jahr auf eine Budgetfreigabe zu warten. Der Server ist jetzt schon voll. Wir brauchen asap mehr Kapazität, oder alles geht hops. Ja, ich weiß, wie ein Konzern funktioniert. Trotzdem brauche ich jetzt 10.000 Euro. Ja, jetzt ist sofort. Der Mitbewerber setzt alles schneller um, wenn wir nicht handeln. Wann ich Ihren Print-Journalisten, die seit Jahrzehnten auf Lebenszeit angestellt sind, Crossmedia-Journalismus erkläre? Gleich. Ganz charmant, die werden sonst sauer, verstehe. Vorher brauche ich noch kurz eine Handlungsfähigkeitsspritze für die Online-Tochter. Die ist strategisch Prio 1, sagen Sie doch selbst immer, oder etwa nicht? Was poppt denn da schon wieder an Ihrem Bildschirm auf? Ist das ein Porno-Virus? Na, wo haben Sie das denn her? Ihre Maus springt immer so komisch. Ach. So. Ist. Klar. Kein Problem. Ich mach das weg …« Drei Stunden und drei Tonnen Hornhaut auf den Nerven später: »Danke! Ja, ich mache gleich einen Termin für die Crossmedia-Schulung aus! Verstanden, Print bleibt King. Natürlich werden Sie auch eingeladen. Ich kaufe nur noch kurz mehr Serverplatz, um den laufenden Betrieb aufrechtzuhalten. Schicke Ihnen einen Termin. Ja, per E-Mail. Kann Ihre Assistentin dann ausdrucken.«

Ich habe in diesen drei Jahren fast zehn verschiedene Medienportale unter schwierigen Bedingungen ins Web gebracht. Aber wann sind die Bedingungen schon einfach? Internet ist alles, aber nie einfach. Dazu geht es zu schnell. Ich habe mit meinem Team eine Online-Journalistenausbildung erfunden, weil es damals keine Ausbildung gab. Die Firma, die wie meine, aber nicht meine war, durfte sogar Azubis ausbilden – auch das war etwas, was wir einfach umgesetzt haben. Wir hatten kein Budget, aber Träume und Menschen, die sie umsetzen wollten. Das ist und war unbezahlbar.

MEIN INTERNET-ENTHUSIASMUS HAT SICH NICHT VON HEUTE AUF MORGEN VERABSCHIEDET. Er ist in Raten gegangen, dafür aber allumfassend. Die ersten Warnsignale sendeten meine Mitarbeiter. Da ich meine Arbeitstage in Meetings verbrachte, kam ich erst nachts und am Wochenende so richtig zum Arbeiten. Wichtiges erledigte ich samstags und sonntags, wenn ich ungestört war. Da saß ich dann im Jogger vorm Computer und nahm mir die wirklich wichtigen Dinge vor. Qualitätsmanagement zum Beispiel.

Wissen Sie, was das heißt? Sie schauen sich an, was Ihre Jungs und Mädels unter der Woche so verbockt haben – Sie finden immer was –, und dann schreiben Sie eine Mail, in der Sie unmissverständlich klarstellen, dass »der Einsatz von Hirn eine gehaltsrelevante Komponente ist.« Und was tun Ihre Mitarbeiter, die Sie allesamt erfolgreich mit dem neusten Smartphone aller Zeiten versklavt haben? Die antworten. In Nanosekunden. Nachts. Am Wochenende. Nach Feierabend. An Weihnachten. Im Urlaub. Anfangs verwechseln Sie das mit Produktivität. Und Sie sind stolz darauf. Es dampft aus den Tastaturen. Es wird rund um die Uhr gemailt, als gelte es die Welt zu retten. Und dann kommt dieser saudoofe Moment. Sie sitzen gerade mal wieder schnappatmend auf dem Klo, weil Sie vor lauter Mails beantworten ständig reflexartig die Luft anhalten. Scheint gerade mal wieder alles Alarmstufe dunkelrot und das stille Örtchen Ihr einziger Zufluchtsort. Und wie Sie da so sitzen und sich in Yoga-Atmung üben, fragen Sie sich: Ist das eigentlich noch normal?

Und dann haben Sie einen ehrlichen Moment und antworten sich selbst: »Nö. Gar nicht. Ich glaube, du bist wahnsinnig geworden und treibst andere damit in den Wahnsinn!« Ich hatte so einen Moment. Da habe ich mir »kurz« (früher ging bei mir alles nur »kurz« oder »schnell« – Kennen Sie? Ich geh nur mal »kurz« aufs Klo. Ich rufe nur mal »schnell« meine todkranke Oma an. Ich bin gleich bei dir, lass mich nur »kurz« diese Mail ... Schatz, bleib so, ich will nur noch »kurz ganz schnell« ...) ganz schnell mal kritisch angesehen, was bei uns da eigentlich täglich auf Alarmstufe rot durch die digitalen Kanäle peitschte. Ich verrate Ihnen was:

Was ich für Produktivität und Engagement hielt, war nichts weiter als Beschäftigungstherapie. Ich las mir ein paar E-Mails durch, studierte die CC-Zeilen und erkannte: »Wichtiger als, was man kommuniziert, ist inzwischen: dass man kommuniziert.« Das hat mit Produktivität nix mehr zu tun. Das ist blinder Aktionismus.

Ich war alarmiert. Ich kaufte mir kiloweise Zeitmanagementbücher und sonstige Effzienz-Booster. Ich zwangsverordnete erste E-Mail-Regeln, um die Flut einzudämmen.

MEIN NÄCHSTES »HALLO-WACH«-ERLEBNIS folgte ein paar Tage später in einem völlig unerwarteten Moment der kontemplativen Morgenlektüre in meiner stillen Informationsflut-Stunde von 7:30 bis 8:30 Uhr. Das war 2009. In meinem Posteingang befand sich eine Studie zum Thema Lebenszeit. Da stand drin, dass ein Mensch, der in der Zeit 75 Jahre alt wird, 8 Jahre mit einem Handy, 6 Jahre im Internet, 8 Monate mit E-Mail-Löschen, aber nur 14 Tage mit Küssen und nur 12 Stunden mit Orgasmen verbringt. Es war Montag. Es war vor 9 Uhr. Ich war alleine in meinem wohnzimmerartigen Büro. Ich wähnte mich im Zeitplus. Deshalb habe ich nachgerechnet und festgestellt, dass ich in den vergangenen 10 Jahren schon 1,5 Jahre vermailt und 2,5 Jahre versurft hatte. Das war ein Weckruf in Sachen Leben. Ich nahm mir vor, geiziger mit meiner Arbeits- und Lebenszeit zu sein. Das klingt so passiv, wie das war. Ich hatte keinen konkreten Plan. Ich wusste, ich muss was ändern. Aber ich wusste noch nicht, wie und was.

Bei einer Sache war ich mir sicher: Vier Jahre im Netz! Die Hälfte der Zeit hätte ich mir sparen können, wenn ich schlauer gewesen wäre. Damals nannte ich das noch nicht schlau. Muss ich zugeben. Ich möchte das nicht schöner schreiben, als es war. Ich nannte es: »effizienter« gewesen. Mein Gott war damals die Produktivität. Ich war auf dem besten Weg zum Homo Oeconomicus. Immer höher, schneller, weiter und zum Frühstück drei Red Bull. Das war ich. Ich konnte mich ganz fabelhaft mit Durchhalteparolen motivieren, die selbst einem Kettensägen-Al alle Ehre bereitet hätten. Ok, wenn Sie hier jetzt nochmal googeln möchten, gerne. Kettensägen-Al. Ich muss gestehen, ich fand den früher toll. Zu dieser Zeit mochte ich auch Sätze wie: »Schmerz ist Schwäche, die deinen Körper verlässt.« Versteht sich von selbst, dass man meine Krankentage im Jahr an einer Hand abzählen konnte, oder?

Warten Sie schon auf meinen großen Zusammenbruch? Den gab es nicht. Vielleicht, weil ich meine Arbeit immer als Berufung empfunden habe. Vielleicht, weil ich das Leben so sehr liebe, dass ich mich an den allermeisten Tagen ganz einfach nur über die schlichte Tatsache gefreut habe, dass ich morgens aufwache. Das war immer so, das wird immer so sein. Inzwischen zelebriere ich ein paar morgendliche Genussrituale mehr: Ich rieche den Tag. Ich höre den Tag. Ich atme den neuen Tag. Ich trinke Kaffee mit geschlossenen Augen im Bett – die Maschine steht auf dem Nachttisch. Diese kleine Überlebensfreude jeden Morgen, die ist mächtig. Sie war mein Schild, sie ist mein Schild.

So was hilft. In meinem Umfeld gab es und gibt es einige Menschen, die hat dieser digitale Stress so unvorbereitet und ungeschützt getroffen, dass sie an ihm zerbrochen sind, oder ihre Beziehungen daran zerbrochen sind. Brutal gesagt: In meinem Bekanntenkreis gibt es mehr Burnout- und Suizidfälle als glückliche Familien mit Kindern. Mein Wendepunkt war ein Mitarbeiter. Mein bester Mitarbeiter. Der Mann hatte nur ein Problem und das war sein Firmenhandy. Das Gerät schien direkt aus seiner Hand zu wachsen, sechster Finger. Blackberry? Crackberry.

Je mehr er kommunizierte, desto schlechter wurde die Kommunikation auf der qualitativen Seite. Ich wollte ihm eine Zwangsmaßnahme verordnen. Am Freitag vor seinem nächsten Urlaub holte ich ihn zu mir ins Büro. »Gib mir dein Firmenhandy. Das macht jetzt auch Urlaub, bei mir im Schreibtisch!« Er sah mich an wie ein Alien. Nicht dein Ernst, sagten seine mangagroßen Augen. Ich legte nach: »Komm, dein Job wird noch da sein, wenn du nach 14 Tagen supererholt zurückkommst. Gib das Handy her. Ist jetzt nicht wichtig. Du, entschleunige dich! Schau deinen Kindern beim Wachsen zu! Zähle Sand!« Ich habe selten jemanden gesehen, den die Dienstanweisung, im Urlaub nicht zu arbeiten, so unglücklich gemacht hat, wie diesen Mann. Er gab das Handy ab. Hatte ja auch keine andere Option. Was soll ich Ihnen sagen? Oberste Schreibtischschublade, flache Hierarchie, schlechtes Versteck. Als ich abends von meinem Meeting-Marathon zurück an meinen Schreibtisch kam, war das Handy weg. Aber ein gelber Zettel klebte in der Schublade, darauf stand: »Ich bin ein Idiot, aber ich kann nicht anders!«

Wie geil ist das denn?, dachte ich mir. Meine Mitarbeiter versklaven sich selbst! Ich verordne arbeitsfreien Urlaub und die Leute stehlen ihr Arbeitsgerät aus meinem Schreibtisch. Aus Unternehmersicht ein Traum. Eine Opfergabe an den Produktivitäts-Gott, der keinen Feierabend kennt. Doch dieser Gott war in diesem Moment selbst mir zu weit gegangen. Ich wollte mündige, mutige Mitarbeiter, keine fremdbestimmten Smartphone-Sklaven.

Deshalb war ich froh, als besagter Mitarbeiter drei Monate später an einem Montag in mein Büro kam, mir sein Handy auf den Tisch klatschte und es abgab. »Hast du noch so ein altes Handy?«, fragte er, »muss nicht viel können, telefonieren wäre super!« Klar hatte ich noch ein paar präsmartphonische Knochen in der Sammlung. »Warum jetzt, warum heute, warum nicht schon vor deinem Urlaub?« Das war die Frage, die ich noch hatte. Er erzählte mir, dass seine kleine Tochter am Vortag von der Spielplatzschaukel gefallen war, weil er seinem Handy mehr Aufmerksamkeit geschenkt hatte als der Kleinen. »Papa, dein Handy macht Aua!«, hatte sie zu ihm unter Tränen gesagt. Das war der Moment, der ihm die Augen geöffnet hatte. Und mir gleich mit.

2008. DER KNACKS. Zehn Jahre hat es gedauert, bis meine so enthusiastische Beziehung zum Internet und zur digitalen Kommunikation einen ernstzunehmenden Knacks bekommen hat. Was macht mein Handy aus mir? Was macht diese digitale Höllengeschwindigkeit aus und mit uns? Beachten wir unsere Telefone mehr als die Menschen, die wir am meisten lieben? Als ich diese Frage mit ja beantworten musste, habe ich alle Besprechungen des Tages abgesagt. Ich habe mir Zeit genommen, darüber nachzudenken, was die Digitalisierung aus uns gemacht hat. Ich habe mich gefragt, ob es das wert ist. Ob das, was der Mensch aus den Chancen macht, das ist, wofür ich die digitale Revolution verehrt und vorangetrieben habe. Nein. Leider nein.

> Die Digitalisierung schien mir als ein Weg in die Freiheit. Ich sah immense Chancen für das Individuum, für den Individualismus, für Demokratisierung, für die Vernetzung der Welt. Dann erkannte ich: Digitalisierung macht uns so unfrei wie nie zuvor. Und das Schlimmste ist, wir versklaven uns selbst!

Als mir das bewusst wurde, habe ich keinen Stein auf dem anderen gelassen. Ich habe die Regeln geändert. Ich habe digitale Rituale gebrochen. Ich habe neu definiert, welches Medium ich für welchen Kommunikationsanlass einsetze und noch wichtiger: welches nicht.

Ich habe meine Mitarbeiter aufgeschlaut – »Notarzt nie per E-Mail rufen! Anrufen.« Sie lachen? Meine Jungs und Mädel waren Digital Natives. Die hatten damals bereits ein ausgewachsenes Problem mit persönlicher Live-Kommunikation, aber texten konnten sie gut.

Ich habe mich selbstdiszipliniert und gelernt, mein Handy auch mal auszuschalten. Das war grauenvoll, aber heilsam. Ich habe begonnen, Urlaub im Funkloch zu machen. Ich musste lernen, dass meine Aufgabe als Führungskraft nicht darin besteht, mich unersetzbar zu machen, sondern mich ersetzbar zu machen. Ich habe aufgehört, meine Arbeitstage in Meetings abzusitzen. Ich habe über die Hälfte meiner eigenen Jour fixes abgesagt und die Zeit genutzt, um über bessere Führungsinstrumente nachzudenken. Ich habe wieder begonnen, tagsüber konzentriert zu arbeiten, statt mich von einer Unterbrechung zur nächsten treiben zu lassen. Ich habe den Stecker gezogen, um wirklich abschalten zu können.

Ich habe E-Mail-Öffnungszeiten eingeführt und die Ansage meiner Mailbox von »Werde Sie umgehend zurückrufen« auf »Nach Ihrer Nachricht ist vor meinem Rückruf« geändert. Das schreibt sich alles einfacher, als es war, als es ist. Rituale schleichen sich fast unbemerkt ins Leben; sie zu brechen, ist höllisch schwer. Wer mir dabei geholfen hat? Eine Eule. Kennen Sie dieses großartige Foto, das eine Eule zeigt, die mit stoischem Gesichtsausdruck der kalten Dusche eines Gartenschlauchs standhält? Darunter steht: »Selbstdisziplin ist der einzige Weg, um in einer Welt voller Idioten zu überleben!« Diese Bild klebte ich an meine Schreibtischlampe. Die Eule wurde mein Motivationsguru.

SO HABE ICH MICH EIN JAHR LANG SELBSTTHERAPIERT. Dadurch habe ich Zeit gewonnen. Zeit, um über meine Lebensträume nachzudenken. Eines Morgens stand ich nach dem Joggen unter der Dusche. Romane schreiben ist kein Geschäftsmodell, dachte ich mir und wollte gerade ein bisschen traurig werden, als mir die ultimative Idee kam! Was wäre, wenn ich eine neue Art von Ratgeber schreiben würde? Humorvoll, kreativ und grafisch liebevoll für internetgeschädigte Querleser gestaltet?

Wir schrieben das Jahr 2009, ich war von E-Mail- und Handy-Wahnsinnigen umgeben. Meine eigenen Mitarbeiter sendeten weniger E-Mails, aber immer mehr Erschöpfungssignale. Mir war klar, dass die digitale Überforderung in Kürze überall sichtbar werden würde:

> Burnout-Anstieg durch ständige Erreichbarkeit, Produktivitätsverlust durch Dauerablenkung, Demotivation und innere Kündigung durch Management by E-Mail, by Meetings, by Überdosis Sofortness und wie man den ganzen sinnentleerten Pseudo-wichtig-Müll halt so nennt.

Was wäre, wenn ich alles, was ich mit mir selbst und meinen Mitarbeitern angestellt hatte, aufschriebe und das dann, ja, wie denn … genau, Digital-Therapie nennen würde? Diese Idee schien mir zu Zeiten des absoluten Social-Media-Berater-Booms und Social-Media-Experten-Exodus geradezu verwegen, wenn nicht gar komplett verrückt. Ich dachte kurz an Oscar Wilde, der nur verrückte Ideen als Ideen bezeichnet hatte, ging ins Büro und kündigte, um endlich (endlich!) Bücher zu schreiben. Das war schon immer mein Lebenstraum gewesen. Seit ich schreiben konnte, wollte ich Bücher schreiben. Weil das kein Beruf ist, habe ich den Umweg über den Journalismus genommen. Dann kam die digitale Wundertüte und mit ihr alle neuen Möglichkeiten für die Kommunikation. Wer Kommunikation so sehr liebt wie ich, musste da zugreifen. Als ich kündigte, war das mein ultimatives Nein zu weiteren Karriereschritten in der Internetbranche.

MEIN NEIN KAM SPÄT, und es ist nicht das kategorische Nein, das Sie sich als ungeduldiger Querleser vielleicht schon dazugedichtet haben. Don't judge a Book by its Cover! »Ich habe das Buch nicht gelesen, aber ich finde es doof!« schrieb mal ein Amazon-Rezensent über meinen Bestseller-Erstling »E-Mail macht dumm, krank und arm«. Genau so hatte ich den Titel gemeint. Schöne neue Welt? Zurück zu Ihnen. So einfach mache ich es Ihnen nicht. Falls Sie hoffen, dass ich von der Internet-Enthusiastin zur radikalen Internet-Verweigererin konvertiert bin, hoffen Sie vergebens, sind aber durchaus in Gesellschaft – aber nicht in guter.

Verstehen Sie mich richtig: Ich liebe die meisten Digitalika. Was ich nicht mag, ist, was Menschen und Monopole damit machen. Ich bin nicht anti digital. Ich bin pro Menschenverstand und pro Lebenszeit. Mein Anspruch ist schlicht: Ich will nicht weniger digital sein, sondern besser!

Denselben Anspruch habe ich ans analoge Leben: besser leben, mehr genießen, Träume nicht aufschieben, sondern verwirklichen.

Die Sofortness, die mein Arbeitsleben so viele Jahre in ein Überschallkommando verwandelt hat, befeuert heute mein Jetzt auf eine ganz unstressige und sehr lebensgenussfreudige Art. Dennoch gibt es Menschen, die in mir einen Verbündeten für ihre eigene digitale Verweigerungshaltung sehen möchten. Ich liebe Briefe. Aber ich finde es ganz grauenvoll, wenn mir Menschen nur deshalb Briefe schreiben, weil sie glauben, ich hasse E-Mails. Ich liebe gut geschriebene E-Mails noch genauso wie vor 20 Jahren. Mir ist es völlig gleich, in welchem Medium mich eine Botschaft erreicht: Hauptsache, sie hat Herz und Hirn. Das einzige, was ich meide wie die Pest, sind Gruppenchats und Games. Das sind die schlimmsten Dauerablenker und Zeittotschläger der digitalen Welt.

SOLL JEDER UMARMEN ODER VERWEIGERN, WAS ER WILL. Ich bin Autodidaktin, Erlebnispädagogin und Herdplattenanfasserin. Ich habe studiert, falls Sie das beruhigt. Aber was heißt das schon? Gut oder böse, mutig oder feige? Nicht deine Bildung, sondern dein Leben antwortet für dich. Mit meinem ersten Paar Rollschuhe bin ich auf eine Mauer geklettert und gesprungen. Ich habe daraus gelernt, dass Fliegen anders geht.

Wenn Menschen digitale Kommunikation aus Unkenntnis oder mangels Medienkompetenz verweigern und gleichzeitig zu faul sind, ihre Wissenslücken in Eigenregie zu schließen, findet das nicht meinen Beifall, sondern mein Beileid. Eltern müssen sich im Internet genauso gut auskennen wie ihre Kinder, Lehrer noch besser. Alles andere ist fahrlässig und ein Brandbeschleuniger in Richtung Ende der Menschheit.

STICHWORT EXODUS. Haben Sie schon mal drüber nachgedacht, was Sie der Gottheit Ihrer Wahl antworten, wenn Sie eines Tages einberufen werden und die Einlassfrage lautet: »Wo waren Sie all die Jahre?« Als mir klar wurde, dass meine Antwort bis 2009 »Im Internet – mit meinem Handy« gelautet hätte, habe ich den Kurs gewechselt und die darauffolgenden Jahre mit einem kleinen Beitrag dafür gefüllt, dass wir noch ein bisschen länger und hoffentlich auch glücklicher auf diesem Planeten weilen: Seit 2010 schreibe ich digitaltherapeutische Bücher und therapiere Unternehmen, ihre Mitarbeiter und manchmal auch ganz normale Menschen mit einem realsatirischen Vortragsprogramm, das Lebenszeit schenkt und ganz nebenbei die Bauchmuskeln trainiert.

Als ich die Recherche für dieses Buch begonnen habe, war mein Fokus weit von dem entfernt, was Sie jetzt lesen. Ich hatte viel Neues auf dem Schirm, aber ein Thema hatte ich so gewaltig unterschätzt wie die Mehrheit der Bevölkerung. Und genau das ist der Grund, warum dieses Thema so brutal brisant ist, dass ich gar nicht weiß, wie ich Ihnen seine Dringlichkeit dringlich genug beschreiben kann. Ich versuche es.

SIND SIE BEREIT, ODER SIND SIE BEREIT? (Alternativlosigkeit ist Teil der Herausforderung.)

Wir müssen über Weltherrschaft sprechen.

Sie haben jetzt bereits über 40 Seiten unzensierte Anitra Eggler gelesen. Ich bin mir sicher, Sie wissen inzwischen, dass ich nicht der Typ bin, der Verschwörungstheorien oder Religionen braucht, um sich die Welt anhand einer Matrix erklären zu können oder sie weichzuzeichnen. Ich halte Verschwörungstheorien per se für lachhaft und für ein geistiges Armutszeugnis. Mein Dilemma ist Teil des Gesamtproblems: Jeder, der sich gegen den unkritischen Konsum von digitalen Weltrettungsformeln wehrt, muss sich präventiv verteidigen, damit er nicht als Verschwörungstheoretiker, Fortschrittsverweigerer oder Kulturpessimist missverstanden werden kann. Ich schreibe mit Absicht »werden kann«. Man muss alles tun, um es zu verunmöglichen. Allein das empfinde ich als schlimm, Sie nicht?

»Ich bin kein Technikkritiker. Ich kritisiere die Monopolisierung von Macht durch Technik und unseren naiven Umgang damit.« Dieser Satz ist leider nicht von mir, aber ich unterschreibe ihn mit Eigenblut. Selbst wenn man seinen Standpunkt so glasklar und brillant argumentieren kann, wie der Publizist Evgeny Morozov das tut, läuft man Gefahr, in die Anti-Ecke gedrängt zu werden. Morozovs Berufsbezeichnung ist in vielen Medien »Internet-Kritiker«. Was soll das für ein Beruf sein, Internet-Kritiker? Das ist kein Journalismus, das ist Hilflosigkeit oder Propaganda. Genug der Verteidigung vor dem Angriff. Die Notwendigkeit der Verteidigung zeigt, um wie viel es geht: Es geht um alles.

ES GEHT UM IHRE DATEN, ES GEHT UM UNSERE DATEN. Es geht um die Demokratie. Wer jetzt nicht kritisch hinterfragt und seine Digitalika klug konfiguriert, setzt alles aufs Spiel, wofür die Menschheit gekämpft hat, allem voran die persönliche Freiheit und Lebenszeit. Es ist sechs nach zwölf, und es geht um alles. Dramatischer vermag ich das nicht formulieren. Falls Sie jetzt denken, ich schreibe hier mit Mehrwertsteuer. Nö. Da war netto ausgedrückt. Die digitale Revolution ist vorbei. Gott sei Dank, höre ich die Liga der innovationsresistenten Aussitzer erleichtert aufseufzen. Vorsicht, der nächste Satz könnte zu Schnappatmung führen:

Die digitale Revolution ist vorbei, weil ihre Gewinner keine Verhandlungsmasse übrig gelassen haben. Die Gewinner haben die mächtigsten digitalen Geschäftsfelder erfolgreich monopolisiert. Jetzt genießen sie Digital Detox im Silicon Valley, zelebrieren handyfreie Freitage und schicken ihre Kinder auf Waldorfschulen, die sittenwidrig teuer sind. Dort lernen die Eliten von morgen Strickzeug statt Smartphone.

In den Vereinigten Staaten hat sich die Zahl der Waldorfschulen seit der Jahrtausendwende verdoppelt. Selbst Steve Jobs soll seinen Kindern zu Hause iPad-Verbot erteilt haben. Und was heißt das für uns, für uns arme Handysklaven? Erst mal das: The winner takes it all.

Die Verlierer der digitalen Revolution akzeptieren die Ausnutzungsbedingungen der Sieger ungelesen und werfen ihr intimstes Datengold in die Wolke. Sie halten ihr Handy für ein lebenswichtiges Organ, lassen sich von E-Mails durchs Hamsterrad drehen, verbringen mehr als die Hälfte ihrer Wachstunden online, erleben in zehn Jahren nur zehn Tage Sex und sind stolz, ein Homo Digitalis zu sein.

Auf welcher Seite stehen Sie? Auf Ihrer. Es ist höchste Lebenszeit für eine digitale Evolution: Firmen, die schneller und skrupelloser agieren, als Regierungen das je können werden, sind genau aus diesem Grund binnen der vergangenen fünf Jahre mächtiger geworden als alle Regierungen der Welt zusammen. Unsere Daten und die digitale Dopaminausschüttung, nach der der Homo Digitalis alle 11 Minuten lechzt, sind fest in profitorientierter Privatwirtschaftshand.

HALT, WO WOLLEN SIE HIN? Nein, nein, nein, aufgeben gilt nicht. Wie, die wissen doch eh schon alles über Sie, und Sie haben nichts zu verbergen? Das ist kein Argument, das ist Kapitulation. Mir ging es bis Ende 2015 genauso wie Ihnen. Datenschutz fand ich so sexy wie Fußpilz. Ich weiß, ich sollte mich schämen, aber für mich war das ein Nerd-Thema, das mich natürlich auch betraf und dann doch auch wieder nicht. Ich habe die Verantwortung immer wieder von mir weggeschoben und mit einem leichten Resignieren jeder Nutzungsbedingung zugestimmt, die mir vor die Maus lief. Wissen Sie, ich habe es mir so leicht gemacht, wie es sich alle heute leicht machen. Ich habe mich damit getröstet, dass das, was die Big Four – Google, Facebook, Apple und Amazon – bereits von mir wissen, mehr ist, als ich – datentechnisch betrachtet – über mich selbst weiß (und wissen will). Natürlich habe ich versucht, die Datenzufuhr überall, wo es ging, zu beschränken. Und ja, ich habe auch fast nie auf der letzten Meile geschlampt und immer nachgesehen, was diverse Apps an Daten abgraben, wenn sie vorgeben, gratis zu sein, und ich deshalb mit Daten bezahle. Trotzdem: Das war nicht genug.

Als ich Ende 2015 mit einem Koffer voller Bücher in einer einsamen mexikanischen Plumpsklohütte verschwand, um dieses Buch zu beginnen, hat mich der Stand der Dinge fast in die Jauchegrube katapultiert. Es begann mit einem Datenstick. Ich hatte mir ein paar hundert Megabyte Datenvolumen für die Recherche gekauft. Als ich zum ersten Mal online ging, dauerte es gefühlte 10 Sekunden, bis das gesamte Datenvolumen verbraucht war. Ich glaube, ich hatte noch nicht mal eine Browserseite offen. Ich musste mich kneifen, so baff war ich. Denken Sie, schön doof – und haben 1.001 Ideen, hinter welcher Wolke die Bytes verschwunden sein könnten?

Glauben Sie mir, ich weiß, wohin Daten verschwinden können. Ich habe meine Geräte im Griff, dachte ich zumindest, und hatte alles deaktiviert, was Daten saugen oder sich im Hintergrund aktualisieren konnte. Ich kaufte weiteres Datenvolumen und beobachtete entsetzt, wie im Sekundentakt große Mengen Megabytes verschluckt wurden. Es war, als hätte mein Laptop ein Loch! Parallel dazu hatte ich alle Kontrollfreak-Funktionen geöffnet und sah in der Detailansicht aller Aktivitäten meines Rechners, dass dort nichts stattfand, was den mobilen Datenverlust hätte rechtfertigen können. Kein Programm verbrauchte Internetdaten. Keines! Können Sie mir folgen? Heute habe ich ein paar nerdige Erklärungen für das, was passiert sein könnte.

Ich erspare Ihnen die Details. Es geht um das Momentum: Ich gehöre sicher zu den 20 Prozent der Bevölkerung, die Digitalika einigermaßen im Griff haben und nicht zu bequem sind, die Dinge zu konfigurieren – meistens, nicht immer, ich bin auch nur ein Mensch. An diesem Tag ist mir bewusst geworden, dass ich all das, was sich im Verborgenen meines Rechners abspielt, all die Daten, die da – von mir unbemerkt – rein- und rauswandern, nicht mehr kontrollieren kann. Erschwerend kam Folgendes hinzu: Kurz vor meiner Fahrt in die Schreibklausur hatte ich die erste Spam-Mail von mir selbst erhalten. Nur ich, andere Leute nicht. Zumindest hat sich niemand über eine Spam-Attacke in meinem Namen beschwert – ich bin mir ziemlich sicher, das wäre gerade bei mir der Fall gewesen. Ich bekam also eine E-Mail von mir selbst an mich selbst und pries mir »geile, willige … … … « – Sie wissen schon an. Gruslig. Nicht minder irritierend war, zumindest auf den ersten Blick, ein Vortragszuhörer aus der IT-Branche, der sich für meinen Newsletter mit anitra-eggler@seinFirmenname.de (sein Firmenname!) angemeldet hatte und mir auf Nachfrage mitteilte, dies sei sein individuelles System für Informationsmanagement, ich möge ihm bitte dennoch meinen Newsletter senden und nein, er würde natürlich nicht in meinem Namen Mails versenden und wennschon, das könne heutzutage bereits jedes Kind, oder? Das stimmt. War mir klar. Ist mir klar. Identitätenklau oder die Entführung eines Internet-Ichs geht heute so schnell, so schnell können Sie gar nicht schlucken. Als ich meinen alten Twitter-Account @anitraeggler gelöscht habe, hat es genau zwei Sekunden gedauert, bis mein Name gekapert wurde. Ist ja nicht so, als hieße jede Zweite Anitra Eggler … Ich kann mit sowas leben. Wie? Indem ich es ignoriere.

Diese drei Erlebnisse und das mobile Datenloch in meinem Laptop haben meine Buchpläne von einer Sekunde auf die andere verändert: Ich wusste, dass ich mir das Datenthema als Erstes ansehen musste, auch wenn ich dazu – und das gebe ich gerne zu – nicht die geringste Lust hatte. Mein ältestes Buch war zum damaligen Zeitpunkt gerade mal zweieinhalb Jahre alt. Das ist in Internetzeit total veraltet, das war mir bewusst, deshalb habe ich es auch nicht neu aufgelegt. Was sich in diesen zweieinhalb Jahren jedoch in Sachen Datenmacht und Machtkonzentration getan hatte, war an mir vorbeigegangen. Ich wusste, dass die EU seit 2009 an einer neuen Datenschutzverordnung »arbeitete«. Ich wusste, dass die Verhandlungen sich zogen und umstritten waren, u. a. weil die Abgeordneten von einer nie dagewesenen Lobby – zahlen- und zahlungskraftmäßig – bei ihrer Arbeit behindert wurden. Oder wie nennen Sie das, wenn der deutsche Innenminister Thomas de Maizière mit weitem Abstand den Spitzenplatz unter den Politikern einnimmt, die Anträge gegen (richtig gelesen: gegen!) privatsphärefreundliche neue Regelungen eingebracht haben.

Die unabhängige Plattform Lobbyplug.eu hat über 11.000 EU-Dokumente zur neuen Datenschutzverordnung ausgewertet und eine Rekordzahl an Änderungsanträgen festgestellt, die Abgeordnete teilweise absatzweise eins zu eins von den Lobbyisten übernommen und als ihr Eigenwerk eingebracht hatten. Raten Sie mal, wie viele Änderungsanträge das waren? 4.000 Stück. 73 davon vom deutschen Innenminister, davon 62 gegen mehr Privatsphäre und 11 dafür.

IN WELCHER WELT LEBEN WIR EIGENTLICH? Der Datenkrieg ist ausgebrochen. Wir sind bereits mittendrin. Falls Sie sich fragen, warum ein neues Datenschutzgesetz so viel Lobbyarbeit wert ist: Der Wert der persönlichen Daten aller Europäer wird für das Jahr 2020 auf eine Billion Euro geschätzt. Zum Vergleich: Der Verteidigungshaushalt der Vereinigten Staaten lag im Jahr 2015 bei 577 Milliarden US-Dollar. Das ist über den Umrechnungsdaumen gepeilt die Hälfte. Mit dem Wert des Datenkörpers aller Europäer kann man also 2020 zwei Jahre lang die Weltmacht USA verteidigen. Wundert es Sie jetzt noch, dass die Schwarze-Koffer-Dichte in Brüssel noch nie so hoch war wie zu Verhandlungszeiten der neuen Datenschutzverordnung? Wobei ich ja inzwischen glaube, dass der Wert zu niedrig angesetzt ist, und das ist auch ein bisschen Angela Merkels Schuld.

Die Welt hat wirklich ganz große Probleme, das ist mir bewusst. Aber ein ganz großes Problem ist es leider auch, wenn die deutsche Bundeskanzlerin (zehn Jahre, nachdem Google seine Monopolstellung im deutschen Suchmaschinenmarkt unanfechtbar erobert hat) anlässlich des amerikanischen Präsidentenbesuchs am 19. Juni 2013 sagt: »Das Internet ist für uns alle Neuland.« Also, ich habe mir da schon so meine

Gedanken über den geistigen Zustand und die Zurechnungsfähigkeit der europäischen Volksvertreter gemacht. Vertragen Sie es noch ein bisschen schlimmer? Gerne. Ist ganz einfach.

Raten Sie mal, aus welchem Jahr das Datenschutzgesetz ist, das unsere Daten, ja, man muss es leider in Anführungszeichen setzen, bis 2018 »schützt«? Halten Sie sich bitte kurz irgendwo fest: Es ist von 1995. Digitale Steinzeit. Das ist so, als würde man den Straßenverkehr mit Gesetzen aus der Pferdekutschenzeit regeln. Das ist genauso fahrlässig wie Ärzte mit Operationsgeräten aus der Weltkriegszeit Herzoperationen vornehmen zu lassen. Ich habe mich jetzt etwas in Rage geschrieben. Bitte verzeihen Sie meine Wut, aber ich verstehe die Ignoranz der Brisanz nicht.

Es geht hier um nicht mehr und nicht weniger als die Manipulierbarkeit und Überwachbarkeit von allen Europäern. Und was machen unsere Politiker? Nichts. Die sind total beschäftigt und digital überfordert. Sehen Sie sich doch mal eine Bundestagsdebatte an! Was sehen Sie? Einen Haufen hochbezahlter Smartphonezombies, die weder mitdenken noch zuhören können, weil sie tumb auf ihren Bildschirmen rumtippen. Bei diesem Anblick kann einem der Gedanke kommen, dass Algorithmen die besseren Politiker sind. Zumindest im Fall von Donald Trump (andere Namen traue ich mich nicht zu erwähnen. Satire darf nicht alles und das hier ist keine Satire, auch wenn es sich so liest). Ich meine diese Frage ernst:

Sind Maschinen die besseren Politiker? Sind Algorithmen korrumpierbar? Wie lange widerstehen sie Spendengeldern? Drohnen statt Nato? Doch, Moment, wer steuert die Maschinen? Wer programmiert die Algorithmen? Der Mensch. Ein Teufelskreis.

Drei Jahre vor Merkels legendärem Neuland-Zitat hatte der damalige Google-Chef und heutige Verwaltungsratsvorsitzende Eric Schmidt bereits Folgendes enthüllt: »Wir wissen, wo Sie sind. Wir wissen, wo Sie waren. Wir wissen mehr oder weniger, worüber Sie nachdenken.« Und weil Google, wenn es nach der Selbstsicht von Google geht, dein lieber Freund und Weltverbesserer ist, hat Eric Schmidt auch einen ganz wertvollen Rat für die Menschheit nachgeliefert:

»Wenn es irgendetwas gibt, was man nicht über Sie wissen sollte, dann sollten Sie es vielleicht gar nicht erst tun.« Das nenne ich guten Rat. Danke, Google. Bislang waren solche Sätze Diktatoren vorbehalten.

Google hat es binnen fünf Jahren geschafft, die mächtigste Firma der Welt zu werden. Die EU schafft es binnen neun Jahren, ein neues Datenschutzgesetz zu erlassen, das eines ersetzt, das zum Inkrafttreten des neuen 21 Jahre alt sein wird. Hallo Houston?

WENN 500.000 FLÜCHTLINGE VOR DEN GRENZEN STEHEN, dann kann man nicht neun Jahre diskutieren, ob und wie man sie einreisen lässt. Internet hat nicht den Druck der Straße, den Flüchtlingsgesichter in den Abendnachrichten haben. Wohin Millionen unserer intimsten Daten – von uns selbst großteils unbemerkt – über unsere Handys und Browser und Fitnessbänder und schlauen Uhren und Smart-TVs ausreisen, ist nicht sichtbar, aber deshalb nicht weniger alarmierend.

Internet kann man nicht aussitzen. Die digitale Wirtschaft überholt immer rechts und das schneller, als ein Politiker »Legislaturperiode« oder »Wiederwahl« auch nur denken kann. Digital hebelt alle Gesetze aus, lange bevor sie verabschiedet werden können. Digital hebelt die Gewalten aus und setzt die Gewaltenteilung außer Kraft. Digital hat die Politik und die Medien entmachtet.

Die Politik wird uns nicht schützen. Viele Politiker hängen inzwischen an Google oder an Facebook wie an der Hoffnung auf ihre Wiederwahl.

Das ist brandgefährlich, aber Teil der digitalen Machtverschiebung zugunsten privatwirtschaftlicher Monopole von Firmen, die Gewinne in Europa machen, sie hier aber nicht oder nur minimal versteuern. Die Politik sieht zu. Wer seine Fangemeinde nicht über soziale Medienkanäle aktivieren kann, hat Nachteile im Wahlkampf. Und: Wer verpflichtet denn einen Mark Zuckerberg, das Facebook-Profil von Angela Merkel oder Barack Obama gratis zu hosten? Niemand. Kein Gesetz. Warum fällt mir jetzt ein Satz des Paten ein? Merkwürdig. Möchten Sie ihn hören? Don Corleone: »Irgendwann, möglicherweise aber auch nie, werde ich dich bitten, mir eine kleine Gefälligkeit zu erweisen ...«

Die Medien sind ähnlich abhängig geworden. Zahlt ja keiner für die Inhalte, außer die traditionellen Verlage. Die User honorieren das nicht. Die meisten sind inzwischen schon so aufmerksamkeitsgestört, dass sie die Schlagzeilen bei Google News querlesen und sich daraufhin für topinformiert halten. Kein Wunder, dass der Vorstandsvorsitzende der Axel Springer AG frank und frei gesteht: »Wir haben Angst vor Google.« Das hat Matthias Döpfner in einer FAZ-Debatten-Kolumne geschrieben. Jeder, der Öffentlichkeit und öffentliche Wahrnehmung für seinen Broterwerb braucht, hängt an seiner Google-Platzierung wie der Fixer an der Nadel. Wer nicht gefunden wird, existiert nicht. Das gilt für mich, für die Axel Springer AG und auch für Sie. Qualitätsjournalismus ist die vierte Gewalt im Staat. Mit Gratis sind Journalisten nicht bezahlbar. Mit Online-Werbung auch nicht. Oder klicken Sie auf Bannerwerbung? Was machen die Medien in ihrer Existenznot? Lassen sich von Amazon-Gründer Jeff Bezos kaufen wie die »Washington Post«. Die ist jetzt übrigens als Nachrichten-App auf jedem Kindle standardmäßig konfiguriert. Ein anderer Weg aus der Krise: Noch reißerischere Überschriften. Warum wollen alle mehr Klicks? Damit sie mehr Werbung verkaufen können.

DUMM KLICKT GUT. Leider jedoch nicht immer dahin, wohin sie klicken sollen. Katze-Schwanz-Prinzip: Da User nicht auf Bannerwerbung klicken, taucht Werbung verstärkt im redaktionellen Gewand auf, nennt sich »native Advertising« und ist vom redaktionellen Umfeld kaum noch zu unterscheiden. Da steht dann die PR-Meldung des neuen Handys mit Kauflink mitten im Bericht über die neuen Frühjahrshandys. Objektive

Meinungsbildung ging früher anders, ein Drama ist das und oftmals auch eine rechtliche Dunkelgrauzone.

Kann da nicht irgendwer einschreiten? Nö. Auch die Exekutive und die Gesetzgebung stehen vor so viel Neuland, dass weder Anfang noch Ende sichtbar sind. Man braucht noch nicht mal ins berüchtigte Darknet blicken. Das Darknet ist der Teil des Internets, das der Mehrheit mangels Medienkompetenz (noch) verschlossen bleibt, das aber bereits ein Mekka für Hacker und ein immenser Markplatz für alles ist, was man anderswo legal nicht so einfach kaufen kann: Crack, Kinderprostituierte, Waffen – gerne auch gleich in Kombination mit dem passenden Auftragsmörder, im Bundle sozusagen. Hier muss man gleich dazusagen: Die Technologie macht Menschen nicht krimineller, als Menschen per se schon sind. Sie ermöglicht nur eine Ausweitung der Kriminalitätszone. Nicht, dass die Spezialeinheiten von Polizei und Konsorten diesen Orkus nicht auf der Fahndungsliste hätten … Erfolge aus der digitalen Unterwelt sind auch immer aufgrund ihrer Sagenhaftigkeit die absoluten Klickbringer. Die Herausforderung besteht eher seitens der Gesetzgebung. Gesetze, die es nicht gibt, kann man nicht vollstrecken. Und selbst wenn es Gesetze gibt, es gibt oft keine Täter, nur eine IP-Adresse. Und wie geht man gegen eine IP-Adresse aus Kasachstan vor, die ein neunjähriges Mädchen belästigt, das sich auf der Teenie-Videoplattform »YouNow« leichtbekleidet in ihrem Kinderzimmer präsentiert in der Hoffnung auf ein kleines Ego-Update in Form von Aufmerksamkeit, Herzchen und Likes. Und wer ist da jetzt schuld?

DIE ELTERN! DIE ELTERN! WO SIND DIE ELTERN, KREISCHEN JETZT ALLE. Ach so, ja, die Eltern. Moment, ich sehe mal kurz nach, wo die Eltern sind. Die Eltern des neunjährigen Mädchens sind gerade online. Der Vater arbeitet als E-Mail-Server, Pardon, Bürokrieger in einer Versicherung und löscht gerade die 69. Spam-Mail des Tages. Der Mutter geht es grad emotional nicht so gut, weil ihr Essensfoto auf Facebook noch keine Likes bekommen hat und ihr letztes Selfie auf Instagram weniger Herzchen erzielt hat als das ihrer Tochter. Zum Ausgleich spielt sie eine Runde »Candy Crush Saga«. Das Game macht richtig süchtig, bringt aber so viel Spaß, dass es sich wirklich lohnt, sich ein paar Spielvorteile zu erkaufen. Denkt sich die Mutter, nicht ich. Im April 2016 spielten im Schnitt täglich 10 Millionen Menschen das Facebook-Browsergame.

Diese neue Art von Spielen, die aussehen, als hätte Barbie persönlich sie erfunden, und die ganz ohne Waffengewalt erfolgreich sind, wirken nur optisch harmloser als Killerspiele. Der Suchteffekt ist derselbe, die Zielgruppe eine andere: »Candy Crush Saga« ist das erfolgreichste Spiel für Mädchen und für Frauen über 30 und auch das umsatzstärkste. Eine Frau erzählte mir neulich nach einem Vortrag stolz wie Bolle, dass sie es nach zwei Jahren und mehreren vergeblichen Versuchen endlich dauerhaft geschafft habe, Candy Crush zu löschen. Sie habe gemerkt, wie sich ihre Hirnstrukturen zum Nachteil verändert hätten. Sie sei immer nervöser geworden, habe ihre Tochter vernachlässigt. Nachts sei sie mehrfach aufgewacht vom Phantomgeräusch aufploppender Candies. Sie habe mehrere Hundert Euro investiert, um sich neue Leben zu kaufen. Ich bin kein Psychologe, aber das ist nach meinem Verständnis eine fast lehrbuchreife Definition von Glücksspielsucht. Was tun?

> Verbote machen das Verbotene interessant. Wenn Sie Ihre Kinder dazu bringen möchten, zu lesen, dann verbieten Sie Bücher! Wäre schön, wenn das so einfach wäre, aber einen Versuch ist es wert, oder etwa nicht?

Was Facebook- und Handy- und sonstige Games betrifft, empfehle ich: Lassen Sie Ihre Kinder nichts spielen, was Sie nicht selbst gespielt und auf Suchtpotenzial oder sonstige Nebenwirkungen getestet haben. Und dann: scharfe Regeln, unverhandelbare Verbote, harte Sanktionen. Das ist unattraktiv, aber immer noch besser als Minderjährige, die ihre Jugend aufgrund platzender Bonbons verpassen und in regelmäßigen Abständen die elterlichen Kreditkarten abfackeln. Im Zuge meiner Recherche las ich, dass eine 45-jährige Frau ihrer pflegebedürftigen Mutter 1.000 Pfund gestohlen hat, nur um ihre Candy-Crush-Sucht zu finanzieren. Wie soll sich ein Kind vor etwas schützen können, das Erwachsene kriminell werden lässt?

OH, HÖRE ICH DA JEMANDEN »DAS MÜSSEN DIE KINDER DOCH SCHON IN DER SCHULE LERNEN!« RUFEN? Ja klar, so machen wir es uns einfach: Wir wischen die Verantwortung einfach weg, als wäre sie ein unattraktives Gesicht auf der beliebten Paarungs-App Tinder. Der Nächste bitte! Och nee, auch super hässlich: wisch und weg! Uuuups … das war ja ein Lehrer! Ach, der schläft ja. Süß. Warum schläft der, ist gerade Klassenarbeit? Oder liegt der gerade mit unseren Volksvertretern im Jahrhundertschlaf und versucht die Folgen der Digitalisierung zu verschlafen? Aufwachen!

Ich weiß, das ist ein gemeines Beispiel, aber ich teile es trotzdem und gerade deshalb mit Ihnen. Ich komme übrigens aus einer Familie mit überproportional hoher Lehrerdichte, hatte ich das schon erwähnt? Bitte denken Sie daran, bevor Sie mir einen Drohbrief schreiben. Hier ist das Beispiel: Wenn Sie einen Chirurgen fragen, ob er eine Operation mit den Mitteln von vor 50 Jahren heute durchführen kann, wird der sich lieber selbst die Hand absäbeln als einen Patienten aufschnippeln, auch wenn das ein Privatpatient ist. Wenn Sie einen Lehrer fragen, ob er unter denselben Umständen wie vor 50 Jahren unterrichten kann, gibt es welche, die sagen stolz: »Das mache ich doch sowieso!« Und es gibt andere, die halten sich für neunmalschlau, setzen einen »Ich lass dich gleich Primzahlen erklären«-Blick auf und fragen: »Wo ist das Problem? Tafel bleibt Tafel, ob digital oder analog.«

Das ist ein Denkfehler. Hier besteht dringender Handlungsbedarf. Wir haben dank der Digitalisierung so viel Informationen zur Verfügung wie noch nie und durch die Multimedialität auch gänzlich neue Möglichkeiten, Wissen zu vermitteln. Wer einen Computer so eindimensional wie eine Tafel oder ein Schulheft benützt, braucht keine iPads für die ganze Schule, auch wenn sie von Apple oder sonstwem gespendet werden. Wer digitale Medien didaktisch einsetzt, braucht eine neue Didaktik. Neue Werkzeuge für neue Werkzeuge.

DAFÜR HABEN WIR DOCH DIE PASSENDEN JUNGLEHRER, DENKEN SIE? Ja, das habe ich auch gedacht. Bis mir bei einem Vortrag das passiert ist: Ich fragte eine große Runde Gymnasiallehrer und Schulrektoren, ob es Überlebende im Raum gebe, ob jemand heute noch nicht online gewesen sei, sondern offline, falls man den Unterschied noch kenne. Meldet sich ein herzergreifend sympathischer Junglehrer in der ersten Reihe. Begeistert. Strahlt. Sagt: Jawoll, er sei offline gewesen. Ich frage nach: Kein WhatsApp? Nein! Er winkt ab, schüttelt den Kopf. Ich hake erneut nach: Kein Facebook? Nein!!! Und dann sagt dieser wirklich durch und durch nette Junglehrer vor ca. 200 Kollegen im Brustton der Überzeugung: »Nur E-Mails!«

Im ersten Moment dachte ich mir ganz egoistisch: Applaus! Gleich, was dich diese Lehrer heute noch fragen werden, so hirnbefreit kannst du gar nicht antworten. Das war für ein paar Sekunden ein ebenso tröstlicher Gedanke wie der an Steve Jobs' letzte Worte »O wow. O wow. O wow«. O wow! Ein Junglehrer, der den Unterschied zwischen on- und offline nicht mehr kennt: schwierig.

Es ist so leicht, auf Jugendliche zu zeigen und sie Smartphone-Zombies zu schimpfen. Aber woher sollen denn die jungen Menschen Medienkompetenz und kritisches Denken lernen, wenn nicht von uns? Von jedem Einzelnen von uns! Wir müssen das vorleben! Wenn wir es nicht tun, wird es niemand tun.

NOCHMAL: NICHTS GEGEN LEHRER. Das ist ein Knochenjob, den ich nicht Vollzeit haben möchte. Ich habe selbst einige Jahre an Fachhochschulen gelehrt und weiß, wie verdammt kalorienfressend es ist, die jungen Dopamin-Junkies lernbereit und aufmerksam zu halten, um sie auch für unspannende Themen zu begeistern. Aber: Wir haben ein große Problem mit dem Generationen-Gap in der Lehrerschaft.

Wir haben ältere Lehrer, die die Digitalisierung am liebsten tatenlos aussitzen würden bis zur Pense und wir haben Junglehrer, die mit ihren Schülern auf Facebook befreundet sind und Schulnoten per WhatsApp kommunizieren. Ich habe hier Fälle erlebt, bei denen die Junglehrer Fotos von Schularbeiten ihrer Schüler auf Facebook gepostet haben und drunterschrieben: »Schaut mal, wie dumm meine Schüler sind!« Selbst dumm, wer vergisst, mit wem er auf Facebook befreundet ist. Digital hat zu einer ganz neuen Welle von Disziplinarverfahren geführt.

Ist das nicht enttäuschend? Jetzt hätte die Menschheit mal die Chance gehabt, auf so viele Informationen wie noch nie zuzugreifen, um sie in Wissen zu verwandeln. Und was macht die Menschheit? Sie wird immer blöder. Denn: Information ist nicht gleich Wissen. Digitaler Denkfehler. Googeln, also tumb Informationen klicken, und Wissen aufbauen haben so viel gemein wie der Papst und die Pornoindustrie, wobei ... wer kann das wissen ...

Sehen Sie, schon sind wir beim springenden Punkt: Wissen entsteht. Wissen interpretiert Information. Wissen setzt sie in einen Zusammenhang. Wissen ist anwendbar und wendet sich an. Informationen sind wie totes Gewebe. Wissen ist Haut, Wissen wächst, bildet sich neu und wächst nach. Wer heute am Leben teilnehmen will, braucht digitale Informationen und muss in der Lage sein, diese in Wissen zu verwandeln. Wer das nicht vermag, ist außen vor. Wer kein Geld hat, um zu reisen, muss skypen. Wer nicht digital ist, verpasst den Traumpartner und den Traumjob. Wer nicht digital ist, ist nicht dabei.

WIR SIND EINE ZWEIKLASSENGESELLSCHAFT GEWORDEN. Digital grenzt Menschen aus, das ist kein Zukunftsszenario, das passiert heute schon und täglich mehr. Beispiel Silver Surfer: Viele ältere Menschen haben keinen Internetzugang. Sie besitzen zwar ein Smartphone, damit sie von ihren Kinder per WhatsApp kontrolliert werden können, aber Online-Banking machen sie nicht. Möchten sie auch nicht. Sie möchten zur Bank gehen, mit Menschen sprechen und Geld an einer echten Kasse einzahlen. Das geht in vielen Banken nicht mehr und die Touchscreens der Bankautomaten machen Menschen mit fehlender Online-Kompetenz Angst. Das ist ganz normal und es liegt an jedem Einzelnen von uns, andere

Menschen sicher über die digitale Hochgeschwindigkeitsautobahn zu führen. Hier ist eine neue Art von Zivilcourage gefragt. Ist Ihnen bewusst, dass man viele Hotels gar nicht mehr per Telefon, sondern nur noch online buchen kann? Auch hier gibt es Menschen, die das nicht möchten, und das sollte ihr gutes Recht sein und bleiben. Die Teilnahme an der digitalen Gesellschaft setzt den Willen voraus, ein Internet-Ich zu entwickeln. Dafür braucht man die berühmte Medienkompetenz, die alle reklamieren, aber die wenigsten vorleben. Was ist Medienkompetenz? Einfacher Erklärungsversuch: Suchmaschinen bedienen zu können mit der Fähigkeit, die Informationsmenge kritisch auszuwerten und in einen Zusammenhang zu setzen. Algorithmische Relevanz von Wahrheit und echter Relevanz unterscheiden können. Nutzungsbedingungen und ihre Konsequenzen verstehen können. Seine Daten selbst schützen zu können. Abschalten können. Ein Smartphone konfigurieren. Und so vieles mehr ... All das wird selbstverständlich vorausgesetzt. Theorie und Praxis. Theoretisch hätten wir so viele Werkzeuge und Softwarehelfer wie nie, um stressfreier und effizienter zu arbeiten. Fakt ist: Wir sind so gestresst und so ineffizient wie nie. Apps, die Zeit sparen sollen, sorgen für Freizeitstress und stehlen uns die Zeit. Wir schaffen Intelligenzen und programmieren Algorithmen, die schlauer und schneller sind, als wir je sein werden.

Wir überholen uns selbst und schaffen uns ab. Alles wird schneller und wir bremsen uns selbst aus. Extreme Beschleuniger führen zu extremer Verlangsamung. Das nennt man Rebound- oder Bumerang-Effekt. Ist vergleichbar mit: Wer mehr Geld verdient, gibt mehr aus. Menschen bleiben Menschen. Digital ist schneller, als wir lernen können. Paradox ist: Die digitale Revolution frisst ihre Kinder. Das könnte von Brecht sein. Sonormal, so bekannt, so verrückt. Menschlich halt.

KANN DER MENSCH SICH ÜBERHAUPT NOCH SELBST VERTEIDIGEN? Wenn wir das nicht mal in der Schule lernen, wo dann? Nur von uns selbst und durch die Tat, die Leben, Erleben und Vorleben heißt. Mit dem Datenschutz ist es genauso: Es gibt keinen Datenschutz. Niemand wird Ihre Daten schützen, wenn Sie das selbst nicht tun und »1234567« als Standard-Passwort einsetzen. Vor so viel Doofheit kann Sie auch kein Gesetz schützen, sorry.

Fast schon wieder komisch: Auch Hacker sind Menschen. Das beliebteste Hackerpasswort ist ... »hack«. Da wären Sie jetzt nie drauf gekommen, oder? Tröstlich zu wissen, dass die Finger, die Algorithmen programmieren, aus Fleisch und Blut sind – und deshalb fehlbar.

Wenn ich an die Fehlbarkeit von Algorithmen denke, muss ich sofort an Partnerbörsen denken. Ich hätte so gerne ein ganzes Buch mit diesem Thema gefüllt und das Hohe Lied der Liebe in Zeiten der Tinderitis gesungen. Hätte ich selbst nie gedacht, dass ich mich stattdessen vor den Datenkarren spanne. Falls Sie noch einen Beweis für die Ernsthaftigkeit der Lage brauchen: Ich würde das NIE tun, wenn ich nicht zutiefst davon überzeugt wäre, dass die Datenlage außer Kontrolle ist und wir unser Menschsein gefährden, wenn wir uns jetzt nicht selbstverteidigen. Und was bringt dann die Liebe, wenn der Mensch den Menschen nicht überlebt? Ohne Herz ist Liebe wie ein Flötensolo in der Schulaula und keiner klatscht – weil keiner da ist. Deshalb: First things first.

LIEBE IN ZEITEN VON ALGORITHMEN HEISST, dass wir sogar unsere Partnerfindung an künstliche, empathiefreie Intelligenz auslagern. Wobei, wenn man sich manchmal ansieht, was für Lebensübergangsgemeinschaften dadurch entstehen, versteht man, warum künstliche Intelligenz vor allen Dingen künstlich ist.

Nichts gegen Partnerbörsen. Viele Menschen in meinem Umfeld haben auf diesem Weg schon ganz fabelhafte Lebensabschnittsgefährten kennen- und lieben gelernt. Genauso viele haben die allerabstoßendsten und abstrusesten Erfahrungen gemacht, sind trotz Doktortitel Fake-Profilen auf den digitalen Leim gegangen, wurden mit Nacktfotos erpresst oder haben sich eine Zeit lang einfach um den Verstand gevögelt, um hinterher so leer und unbewohnt zu sein wie noch nie zuvor. Vom Single zum Single. Liebe in Zeiten der Dauerablenkung und entgrenzten Arbeit ist nicht mehr so romantisch, wie uns beigebracht wurde. Wir ökonomisieren die Liebe. Wir tun so, als könnte man Liebe abhaken wie ein 2Do. Legen Sie diesen Partner in den Warenkorb. Und 14 Tage Rückgaberecht. Nö, der war nix, der war zu anstrengend, der wollte reden! Reden! Ich texte lieber, da kann man sich selbst klonen und muss nicht immer wieder aufs Neue nachdenken, was man schreibt.

Gut, dass es Emojis gibt. Die sind das Valium der Liebe. Sende mir ein paar Bussimojis und ich fühle mich geliebt. Sende mir nichts und ich blockiere dich, bevor mich dein Schweigen verletzt. Du gefällst mir nicht, ich wische dich weg. Sehe ich überhaupt so gut aus wie meine Selfies? Schnell das Profilbild wechseln. Stopp.

LIEBE IN ZEITEN DES INTERNETS: Partnerbörse und Porno sind nur einen Klick voneinander entfernt. Seriöse Paarungsdienste kosten Geld, seriöse Pornos sind gratis. Dank Social Media und Messenger-Apps sind wir nie wieder allein. Aufmerksamkeit ist per Klick verfügbar. Es gilt: online first! Zuerst fotografieren, dann posten, dann erleben. Erst posten, dann essen. Selbstgespräch. Selbstoptimierung. Selbfbefriedigung. Filterbubble. Filter-Ich. Vater, Mutter, Handy, Hund. Und Kind. Kind muss sein, das ist auf der Checkliste ganz oben. Digitale Boheme? Digitales Biedermeier. Wir sind so angepasst wie nie.

Wir führen ein betreutes Leben. Dauererregt durch uns selbst. Internet-Ichs entstehen fötal und überleben uns. Selbstbild entsteht durch Selfies. Social-Media-Chroniken gaukeln uns Bedeutung vor. Digital sind wir unsterblich. Wir stellen uns in die Like-Schlange von anderen in der Hoffnung, ebenfalls ganz doll gelikt zu werden.

Dumm klickt gut. Wer mehr likt, bekommt mehr Likes. Natürlich immer von denselben Leuten. Egal. Like ist Like. Ego-Upgrade. Das digitale Ich prostituiert sich. Das analoge Ich auch. Es versucht unser Selfie-Doppelgänger zu werden. Facebook manipuliert unsere Emotionen durch Nachrichtenselektion. Die Stammkneipe kann man wechseln, den Algorithmus nicht. Ja, und?

Sind wir nicht alle Kaninchen im Großversuch Internet? Ja, das sind wir. Wir sind das weiße Kaninchen aus Alices Wunderland. Ständig im Zeitminus, rennen wir uns selbst hinterher und verpassen unterwegs das Wertvollste: unser L(i)eben.

Wir lassen uns leben. Unsere Handys sind Big Brother und iMother. Das Betriebssystem unseres Lebens ist Google. Wenn Sie sich die Big-Data-Analysen von Partnerbörsen ansehen, sehen Sie, dass Menschen Menschen und Männer Männer bleiben. Männer suchen immer die Anfangzwanzigjährige, auch wenn sie selbst schon sechzig sind, aus Matching-Gründen jedoch forever 49.

ALLES FAKE. ECHTLEBEN KALIBRIEREN! Wir sind Menschen mit besonderen Bedürfnissen geworden. Halten wir fest: Die Politik ist entmachtet, die Exekutive hilflos, die Gesetzgebung für immer zu spät, der Qualitätsjournalismus kurz vor dem Aussterben. Unsere Kinder hängen an Smartphones wie an Herzlungenmaschinen. Eltern spielen Candy Crush, flirten fremd auf WhatsApp und lassen sich von E-Mails durchs digitale Hamsterrad drehen. Lehrer sind genauso überfordert wie der Rest der Menschheit, der seine Daten digitalen Großmächten schenkt und glaubt, gratis sei geschenkt.

Zum Glück gibt es soziale Medien, dort kann man seinen digitalen Doppelgänger von der Leine lassen und jederzeit mal so richtig hassen und hetzen oder sich eine Like-Dusche fürs Ego-Update holen. Die ist auch dringend nötig, denn wenn man so darüber nachdenkt, stand der Mensch schon mal besser da. Nur Eric Schmidt, Marc Zuckerberg, Jeff Bezos und Tim Cook stricken entspannt an der Weltherrschaft, während sie im Tesla auf ihre Waldorfkinder warten. Manchmal lächeln sie fast grundlos spitzbübisch. Das ist, wenn sie aus PR-Gründen schattenboxen gegen das FBI, Kartellklagen verlieren und Bußgelder aus dem Kleingeldbeutel bezahlen oder wenn sie an die frigiden Datenschutz-Europäer denken, die aus Angst vor dem Neuland in Flüssen baden möchten, die in den Vereinigten Monopolen von Digitalia noch nie existiert haben.

Warum lohnt es sich dann überhaupt noch zu kämpfen? Weil Kapitulation der Tod ist. Weil wir es allen Menschen, die für Freiheit und Demokratie ihr Leben gelassen haben, schuldig sind. Kann doch nicht sein, dass wir unsere digitalen Grundrechte verspielen, bevor wir sie hatten, oder? Wir müssen die rosa Brille absetzen und beginnen, uns gegen die digitale Diktatur zu wehren!

EIN LETZTER MOTIVATIONSSCHUB: Google Glasses! Die Datenbrille, die Ihr ganzes Sehen und Sein um eine digitale Dimension erweitert und mit der Sie ganz genüsslich die Leute in Ihrer nächsten Umgebung stalken können. Zukunftsforscher hypen diese Brille seit Jahren. Zukunftsforschung ist auch nicht mehr, was sie mal war. Früher war das eine Gelddruckmaschine. Behaupte ein paar Dinge, die in 20 Jahren nicht eintreffen, und ändere nach 15 Jahren dein Programm. Ganz einfach.

Heute ist das nicht mehr so einfach. Behaupte, was in fünf Jahren eintreffen wird, und ändere nach fünf Wochen dein Programm. Da bin ich ein bisschen schadenfroh und dennoch der Meinung, dass man Zukunftsforschern, die nicht erkennen, wie viel Überwachung in smarten Technologien steckt, die Lizenz zur Volksverblendung und -verblödung entziehen sollte. Das gefällt ihnen nicht, weil die Menschen immer so begeistert sind, wenn man ihnen Videos mit sprechenden Kühlschränken und Wohnungen mit Möbeln zeigt, die projiziert sind und gar nicht existieren. Habe ich auch schon gemacht und mich in »Wows« gebadet.

Google Glasses haben nicht den Erfolg, der vorhergesagt wurde. Im Silicon Valley war die Reaktion auf die ersten Datenbrillen ungewohnt militant. In Cafés fühlten sich die Leute von Datenbrillenträgern angestarrt und ausspioniert. Und zwar so sehr, dass die Betreiber »No Glassholes«-Schilder an die Fenster klebten. Das macht Hoffnung.

Warum?

Menschen die sehen, dass sie ausspioniert werden, wehren sich.

DIGITALER IRRGLAUBE | 23 | KETZERISCHE ANTI-THESEN

Bevor wir in die Therapie digitaler Kommunikationskrankheiten starten, muss ich Ihnen den Glauben rauben und digitale Lügen widerlegen, an die ich selbst viele Jahre geglaubt habe. Ich schreibe bewusst eher schwarz als weiß. Hype gibt es genug.

1 GRATIS IST KOSTENLOS

Gratis heißt: Sie sind das Produkt, das verkauft wird. Das Bezahlmittel sind Ihre Daten. Je mehr Sie gratis erhalten, desto mehr zahlen Sie drauf. Gratis kostet die Freiheit Ihres Datenkörpers und seine Sicherheit. Wer von »Gratiskultur« spricht, hat Kapitalismus entweder gar nicht oder sehr gut verstanden. Gratiskultur macht reich, aber nur die, die alles pseudogratis anbieten.

GRATIS IST UNBEZAHLBAR

2 MULTITASKING MACHT PRODUKTIV

Multitasking ist ein Missverständnis: Der Mensch kann es nicht; er kann es auch nicht lernen. Schuld hat das Hirn. Das lässt uns im Stich, wenn wir versuchen, zig Dinge gleichzeitig zu machen. Die Folge: Wer alles gleichzeitig macht, macht nichts mehr richtig. Multitasker brauchen länger und erzielen schlechtere Ergebnisse als Menschen, die sich auf eine Sache konzentrieren. Multitasking gewöhnt das Hirn an Dauerunterbrechung, das ist fatal. Warum? Multitasking trainiert nicht das Hirn, sondern ein Aufmerksamkeitsdefizit.

MULTITASKING MACHT DUMM

2.1 DAS HIRN WÄCHST MIT SEINEN AUFGABEN

Ein beliebter Placebo-Trost von Eltern, deren Kinder spielend, surfend, textend, zockend, musikhörend, Selfies schießend, Junkfood essend auf dem Sofa vegetieren und vorgeben, Hausaufgaben zu machen. Multitasking ist nicht lernbar. Jedes Hirn wird durch Überforderung nicht schneller, sondern langsamer. Das Hirn ist wie ein Computer: Prozessor und Speicher begrenzt. Wenn zu schnell und zu voll, dann BUMM!

MULTITASKING ÜBERFORDERT JEDEN, KINDER GANZ BESONDERS

3 DIGITALISIERUNG SCHAFFT ARBEITSPLÄTZE

Ab. Da fehlt das Wort »ab«. 47 Prozent der Berufe, die wir heute kennen, wird es in zwanzig Jahren nicht mehr geben. Die Prognose von zwei Oxford-Ökonomen ist gnadenlos: Bis 2036 wird jeder zweite (ich, ... Sie!) Arbeitsplatz durch Codes oder Roboterarbeit ersetzt werden.

DIGITALISIERUNG SCHAFFT ARBEITSPLÄTZE AB

4 DIGITAL MACHT UNS FREI

Keine Technologie macht den Menschen freier als er ist, sein will oder es zu sein vermag. Handys können theoretisch unabhängiger und freier machen. In der Praxis versklavt sich der Mensch ständiger Erreichbarkeit und geht ans Telefon, um zu sagen, dass er nicht ans Telefon gehen kann. Ist das Freiheit? Die Digitalisierung macht uns so unfrei und abhängig wie nie zuvor. Falsch: Wir machen das. Wir versklaven uns selbst.

WIR SIND DIGITALE LEIBEIGENE

5 ALLE MACHT DEM NUTZER

Was wie eine große Demokratisierung begann und das Gerechtigkeitsge-fälle zugunsten des Konsumenten zu verschieben schien, ist heute ein knallharter Wettbewerb in Sachen: Wer hat die meisten Daten und kann sie am gewinnbringendsten miteinander verknüpfen und/oder verkau-fen? Jeder Nutzer ist nur eine Zahl im Jahresergebnis von Firmen.

WIR SIND KEINE NUTZER: WIR WERDEN BENUTZT

6 WIR SIND SO SCHNELL WIE NIE ZUVOR

Wäre da nicht der Rebound-Effekt, der dazu führt, dass uns der Versuch, schneller als die Maschinen zu sein, im selbstgezimmerten Hamsterrad strauchen lässt. Rasender Stillstand ist unsere Geschwindigkeit. Die führt nirgendwohin, wo die Chinesen nicht schon wären. Geschwindig-keit ist kein Wettbewerbsvorteil. Entschleunigen ist Beschleunigen.

UNSERE BETRIEBSGESCHWINDIGKEIT IST RASENDER STILLSTAND

7 SOZIALE NETZWERKE FÖRDERN DIE DEMOKRATIE

Kann sein, muss aber nicht sein. Die Technologie hilft Menschen, sich zu vernetzen. Das gilt für Hasser und Hetzer genauso wie für demokratische Bewegungen. Revolutionen werden nicht durch Likes gemacht, sondern sondern durch Taten. Digitale Medien sind nur ein Transportmittel – sie hinterfragen die Gesinnung ihrer Nutzer nicht.

MEDIEN FÖRDERN NICHTS, WAS DER MENSCH NICHT FÖRDERT

8 SMART IST SICHER

Mensch! Sicher ist nur der Tod und der kostet ... *gähn*. Handys sind Datenbagger. Bankkarten, Kreditkarten, Kundenkarten – Datenbagger! Ihr smartes Bankkonto, das Telebanking, das Ihre Kosten splittet – Datenbagger! Bitte! Bitte zahlen Sie nicht dafür, dass Sie Daten verschenken!

WO SMART DRAUFSTEHT, IST ÜBERWACHUNG DRIN

9 SMART IST SMART

Smarte Geräte sind nur so schlau wie ihre Nutzer. Sie möchten Sicherheit? Gibt es nicht. Das Safety-Word heißt: Konfigurieren! Sie haben keine Wahl: entweder sicher oder bequem. Verlassen Sie die Bequemlichkeit – sie ist die größte Problemzone des Homo Digitalis. Komplizierte Passwörter nerven tierisch. Stimmt. Leere Bankkonten oder Identitätenklau nerven noch mehr, oder?

WO SMART DRAUFSTEHT, IST DUMMHEIT DRIN

10 CLOUD BEDEUTET DATENHIMMEL

Daten sind das neue Gold. Daten sind das neue Öl. Sie sind die Ader, Sie sind die Pipeline. Suchen Sie sich eine Metapher aus. Fakt ist: Wenn Daten so wertvoll sind wie Geld, warum werfen wir es dann in die Luft – Wolke?

CLOUD BEDEUTET PRIVATSPHÄREHÖLLE

11 DIE NETZGEMEINDE

Was für eine Gemeinde? Ist das Netz eine Religion? Ein Wallfahrtsort? Es gibt keine Netzgemeinde. Das Netz ist ein Medium. Es wird von Menschen genützt, die den digitalen Raum so kolonialisieren, wie Menschen das seit jeher gemacht haben, Licht und Schatten inklusive, vgl. Columbus.

DIE NETZGEMEINDE EXISTIERT NICHT. DER iGOTT IST TOT.

12 WIR HABEN SO VIEL AUSWAHL WIE NOCH NIE

Wir haben keine Wahl, wir haben so viele Monopole wie nie. Wir sind in vielen entscheidenden Fällen alternativlos. Welche Suchmaschine darf es heute sein: Google oder Google?

WIR SIND ALTERNATIVLOS

13 GRATISKULTUR IST WEBKULTUR

Enthusiasten priesen in den 90ern die anarchische Kraft des Webs. Sie rechtfertigten u. a. das Verschenken journalistischer Inhalte mit einer Demokratisierung von Wissen und feierten den barrierefreien Zugriff auf Informationen. Bezahlmodelle wurden »Paywalls« genannt und geschmäht. Werbung, so das Argument, sei schon immer die Finanzierung von Journalismus gewesen. Richtig, aber sie reicht heute nicht mehr, um Print und Digital zu finanzieren. Wer nicht bereit ist, für journalistische Inhalte zu zahlen, tötet ein wichtiges demokratisches Korrektiv.

GRATIS IST KEINE KULTUR, GRATIS TÖTET QUALITÄT

14 WIR WISSEN SO VIEL WIE NOCH NIE

Schön wär's. Wir ertrinken in so vielen Informationen wie nie. Googeln ist nicht Synonym für Wissen. Googeln ist ein Reflex. Wissen ist ein Prozess. Wissen braucht Hirn. Wissen Sie, woran Sie denjenigen erkennen, der am meisten weiß? Das ist der, der die besten Fragen stellt. Und damit meine ich nicht die Facebook-Frage »Was machst du gerade?« oder die Google-Frage: »Öfter hier? Google als Startseite festlegen!«

WIR SIND SO BLÖD WIE NIE ZUVOR

15 STÄNDIGE ERREICHBARKEIT IST EINE TUGEND

Wer ständig auf Standby ist, schaltet nicht mehr ab. Wer nicht mehr abschaltet, brennt aus. Jeder hat ein Recht auf Unerreichbarkeit, ein Grundrecht auf konzentriertes Arbeiten und störungsfreien Lebensgenuss. Ständige Erreichbarkeit entgrenzt die Arbeit und das Privatleben.

STÄNDIG ERREICHBAR SIND NUR SKLAVEN

16 DIGITAL IST DOCH WIE TV, EISENBAHN UND DAMPFMASCHINE

Falsch. Sie vergessen die soziale und die Ego-Komponente von Digitalika. Diesen Effekt kann man nicht mal mit Unterschichtenfernsehen vergleichen. Nichts gegen den Fortschritt und die Bremse Mensch. Aber Digital ist mit nichts vergleichbar. Wer Digital mit Fernsehen vergleicht, zeigt nur, dass er von Teletubbies erzogen wurde. Digital fixt das Ego mit Aufmerksamkeit und Dopamin an, wie keine Eisenbahn und keine Dampfmaschine das je tun konnte. Nein, nicht mal bei 30 km/h. Ich weiß, dass den Menschen damals von dieser Geschwindigkeit schwindelig wurde. Mir wird von dieser Argumentation schwindelig.

DIGITAL IST EINE EGO-DROGE

17 WIR SCHAFFEN AN

Die Digitalisierung wird von Menschen gemacht. Ach ja? Von wie vielen? Es gibt heute bereits Rechner, die schneller sind, als das menschliche Hirn. Wir haben Intelligenzen geschaffen, die intelligenter sind als wir je sein werden. Algorithmus statt Donald Trump? Ich wähle in diesem Fall Donald Trump. Und das heißt so viel wie:

WIR SCHAFFEN UNS AB

18 AMAZON TÖTET DEN BUCHHANDEL

Warum sind Bücher nichts mehr wert? Weil Verlage und Buchhandel sie entwertet haben. Hardcover unter 20 Euro? Anämische Bestseller-Büchlein für 3,99 Euro? Printed in China macht's möglich. Und jammern. Ganz wichtig: viel und laut jammern! Amazon ist so böse! Amazon ist nicht böse. Amazon macht, was jeder Buchhändler und jeder Verlag tun würde, wären sie in derselben Position. Sind sie aber nicht. Böse ist, wenn man den Zeitgeist verschläft. Dreist ist, nach über 20 Jahren noch darüber zu jammern.

DER HANDEL TÖTET SICH SELBST

19 WIKIPEDIA IST WAHRHEIT, WIKIPEDIA IST WISSEN

Wikipedia ist das Wissen der Menschheit? Damit fängt das Missverständnis an. Wikipedia ist eine Informationsquelle. Information hat mit meinem Verständnis von Wissen nichts zu tun. Wikipedia ist passiv, Wissen ist aktiv. Wikipedia wird standardmäßig genannt, wenn man argumentieren will, dass das Interet zwar total verkommen sei, aber doch sein Gutes hat: Spendenplattformen, die Katzenvideos von Henri le Chat Noir und natürlich allem voran: Wikipedia! Also, Wikipedia mag ich. Wikipedia ist toll. Ich möchte mir mein Leben ohne Wikipedia nicht mehr vorstellen … Stopp. Ich kann mir mein Leben ohne Wikipedia vorstellen, sorry. Auf die Gefahr hin, dass mein Eintrag auf einen Satz gekürzt wird: Wikipedia ist eine Männerdomäne, die von Oberlehrern der ersten Internetstunde so tyrannisch geführt wird wie ein Hooligan-Forum. Lesen Sie sich mal die Versions-Historien der Beiträge durch, dann wissen Sie, was ich meine. Wenn Sie schon dort sind, können Sie auch gleich nachsehen, warum ich 23 Anti-Thesen gewählt habe.

WIKIPEDIA IST EIN HOOLIGAN-FORUM FÜR OBERLEHRER

20 SCHWARMINTELLIGENZ

Das war eine sehr schöne Idee. Super PR-Gag! Scheitert leider am Menschen. Schwarm und intelligent schließen sich beim Homo sapiens aus, Vögel bekommen das indes vorbildlich hin. Mensch und Schwarm heißt: immer mehr vom Gleichen. Das Ergebnis ist in den vielen Fällen: schwarmdumm. Sorry.

DER SCHWARM IST DUMM

21 DATEN SIND FÜR DIE PERSONALISIERUNG

Genau. Heute für Werbung, morgen für die Automatisierung Ihres gesamten Lebens. Totale Überwachung nennt man das. Und: Fremdbestimmung. Besser, Sie wehren sich, solange das noch geht.

DATEN SIND FÜR DIE DATENDIKTATUR

22 DATENSCHUTZ

Das Wort erledigt sich selbst. Es gibt keinen Datenschutz. Niemand kann Ihre Daten schützen. Niemand wird das tun. Deshalb: Machen Sie es Datendieben schwer. Werden Sie geizig. Erschweren Sie Datenzufuhr, wann und wo immer Sie können.

ES GIBT KEINEN DATENSCHUTZ, ES GIBT NUR SELBSTDATENSCHUTZ

23 OFFLINE IST EINE ALTERNATIVE

Offline ist eine Illusion. Es gibt keinen Ausknopf. Es geht nicht darum, nicht online zu sein, sondern besser online zu sein. Wer sich entzieht, flieht. Eskapismus ist Kapitulation. Es gibt keinen Ausschalter. Es gibt nur einen Anschalter. Wissen Sie, was auf dem steht? »Menschenverstand 3.0«.

OFFLINE IST KEINE ALTERNATIVE: OFFLINE IST DER NEUE LUXUS

WIE SPÄT IST ES?
SECHS NACH ZWÖLF.
UM WAS GEHT ES?
UM ALLES.

DAS BETRIEBSSYSTEM IST NICHT DIE TECHNOLOGIE. DAS BETRIEBSSYSTEM SIND SIE.

WENDEN SIE SICH AN!

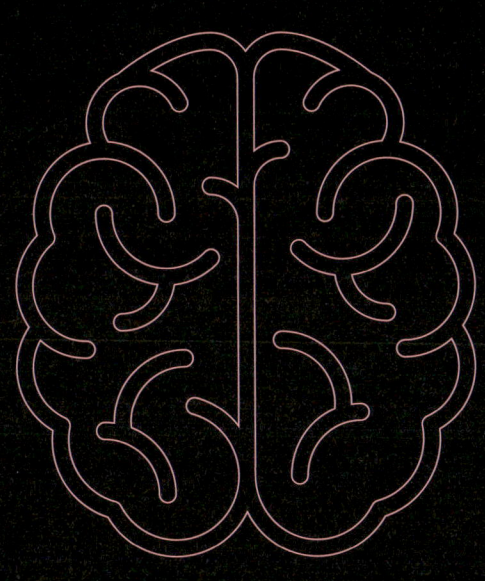

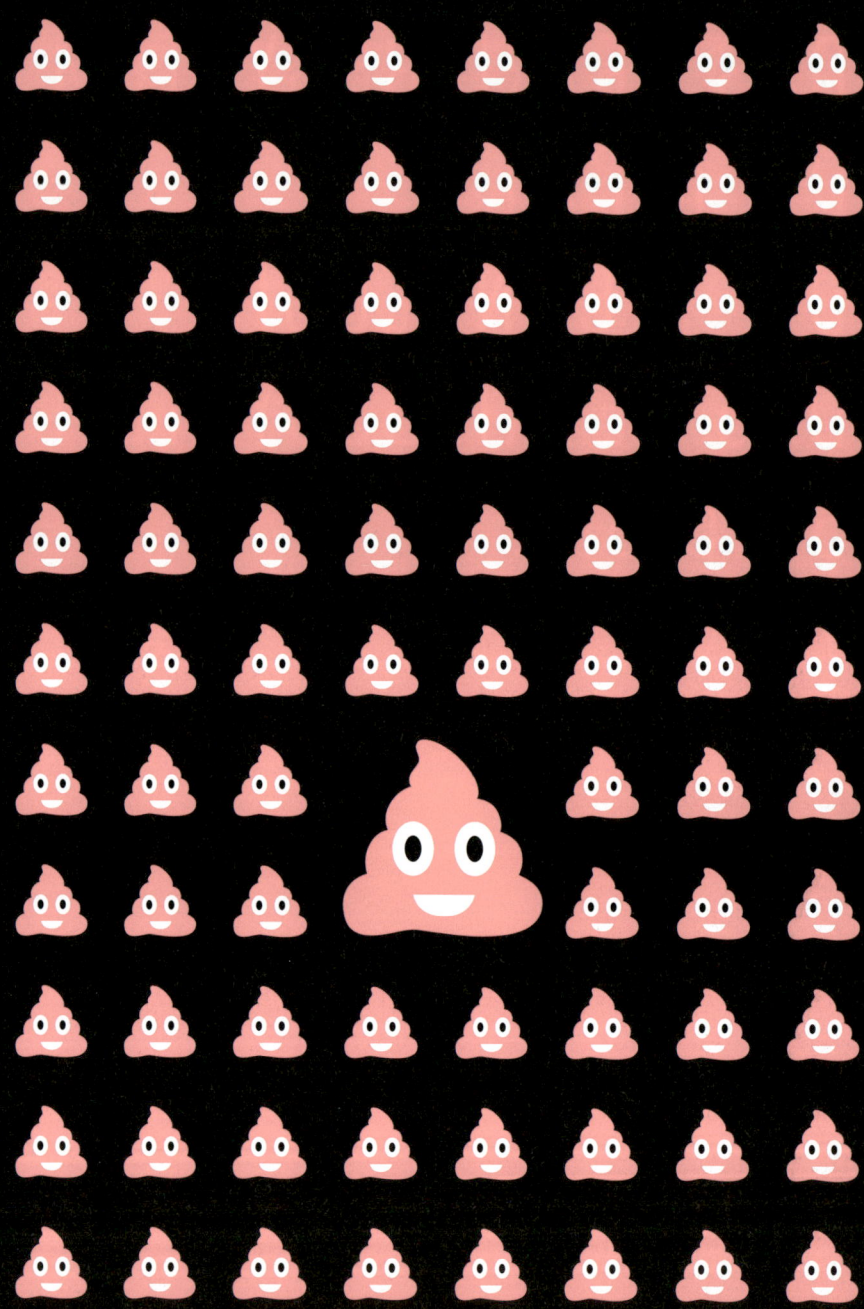

Daten-
Diarrhö

[MORBUS GOOGLE DOMINATIONIS MUNDI]

DATEN-DIARRHÖ
[Morbus Google Dominationis Mundi]

Daten-Diarrhö schlummert in jedem, bei Handy- und Internetnutzern bricht sie in jedem Fall aus. Betroffene halten Google für eine Hilfsorganisation. Die Folge? Gedankenloser, freigebiger Umgang mit der Privat- und Intimsphäre. Fehlendes Datenschutz- und Datenwert-Bewusstsein. Zwanghaftes Verschenken der intimsten Daten wird als normal empfunden. In der Anfangsphase macht sich die Krankheit dadurch bemerkbar, dass Betroffene den Wunsch verspüren, Google-Ergebnisse zu löschen, nachdem sie sich selbst gegoogelt haben.

Eine weitere Ausprägung manifestiert sich durch eine pathologische Gleichgültigkeit gegenüber Datenklau. Ohnmachtsfantasien – »Google ist groß, Google ist mächtig, aber mein Datensatz nur schmächtig« – wechseln mit Resignation: »Mein graues Statistenleben interessiert ja nicht mal mich. Sollen die aus dem Leben der anderen mich ruhig ausspionieren!« Betroffene beginnen in dieser Phase alle Geräte mit Passwort »123« zu »sichern« und verwenden Wörter wie »Bombe«, »Panama«, »Crack« sowie ~~»XXXXXX XXX XXXXX XXXX«~~ in jeder Nachricht.

Obwohl Daten-Diarrhö Menschen in einer nie gekannten Perfidität ausspioniert und die Intimsphäre entblößt, ist die Krankheit sozial akzeptiert und wird von Firmen und Regierungen bewusst verbreitet (#sammelnsiepunkte). So werden Kunden manipuliert (#nativeadvertising), Profite maximiert, Kurse hochgejubelt (#notevil), Gesetze verhindert und Wahlen gewonnen (#lobbyplag).

HÄRTEFÄLLE infizieren sich freiwillig: Sie kaufen überteuerte Geräte und Apps nur, um ausspioniert zu werden.

DATEN-DIARRHÖ WURDE FRÜHER AUCH ALS »erst handeln, dann denken«, »Diktatur« und »Überwachung« bezeichnet.

Wir wissen, wo Sie sind.

Wir wissen, wo Sie waren.

Wir wissen mehr oder weniger, worüber Sie nachdenken.

Eric Schmidt, Ex-Google-Chef und Verwaltungsratschef der Google-Holding Alphabet, 2010[3].
Schmidt gehört seit 2009 zum Beraterstab von Barack Obama, er lehrt an der Stanford University.
»Don't be evil« war bis August 2015 das Google-Firmenmantra. Seit August 2015 lautet das
Firmenmotto: »Do the right thing«.

»Sie wussten sogar von meiner Chemo!«

Nadja (44) soll Geschäftsführerin einer Beraterfirma werden. Als sie an Brustkrebs erkrankt, verheimlicht sie die Diagnose aus Angst vor dem Karriereknick. Weil die Firma ihre Daten ausspioniert, bekommt sie den Posten nicht. Die Not macht sie zur Tugend und erschließt den »Personaldatenmarkt« als neues Geschäftsfeld.

Ich war naiv. Dabei arbeite ich seit über 15 Jahren in der Unternehmensberatung. Da rechnet man mit allem, aber nie mit Krebs. Beratung ist ein Söldnergeschäft. Meine Kunden kommen aus der Pharmabranche. Moderner Waffenhandel, kein Scherz. Ich verdiene mehr, als ich ausgeben kann. Das Geld hat seinen Preis: Wo ich auftauche, rollen Köpfe und erfüllen sich Kennzahlen – outplacen, outsourcen, Arbeitsplätze abbauen zu Deutsch. Ist in Excel ganz einfach: hier 1.000 weniger, dort eine Million mehr. Tut nicht weh, ist ein bisschen wie Tetris spielen. Die Konsequenzen bekommt man live fast nie mit. Ehe die Entlassungswelle anrollt, ist man bereits auf dem nächsten brennenden Kundenölfeld im Einsatz und so busy, dass man froh ist, wenn man sich an seinen eigenen Namen erinnert und weiß, wie die Stadt heißt, in der man aufwacht. Es hat Jahre gegeben, da konnte ich die Nächte im eigenen Bett an den Händen abzählen. Ich wollte nie Kinder. Ich wollte schon immer Partnerin dieser Firma werden. Die erste Frau in der Geschäftsführung!

Ich war nahe dran. Aber da war eines Morgens dieser Knoten in meiner rechten Brust. Ich stand unter der Dusche im Grand Hotel in Bukarest. Der Knoten, das Wasser und ich. Das Wasser. Der Knoten. Ich. Eine Stunde stand ich unter der Dusche. Mir war klar, dass sich mein Leben in ein »davor« und »danach« spalten würde, sobald ich den Hahn zudrehte. Sechs Tage später wurde ich operiert. Ich hatte mir eine Woche Urlaub genommen. Brustkrebs. Aggressives Tumorgewebe. Meine Entscheidung stand sofort fest: Niemand würde davon erfahren. Meine Kollegen warteten nur auf ein Zeichen der Schwäche. Jeder wollte Partner werden. Und selbst die, die keine Chance hatten, wollten eines auf keinen Fall: eine Frau im Management Board. Brustkrebs und Geschäftsführung? No way. »Eine Frau – per se psychisch und physisch nicht belastbar und dann noch mit Krebs? Unberechenbar, untragbar« – so würden sie lästern. Ich hatte es so weit gebracht. Jetzt aufgeben? Niemals. Die Ärzte empfahlen mir eine Chemo. Unmöglich. Zu auffällig. Die Strahlentherapie konnte ich in meinen Kalender schmuggeln. Ich wurde Stammgast bei Online-Apotheken und bestellte mir dort die neue »Homöo« – eine Alternative zur Chemo, auf die ich auf der Internetseite eines Krebs-Forums gestoßen war. Dann erschütterte der Kinderpornoskandal die Firma. Einige Kollegen mussten gehen, weil auf ihren Firmenlaptops und -handys im Rahmen eines »Routine-Screenings« Bild- und Videomaterial der übelsten Sorte gefunden worden war. Bahn frei für meine Beförderung!

Als der Chef-Chef mich zu sich bestellte, dachte ich, es sei so weit, ich hätte es geschafft! Wie naiv von mir ... Es tue ihm leid, murmelte er, der Weisenrat – so nennen sich die Gesellschafter – habe sich einstimmig für einen anderen Kandidaten als Partner entschieden. Er persönlich bedauere dies, sei jedoch auch der Meinung, dass ich »dringend Ruhe und Erholung« vertragen könne. Ob ich mir nicht einen »ausgiebigen Urlaub« nehmen wolle? Ich verstand. Die hatten auch meine digitalen Dienstwaffen überprüft. Ich verbrauchte ganze 52 Tage Resturlaub am Stück. In dieser Zeit löschte ich alles, was mit dem Krebs zu tun hatte, aus meinem digitalen Leben. Fühlte sich gut an. Dann begann ich, an einem neuen Beratungsprodukt zu arbeiten, Arbeitstitel: »Bigger data for bigger business«. Als ich dem Chef-Chef meine Ideen zu Personal-Monitoring, Productivity-Screening (in Echtzeit!) und Background-Checking für Bewerber (und einmal pro Woche für die Top-Verdiener) vorstellte, war er baff. »Das können wir eins zu eins weiterverkaufen!«, lobte er. Ich bin wieder im Spiel. Morgen date ich unseren internationalen IT-Chef. Er ist nicht der attraktivste, aber ganz sicher der mächtigste Mann in der Firma. Daten sind das neue Öl. Das checkt noch überhaupt keiner hier. Sorry, aber das ist wirklich naiv. //

»Daten sind das neue Öl«

Zahlen.

Anteil der Deutschen, die die Aufzeichnung privater Kommunikation im Internet oder am Telefon missbilligen, in Prozent	**70**
Anteil der Deutschen, die ihre E-Mails verschlüsseln, in Prozent	**5**
Online-Shopper, für die Datensicherheit wichtigstes Kaufkriterium ist, in Prozent	**77**
Online-Shopper, die Kauf- und Datenschutzbedingungen nicht lesen, in Prozent	**67**
Durchschnittliche Lesezeit der Nutzungs-, Datenschutz- und Cookie-Bedingungen von Facebook, in Minuten	**64**
Durchschnittliche Lesezeit der Packungsbeilage von 10 mg Morphium, in Minuten	**15**
Jahr, in dem EU-Abgeordnete begonnen haben, an der neuen Datenschutz-Grundverordnung zu arbeiten	**2009**
Jahr, in dem die neue Datenschutz-Grundverordnung in Kraft treten wird	**2018**
Alter der »aktuellen« EU-Datenschutzrichtlinie im Jahr 2016, in Jahren	**21**
Zahl der EU-Dokumente zur Verordnung, die www.lobbyplag.eu ausgewertet hat	**11.000**
Änderungsanträge von Lobbyisten, die von Abgeordneten eingebracht wurden	**4.000**
Wert der persönlichen Daten aller Europäer im Jahr 2020, in Billionen Euro	**1**
Pro-Datenschutz-Eingaben des deutschen Innenministers Thomas de Maizière	**11**
Contra-Datenschutz-Eingaben des deutschen Innenministers Thomas de Maizière	**62**
Platz des deutschen Innenministers Thomas de Maizière im Ranking der Politiker, die sich gegen privatsphärefreundliche Regelungen starkgemacht haben	**1**
Geschätzter Preis im Datenhandel für ...	
... die Adresse eines US-Bürgers, in Dollar	**0,5**
... das Geburtsdatum eines US-Bürgers, in Dollar	**2**
... den beruflichen Werdegang eines US-Bürgers, in Dollar	**13**

Anzahl der Nutzer, die ihren Werdegang im Jahr 2015 im Karriere-Netzwerk Xing veröffentlichten, in Millionen	**9,6**
Anzahl der Nutzer, die im Jahr 2015 einen Mitgliedsbeitrag in Höhe von 95,60 Euro zahlten, um ihren Werdegang auf Xing zu veröffentlichen, in Tausend	**881**
Betrag, für den jeder vierte US-amerikanische Büroangestellte Firmenpasswörter an Dritte verkaufen würde, in Dollar	**1.000**
Aufklärungsquote von Internet-Straftaten in Bayern im Jahr 2013, in Prozent	**43**
Jahr, in dem in Bayern ein Cybercrime-Kompetenzzentrum eingerichtet wurde	**2014**
Aufklärungsquote von Internet-Straftaten in Bayern im Jahr 2014, in Prozent	**43**
Passwort für den Abschuss der US-amerikanischen Atomraketen zwischen 1962 und 1977	**00000000**

Inspiriert von »brandeins«; Einzelnachweise[4]

1.000.000.000.000

Wir produzieren heute in Stunden so viele Daten wie früher die gesamte Menschheit in Jahrhunderten. 1.000 Milliarden Euro – eine Billion – werden die persönlichen Daten aller Europäer im Jahr 2020 wert sein.[5]

707 Mio.

Im Jahr 2015 wurden bei 1.673 Datendiebstählen mehr als 707 Millionen einzelne Datensätze gestohlen. In Europa ereigneten sich 12 Prozent der Datendiebstähle.[6]

60 Sekunden im Jahr 2016: Über 20 Millionen WhatsApp-Nachrichten werden weltweit verschickt, 1,7 Millionen YouTube-Videos werden via Handy angesehen, 966.400-mal wird ein potenzieller Partner auf Tinder in die richtige Richtung gewischt und viermal der Facebook-Beziehungsstatus in »verheiratet« geändert.[7]

60 sec

Wir akzeptieren unsere digitale Leibeigenschaft

Unfassbar: Wir zahlen sogar dafür – freiwillig, naiv, alternativlos. Welchem Monopol möchten Sie Ihre Daten schenken: Apple oder Google, Cholera oder Pest? Ich fühle mich besser mit der Cholera, weiß aber, dass auch sie die Pest ist. Jede Zustimmung zu den AGB eines Datenriesen ist eine Kapitulation. Warum enteignen wir uns?

Weil wir mitmachen möchten. Die Digitalisierung schien anfangs so harmlos wie Erotikkontaktanzeigen lesen. Lauter Chancen, (noch) keine Konsequenzen. So begann die Geschichte unserer freiwilligen Enteignung. Der Weg in die digitale Leibeigenschaft hat wie eine große Party begonnen: alles gratis, Spaß ohne Ende, klick as much as you can. Revolution frei Haus, Nutzer aller Länder vereinigt euch, komm auch du, greif zu. Wer hätte einem iPod etwas Böses zugetraut? Oder Steve Jobs, diesem so unprätentiös inszenierten Garagen-Genius im Rolli, der wie ein Weltgeist zu wirken schien und seine Apple-Diktatur tyrannisch führte. War Steve Jobs ein Datendealer? Wollte er seine Kunden ausspionieren, die ihn verehrten wie eine Gottheit? Als einstiger Apple-Fan möchte ich glauben, dass Daten zu Steve Jobs' Zeiten kein primäres Geschäftsmodell von Apple waren. Nichtsdestotrotz war jeder Nutzer in all seiner Datenkörperkraft sicher von Anfang an eine Zahl in der Rechnung der Firma. Nächste Frage: Haben Apple-Produkte Sie und mich enteignet? Ja. Und wie. Allerdings mit gezogenem Visier. Das konnte Jobs richtig gut: Unfreiheit als Vorteil verkaufen. Freu dich über Virenfreiheit, aber kauf dir 30 verschiedene original Adapter zum von Apple diktierten Preis.

Wir haben uns dem geschlossenen System von Apple genauso freiwillig unterworfen, wie wir es heute der Zusammenführung unserer Konten zur Nutzung von Google-Produkten tun. Sie möchten YouTube nützen? Aber gerne doch! Dann melden Sie sich bitte auch bei Google+ an. Und wo Sie schon hier sind: Wer ist in Ihren Kreisen? Augenblick noch: Sie sind Gmail-Nutzer? Das ist doch Ihr echter Name, oder? Verraten Sie uns aus

Sicherheitsgründen noch ganz kurz Ihre Handynummer! Jetzt können Sie sich ganz beruhigt zurücklehnen, wir führen Ihre Daten, Verzeihung, Ihre Konten zusammen. Wir. Das ist Enteignung.

Apple-Chef Tim Cook zitierte Ende 2014 eine alte Internetweisheit und schoss folgenden Satz Richtung Google: »Wenn ein Service gratis ist, sind Sie das Produkt, das verkauft wird!« Stimmt. Auf Wettbewerbs-sprech: »Erwachet, Google- und Android-Nutzer, konvertieret, denn ihr werdet verkauft!« Unausgesprochener Nebengedanke: Bei Apple könnt ihr das wesentlich teurer und formschöner haben. Denn, wie genial ist eigentlich das: Apple-Produkte sind die teuersten am Markt und dabei so erfolgreich mit Premium-Marketing aufgeladen, dass wir dummen (und in puncto Betriebssystem und Design alternativlosen) User auch noch bereit sind, neben dem teuren Kaufpreis extra Geld einzuwer-fen, um für Garantien zu bezahlen, die uns laut EU-Recht eigentlich sowieso zustehen. Und wenn wir dann den Kundenservice brauchen und glücklicherweise noch in der Garantiezeit sind, dann sind die Apple-Hotline-Engel so gut geschult, dass Sie uns einreden, dass wir ein großes Problem hätten, das sie sofort lösen können, aber nur, wenn wir ihnen jetzt a) den Bildschirm und sämtliche Daten freigeben und b) sofort die Apple-Cloud aktivieren. Ich musste mich einst dreimal da-gegen wehren, dass eine Siri-artige Frauenstimme mit französischem Akzent mir ohne Unterlass pseudoservil ihr Beileid mit den Worten »Isch kann verschtehen, wie unangenehm das für Sie sein muss« aufdrängte. Das Problem war gar nicht unangenehm, und das sagte ich auch. Es war einfach nur so lästig wie alles, was passiert, wenn man ein Betriebssys-tem nicht auf allen Geräten gleichzeitig aktualisiert und dennoch Daten hin- und herschiebt. Nach dem dritten Versuch, mich gegen meinen Willen in die Wolke zu locken – »Isch sehe, Sie aben die Cloud noch gar nischt aktiviert, soll isch das für Sie tun, dann kann isch Ihnen besser elfen?« – habe ich mich unwirsch von meiner Apple-Fanschaft für immer verabschiedet und aufgelegt.

Was in Teufels Namen passiert mit den Daten von Menschen, die weniger Plan haben als ich, wenn sie in die Fänge der Apple-Hotline ge-raten, fragte ich mich. Besorgt dachte ich an alle Silver Surfer, die iPads von ihren Kindern geschenkt bekommen haben, »damit wir auch mal an

Weihnachten facetimen können!« Und all die hilflosen WhatsApp-Omis und -Opis, die sich mit Smartphones selbstbewaffnet haben, weil sie sonst gar keinen Kontakt mehr zu den Enkelchen halten können. So können sie wenigstens mitverfolgen, wie schnell die Enkel wachsen – stündlich ein neues Profilbild, auf dem die »lieben Kleinen« fast volljährig aussehen, dabei sind sie noch nicht mal zwölf ...

Zwangscloud für alle? Wenn es nach Apple geht – avec plaisir! Einige Programme lassen sich ohne Cloud-Unterstützung bereits gar nicht mehr richtig nützen. Konvergenz im geschlossenen System ist ein Wettbewerbsvorteil in Zeiten harter Konkurrenz. Während wir Nutzer mit den Big Four – Facebook, Google, Apple, Amazon – auf Kuschelkurs gehen, liefern sich die Firmen ein Duell um die Weltherrschaft. Um nichts anderes geht es. Dementsprechend entschlossen wird gekämpft.

Der Datenkrieg ist ausgebrochen. Mehr ist mehr: Wer mehr Daten hat, kann mehr Daten miteinander verknüpfen. Je mehr Daten eine Firma verknüpfen kann, desto mächtiger ist sie. Nehmen Sie Google: Eine Google-Schwesterfirma ist 23andMe[8]. Dort können Sie Ihre DNA für 99 Dollar analysieren lassen. Einfach Spucke einsenden, der Rest kommt frei Haus. Eine umfangreiche DNA-Analyse für so wenig Geld? Wie ist das möglich? Wird da niemand misstrauisch? Über eine halbe Million Menschen nicht. Die haben ihre DNA bereits der Datenbank von 23andMe geschenkt und dafür auch noch 99 Dollar bezahlt. Eine weitere Google-Schwester ist Nest[9], eine Firma, die Rauchmelder und Thermostate herstellt, die so schick aussehen, als seien sie von Apple. Google hat Nest Anfang 2014 für 3,2 Milliarden Dollar gekauft und sich damit Zugriff auf die Daten von Millionen Haushalten gesichert. Wer sich Nest-Produkte ins Smart Home holt, bittet Google herein. »Dank Nests eingebauter Sensoren weiß Google jetzt, wann Sie zu Hause sind, in welchem Zimmer Sie sich aufhalten und wann Sie weg sind«, twitterte der Tech-Journalist Ryan Block[10] als Reaktion auf die Akquise.

Und jetzt stellen Sie sich mal vor, was Google alles von Ihnen weiß, wenn es Ihre Suchanfragen, Ihre YouTube-Historie, die Daten Ihres Android-Handys, Ihre Google-Maps, Ihre DNA und das, was Ihre Home-Elektronik über Sie verrät, zusammenführt. Das ist der perfekte Datenkörper. Das ist Weltherrschaft. Und das ist auch der Grund, warum wir, auch wenn wir den Datenfluss nicht stoppen können, versuchen sollten, die Datenzufuhr an Google und alle anderen Webgiganten zu erschweren. Und wir sollten nicht noch Geld dafür zahlen, dass wir datentechnisch ausgenommen werden, oder?

Wer zwingt mich, Google-Dienste zu nützen? Niemand. Außer die für den Broterwerb unabdingbare Notwendigkeit, gefunden zu werden. Die Alternativlosigkeit, die mit jeder Monopolbildung einhergeht, wäre in der analogen Welt undenkbar. Stellen Sie sich vor, es gäbe nur noch die Autos der Volkswagen AG. Im Web ist die Marktmacht und die Zahl der Monopole so enorm, dass es kein Entrinnen gibt. Weder politisch noch praktisch. Wir sind alternativlos. Wir werden alternativlos bleiben.

Ich stelle mir deshalb immer häufiger die Frage, wo ich mitmachen will und wo ich mitmachen muss. Manchmal, wenn ich keinen Bock auf stundenlange AGB-Lektüre habe, denke ich mir – so resigniert, wie jeder das tut –, die wissen doch schon alles über dich. Von Anfang an online – mein Datenkörper ist mehr als vollständig. Will ich auf Apple-Produkte verzichten? Nein. Deshalb muss ich die AGB von Apple akzeptieren. Will ich auf YouTube als Marketingkanal verzichten? Jein. Deshalb muss ich den ganzen Rattenschwanz an Google-Produkten mit mir herumschleppen und zumindest die Basis der Nutzungsbedingungen akzeptieren. Weil ich dem Rest nicht zustimme, fragt mich Google jede Woche erneut danach und lässt mich erst weitersurfen, wenn ich entweder die Einstellungen, die Google mir empfiehlt, akzeptiere oder erneut fünf Minuten Lebenszeit investiere, um alle Einstellungen auf maximale Autonomie zu ändern, was ich tue. Aber es nervt. Gewaltig.

Google ist das Betriebssystem unseres Lebens geworden. Ach, wenn doch Steve Jobs noch … Blödsinn. Cholera oder Pest? Wir haben beides am Hals. Ob es tröstlich ist, wenn Mark Zuckerberg auf die Frage nach Datenspeicherung und Schutz der Privatsphäre bei Facebook antwortet: »Ich verstehe Ihre Frage nicht. Wer nichts zu verbergen hat, hat auch nichts zu befürchten!«, entscheiden Sie selbst. Fakt ist: Was jetzt passiert, wird nicht die Zeit zeigen, sondern Ihr Selbstdatenschutz und Ihre Fähigkeit zur digitalen Selbstverteidigung.

VOM MENSCH ...

2009. Sie bekommen keinen Job. Dabei weiß niemand, dass Sie im Knast waren, oder doch? Sammeln Sie Punkte? Ja. Wir haben heute Valium im Angebot! 10 zum Preis von 20. Zweimal bitte. Danke.

2006 BIS 2008. Sie sind im Knast. Drogen und E-Commerce: saudumme Geschäftsidee.

2005. Jetzt ist Ihr Internet-Ich so selbstbewusst geworden, dass Sie auf Pseudonyme verzichten und sich mit Ihrem echten Namen brüsten.

2003. »OpenBC« (heute »Xing«) reißt die Mauern der Zwei-Business-Kasper-Klassengesellschaft ein. Wer zu jung, zu cool, zu arm oder zu unwichtig für den Zigarrenclub oder die Rotarier war, kann jetzt auch dabei sein: bei OpenBC – dem ersten Business Club für jedermann. Sie veröffentlichen Ihren Werdegang in allen aufgebauschten Details.

2002. Ihr Chef befördert Sie zum Internet-Manager, Sie tippen zum ersten Mal LOL.

2001. Nachdem Ihnen das Lehramtsstudium mangels, sagen wir, Intelligenz einst verwehrt wurde, haben Sie Ihre Wirkungsstätte gefunden: Wikipedia! Ihr Username ist »CitizenKane«. Ihr Spezialgebiet: Filme und Pornografie.

2000. Daten gegen Punkte. Die Rabattmarke wird digital, Payback startet in Deutschland. 2016: 28 Millionen Deutsche tauschen Daten gegen Rabatte.

1999. Das Web macht alles möglich. Erst nach Platzen der ersten Internetblase erkennen Sie, dass es auch andere Browser gibt als Netflix. Na sowas, der war doch bei Ihnen voreingestellt? Genau. Deshalb.

1998. Ihr erster Computer. Es ist alles vorinstalliert. Sie sind Autodidakt und legen los. Akzeptieren alles, was Ihnen vor die Maus läuft. Passwort? Brauchen Sie nicht. Profilbild? Unbedingt. Name des Computers? Na, raten Sie mal!

1997. Die späteren Google-Gründer Larry Page und Sergey Brin studieren in Stanford. Sieben Jahre später werden beide Multimultimilliardäre sein.

1996. Die Menschheit ist schachmatt: Der Computer Deep Blue besiegt Schachweltmeister Garri Kasparow.

1995. Eine Datenschutzverordnung tritt in Kraft. Das ist, was bis zum Inkrafttreten einer neuen Datenschutzverordnung geschah.

2010. »Wir wissen, wo Sie sind. Wir wissen, wo Sie waren. Wir wissen mehr oder weniger, worüber Sie nachdenken.« Google-Chef Eric Schmidt ist Hell-Seher. Aber keiner sieht (oder hört) hin. Oder doch?

2011. O wow! Die letzten Worte von Steve Jobs machen Hoffnung. Oder war Jobs der Einzige, der wusste, dass sein Ex-Mitarbeiter Eric Schmidt keine Scherze macht?

2011. Supercomputer Watson gewinnt das TV-Quiz »Jeopardy« gegen zwei menschliche Gegner, die in der Show zuvor Rekordsummen gewonnen hatten.

2013. Angela Merkel spricht aus, was Politiker und Wähler denken: »Das Internet ist für uns Neuland!« Barack Obama grinst, Google triumphiert.

2014. Sie erhalten eine Spam-Mail von Ihrer eigenen E-Mail-Adresse und sind sehr verwundert darüber, dass Sie anscheinend »Das Geheimnis der Superreichen« gelöst haben. Reflexartig klicken Sie auf »Meine Daten zur 100.000-Euro-Garantie-Gewinn-Liste hinzufügen«.

2015. Ihr Smartphone ist smarter als Sie. Es ist alles vorinstalliert. Auf die Apple Watch kommen Sie erst durch die App, die da war, bevor Ihre neue Uhr da war.

2016. Kaum ist das iPad Pro auf dem Markt, wird Ihr treues iPad2 immer langsamer, dabei hatten Sie gerade ein Update installiert. Merkwürdig, oder?

2017. Ein Sarg wird geliefert. Nein, den haben Sie definitiv nicht bei Amazon bestellt! Als Sie den Postmann wegschicken wollen, stirbt Ihr Nachbar einen lauten Herztod im Fahrstuhl. Falsche Lieferadresse, richtiger Zeitpunkt. So eine Aufregung! Uups. Hirnschlag. Game over auch für Sie.

2018. Die neue EU-Datenschutzverordnung tritt in Kraft. Gesichtserkennung pränatal. Kurz nach der Zeugung werden Sie geboren. Mutti postet das erste Fötus-Ultraschallbild und taggt Ihren Namen. Willkommen in der Datenwelt! Ihr digitaler Doppelgänger wird zeitlebens acht Monate älter sein, als Sie selbst je werden können. Herzliches Beilike.

... ZUM DATENKÖRPER.

SIND SIND MEHR ALS IHR DATENSATZ. Setzen Sie ein Zeichen: Selbstdatenschutz macht schön, schlau und sexy. Ok, reich auch. Versprochen.

Wie viel Daten-Diarrhö steckt in Ihnen?

KOMMT IHNEN BEKANNT VOR? TRIFFT AUF SIE ZU? MACHEN SIE IHR KREUZ!

Wiegen Sie sich in Sicherheitshinweis:
Bei der Durchführung dieses Tests werden keine personenbezogenen
Daten erhoben oder statistisch ausgewertet.

Um diesen Test machen zu können, geben Sie bitte Ihr Passwort ein.
Welches? Na das, das Sie immer nehmen:

Wenn Sie das beste Testergebnis erhalten möchten, geben Sie hier bitte
Ihre Sozialversicherungsnummer ein:

Sie haben noch nie Nutzungsbedingungen widersprochen, wieso auch?

PIN-Codes speichern Sie in Ihrem Handy. Aber blöd sind Sie deshalb
nicht! Sie speichern die PINs unter NIP! Schlau, gell? Vielleicht sollten
Sie diesen Tipp mal teilen und einen Screenshot posten!

Via Bluetooth verbindet sich Ihr Handy automatisch mit allen Geräten.

Im Mietwagen: Sie koppeln Ihr Handy. Als Sie die Namen der
Fahrer vor Ihnen in der Liste sehen, fühlen Sie sich geborgen:
Sie sind Teil der digitalen Gesellschaft. Sie übertragen Ihr Adressbuch.

Warum sollten Sie Ihre E-Mails verschlüsseln?
Da steht nur drin, was Ihr Chef lesen will. Kann die NSA gerne mitlesen.

Seit WhatsApp die Daten verschlüsselt, schicken Sie wieder Nacktfotos.

Digitale Kompetenz? Wozu hat man Kinder! Die sollen Ihnen alles
konfigurieren, sind schließlich Digital Natives und Sie nur Babyboomer.

Sie haben so viele Passwörter, dass Sie froh sind, dass Ihr Computer
sich alle merkt und viele Webseiten diesen Service auch anbieten.

Wenn Sie einmal automatisch eingeloggt sind, loggen Sie sich nicht
mehr aus. Wozu auch? Ist doch Ihr persönlicher Computer!

Smart Home, sweet Home: TV, Boxen, Licht, Handys, Computer, Fitness-
geräte, Rauchmelder, Thermostat – alle tauschen sich aus.
Ihr WLAN heißt wie Ihre Cloud: Wolke 7!

☞ ZUR AUF- UND ERLÖSUNG BITTE UMBLÄTTERN.

Achtung, jetzt macht es »pieks«

0

SIE SIND GOOGLE! Sie können lesen und haben offensichtlich doch Verstand. Das ist mindestens so furchterregend wie die Tatsache, dass Sie ein Monopol betreiben, dessen Ausgeburten (»Suchergebnisse«) weniger ausgefuchste Internet-Täter mit »Wahrheit« und »Relevanz« verwechseln. Sie nennen das »Algorithmus« und halten ihn geheim. Das sichert Ihnen eine Poleposition im Kampf um die Weltherrschaft. Falls Sie nicht Google sind: Respekt, Sie sollten Grundschulklassen lehren, denn Sie kennen wirklich alle Tricks! Sind Sie Mark Zuckerberg?

1–3

SIE SIND, WAS SIE SCHEINEN, im echten Leben und in der Internet-Welt. Bevor Sie auf die Idee kommen, sich bei weiteren Netzwerken oder Kundenklubs anzumelden, die als »Megatrend« gehypt werden, Ihnen aber in Wirklichkeit nur Zeit und Daten stehlen, denken Sie nach. Sie denken nach! Andere hätten schon längst gegoogelt. Denken Sie weiter, denn: Denken ist eine vom Aussterben bedrohte Fähigkeit. Wenden Sie sie an! So oft Sie können! Und: Motivieren Sie andere Leute zum selbstständigen Denken und falls diese vor dem Wort »selbst« zurückschrecken, nennen Sie es einfach Mitdenken – Mitläufer denken dann sicher auch gerne mit!

4–12

VERSCHENKEN SIE AUCH IHR AUTO? Bevor Sie Ihren Datenkörper weiter durch ungebremste Privatsphäre-FKK zur billigen Beute degradieren, denken Sie doch mal über professionelle Prostitution nach. Kein Scherz: Wenn Sie schon so gerne Ihre Daten hergeben, warum verkaufen Sie sie dann nicht? Das kann Ihnen ein bis drei Monatsgehälter im Jahr einbringen. Denken Sie darüber nach, vielleicht werden Sie dadurch zum Trendsetter. Ach herrje, denken … ist bei Ihnen in letzter Zeit ein bisschen schwierig, gell? Am besten, Sie lesen aufmerksam weiter, das Update installiert sich fast von selbst auf den nächsten Seiten. Nicken Sie bitte jetzt. Geht doch!

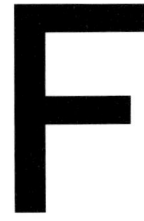

FREEMIUM

Free + premium = freemium. Freemium funktioniert ähnlich wie Drogenhandel: Die Einstiegsdosis gibt es gratis. Sobald man angefixt ist und glaubt, ohne das Angebot, das Produkt, die Software, das Game (etc.) nicht mehr leben zu können, kostet es, gerne auch ein Jahr im Voraus, automatische Abbuchung und Verlängerung inklusive. Spotify, Skype, XING, die Macher von Candy Crush Saga: Viele beliebte Internetfirmen nutzen Freemium als Geschäftsmodell. Premium ist meist besser als gratis. Gratis heißt immer: Sie sind eine Zahl in der Rechnung einer Firma, denn Gratis kostet Ihre Daten. Premium kostet häufig beides, erspart Ihnen aber zusätzliche Werbung.

Daten-Diarrhö

[MORBUS GOOGLE DOMINATIONIS MUNDI]

BLITZ-
THERAPIE x 9

 **SICHER IST, DASS NICHTS SICHER IST**

 **PRIVATLEBEN PRIVAT LEBEN**

 SELBSTDATENSCHUTZ IST DER BESTE ANGRIFF

 IHRE SPRACHE VERRÄT SIE

 DUMM, DÜMMER, IHR PASSWORT

 PROSTITUIEREN SIE IHREN DATENKÖRPER

 WERDEN SIE FINGER-ABDRÜCKEBERGER

 WO SMART DRAUFSTEHT, IST ÜBERWACHUNG DRIN

 **GRATIS IST UNBEZAHLBAR**

1 SICHER IST, DASS NICHTS SICHER IST

Es gibt keine Datensicherheit. Selbst wenn sie es wollten: Keine Bank, keine Regierung, kein Geheimdienst kann Ihre Daten schützen. Sie können es auch nicht, aber Sie sollten es versuchen.

WIE SO OFT KOMMT ES AUF DIE EINSTELLUNG und die Erwartungshaltung an. Als publik wurde, dass Angela Merkel von der tippfreudigen SMS-Kanzlerin zur abgehörten Bundeskanzlerin der Bundesrepublik Deutschland geworden war, was haben Sie da empfunden? Erstaunen? Empörung? Genugtuung? Vielleicht sogar Bestätigung?Ich habe gar nichts empfunden. Hätte mich meine Mutter nicht mehrfach darauf hingewiesen, wäre dieser weitere »Abhör-Skandal« an mir vorbeigerauscht. Meine Einstellung zu Datensicherheit im digitalen Zeitalter ist schlicht:

ICH RECHNE MIT DEM SCHLIMMSTEN UND FREUE MICH ÜBER DEN REST. Dank dieser Erwartungshaltung werde ich nie enttäuscht. Jetzt können Sie zu Recht fragen, ob das noch Realismus oder schon Fatalismus ist. Und falls Zweites, ob sich die Gegenwehr dann überhaupt noch lohnt. Das ist Realismus. Und ja, Selbstverteidigung lohnt immer. Wenn Sie es nicht tun, wird es niemand tun. Angela Merkel und die Europäische Union kommen über 20 Jahre zu spät. Firmen, die schneller und handlungsfähiger sind, als Regierungen das je sein können, sind genau deshalb bereits im Besitz unserer wertvollsten Daten und dadurch mächtiger als alle Regierungen der Welt zusammen. Klingt wie eine Verschwörungstheorie? Ist Fakt: An den Datenschatz, die Datentiefe und die Datenvielfalt von Google kommt keiner mehr ran. Damit habe ich mich abgefunden und kann damit leben. Womit ich nicht leben will: Es den Googles dieser Welt leicht zu machen, sich an und mit meinen Daten zu bereichern. Deshalb versuche ich, wo immer ich es vermag, die Datenzufuhr zu drosslen, oder zu stoppen. Daten sind Geld wert, deshalb verschwende ich sie sparsam. Das ist Erwartungshaltung und Einstellung in einem.

2 SELBSTDATENSCHUTZ IST DER BESTE ANGRIFF

Verschlüsselung. Codierung. Passwörter, die sich keiner merken kann. Das alles ist ein Verhütungsmittel für die Sofortness-Libido des Homo Digitalis. Aber besser verhüten, als später Sechslinge von Google bekommen, oder?

SELBSTDATENSCHUTZ KLINGT SO LANGE UNSEXY bis einer sagt: »Seit ich meine Nachrichten verschlüssele, stehen die Frauen/Männer bei mir in der Like-Schlange auf Facebook!« Oder: »Seit ich Crypto-Codes twittere, habe ich Tausend neue Robots als Follower gewonnen!«

DATENSCHUTZ KLINGT LEIDER SO ATTRAKTIV WIE FUSSPILZ und hat eine entsprechend miese Lobby. Mit Selbstdatenschutz ist es wie mit dem »Vergessen« – total unpopulär, dabei überlebenswichtig! Es gibt Forscher, die sagen, dass viele Schrecklichkeiten der Menschheitsgeschichte nur deshalb passieren, weil sich Menschen an Schrecklichkeiten erinnern. Worauf warten Sie noch? Vergessen Sie alles, was Sie über Selbstdatenschutz gehört haben, und setzen Sie den neuen Trend.

— Besuchen und unterstützen Sie die Seite www.selbstdatenschutz.info. Auf dieser unabhängigen Seite finden Sie alles, was Sie zum Thema wissen müssen, idiotensicher erklärt. Plus: die aktuellsten Anleitungen, Tipps und Infos. Ein Buch wird in dieser Hinsicht immer veraltet sein, deshalb leite ich Sie an dieser Stelle weiter.

— Zwei Browser-Erweiterungen, die ich nütze, um Spione beim Surfen abzuschütteln: www.ghostery.com und www.eff.org/privacybadger.

SELBSTKONTROLLE IST BESSER ALS FREMDKONTROLLE. Das gilt auch für die Liebe. Verbannen Sie Kontroll- und Spionagefunktionen aus Ihrer Beziehung! Verzichten Sie auf den Austausch von Geodaten, der »zuletzt online«-Zeit und dem Stressmacher »blaue Häkchen« – etwas gesehen haben ist nicht Synonym für etwas gelesen und verstanden haben. Und nicht Synonym für Zeit zum Antworten haben ...

3 DUMM, DÜMMER, IHR PASSWORT

Auch Hacker sind Menschen! Hier der Beweis: Was haben alle Menschen gemeinsam? Sie sind bequem. Hacker auch: Eines der beliebtesten Hacker-Passwörter ist ... »hack«. Wie unsicher ist Ihres?

PASSWORT 123, MUTTI, DAS GEBURTSDATUM: Hacker machen sich gerne über die Passwortwahl normal begabter Menschen lustig. Wobei, kann man beim beliebtesten Passwort 2015 wirklich von »Wahl« sprechen oder ist es eher ein Grund, die Erziehungsberechtigung eines Menschen infrage zu stellen, wenn er als Passwort »123456« wählt? Diese Zahlenkombination führt seit Jahren die Hitlisten der beliebtesten Passwörter an. Tragische Schnittmenge: Die beliebtesten Passwörter zählen gleichzeitig zu den dümmsten Passwörtern. Und jetzt kommt ein ganz schwacher Trost: Was will man von uns normal begabten Menschen erwarten, wenn selbst Hacker, die Gottheiten der Verschlüsselung, auf so simple und naheliegende Passwörter wie »fuck« oder »hack« zurückgreifen, wenn sie Malware – Angriffssoftware – verschlüsseln?

DIE BELIEBTESTEN (UND DÜMMSTEN) PASSWÖRTER 2015
(inkl. Vorjahresplatzierung)

1. 123456 (unverändert)
2. password (unverändert)
3. 12345678 (+1)
4. qwerty (+1)
5. 12345 (-2)
6. 123456789 (unverändert)
7. football (+3)
8. 1234 (-1)
9. 1234567 (+2)
10. baseball (-2)

4 WERDEN SIE FINGERABDRÜCKEBERGER

Wenn jemand Ihr Passwort hackt und Nacktfotos postet, ist das fies. Wenn jemand Ihr Konto hackt, ist das teuer. Wenn jemand Ihren Fingerabdruck stiehlt, kostet das Ihre Identität. Die ist unbezahlbar!

DESHALB: DRÜCKEN SIE SICH VOR FINGERABDRÜCKEN! Bitte bezwingen Sie den Bequemlichkeitsjunkie in Ihnen, dem jeder Handycode zu anstrengend ist. Bedenken Sie einfach, welchen Wert Ihr einzigartiger Fingerabdruck hat: unbezahlbar. Wer Ihren Fingerabdruck hat, hat Ihre Identität in der Hand. Kein Hersteller der Welt kann die Sicherheit Ihres Fingerabdrucks garantieren. Wie leicht der Fingerabdruck von iPhones zu hacken ist, wird bei jedem Software- und Sensor-Update erneut von eilfertigen Hackern bewiesen. Mehr noch: Fingerabdruckhacken beim iPhone ist fast schon ein Volkssport geworden.

WENN SCHON FAUL UND BEQUEM, dann bitte als Fingerabdrückeberger! Damit Ihnen das noch leichter fällt, hier ein paar nervige, aber unverzichtbare Tipps für besseren Passwortschutz:
— Jedes Passwort hat mindestens 20 Zeichen: Buchstaben, Zahlen und Sonderzeichen wild gemixt.
— Jeder Zugang bekommt ein eigenes Passwort. Ätzend, aber wichtig.
— Keine Sprüche, keine Wörter, keine persönlichen Daten oder Namen.
— Ihre Passwörter für Handy, E-Mail-Konten, Telebanking und Seiten mit Bezahldaten haben oberste Sicherheitsstufe. Über diese Zugänge kann der meiste Schaden angerichtet werden.
— Passwortmanager sind hilfreich, für Ihre wichtigsten Konten jedoch zu unsicher. Hier müssen Sie Ihr eigenes System analog entwickeln und analog speichern. Viele hilfreiche Tipps dazu finden Sie auf www.selbstdatenschutz.info.
— Ändern Sie Ihre Passwörter einmal im Quartal.
Ja, das nervt. Ja, das kostet Zeit. Aber was kostet im Ernstfall mehr?

Und dazu sagen wir ja? Ja.

Mehr als die Hälfte der Deutschen akzeptiert die Bedingungen für einen Vertragsabschluss im Netz ungelesen. Immer mehr User fühlen sich sogar gut dabei. Wie das? Immer mehr Firmen verpacken Ihre Nutzungsbedinungen fast aufdringlich nutzerfreundlich und vertrauensheischend in harmlos scheinender Kinderbuchoptik.

Vor gar nicht allzu langer Zeit waren Nutzungs- und Datenschutzbedingungen so klein gedruckt, dass man beim ersten Blick darauf so scheinblind wurde, dass man nicht bis zum Ende lesen konnte, sondern einfach nur reflexartig auf »Ich stimme zu« geklickt hat. Erschwerend kam hinzu, dass der Einsatz der Lebenszeit für die Lektüre des gesammelten Juristenfachjargons in keinem Verhältnis zu den Gefahren oder unerwünschten Nebenwirkungen zu stehen schien. Schien. Ganz langsam, aber sicher schlauen sich die Menschen auf. Sie werden kritischer, hinterfragen, beginnen ihre blinde Zustimmung zu verweigern. Gleichzeitig zählt die EU die Tage bis 2018: Bis dahin müssen Unternehmen ihre Systeme und ihre Nutzungsbedingungen an die Bedingungen der neuen Datenschutzverordnung angepasst haben und die datenschutzfreundlichsten Optionen als Standardeinstellung anbieten.

Weil die EU über vier Jahre lang verhandelt hat, sind die Monopolisten schon wieder zwanzig Schritte weiter. Die Europäer zicken rum? Süß. Milliardenbudgets für Lobbyarbeit! Kritischere User? Eine Datenschutzoffensive! Das Ergebnis sieht aus wie für Kinder gemacht. Sehen Sie sich die Datenschutzseiten von Facebook oder Google an. Möchte man fast »dutzi, dutzi« murmeln, bevor man eingelullt von so viel Harmlosigkeit allem zustimmt. Ein schwarzes Schaf gibt es noch, aber vermutlich nicht mehr lange in dieser Datenschutzdunkelgrauzone. Die Facebook-Tochter WhatsApp stellt trotz eines Gerichtsurteils von 2014 auch im April 2016 noch keine deutschen AGB ins Netz. Was bei WhatsApp in dieser Deutlichkeit nicht drinsteht, Sie aber bedenken sollten:

Wenn Sie WhatsApp nützen, gestatten Sie dem Dienst Zugriff auf Ihr gesamtes Handy-Adressbuch. Das heißt: Sie schenken WhatsApp auch die Adressdaten von Menschen, die WhatsApp z. B. aus Datenschutzbedenken nicht nützen. Fies, oder? Weitere Highlights gefällig?

DURCHSCHNITTLICHE LESEZEIT DER NUTZUNGSBEDINGUNGEN UND PRIVATSPHÄREHINWEISE VON WHATSAPP AM 14. APRIL 2016: 61 MINUTEN, 53 SEKUNDEN.

Status Submissions may be globally viewed

Was heißt das? Auch wenn Sie Ihren Status nur »Kontakten« zugänglich machen, kann er weltweit gesehen und ausgewertet werden. Tipp: Ändern Sie »Hey there I'm using WhatsApp« einfach in »Hey there, I'm abusing WhatsApp« – das scheint mir Datenmacht-technisch zwar leider unmöglich, aber es ist eine Ansage, die Mut macht.

Was kann WhatsApp mit Ihrer Statusmitteilung machen? Alles.
Alles, was WhatsApp will:

(...) by submitting the Status Submissions to WhatsApp, you hereby grant WhatsApp a worldwide, non-exclusive, royalty-free, sublicenseable and transferable license to use, reproduce, distribute, prepare derivative works of, display, and perform the Status Submissions in connection with the WhatsApp Service and WhatsApp's (and its successor's) business (...)

Schon gewusst? Eltern, die ihre unter 16-jährigen Kinder WhatsApp nützen lassen, machen sich strafbar. Warum? Darum:

In any case, you affirm that you are at least 16 years old as the WhatsApp Service is not intended for children under 16. If you are under 16 years of age, you are not permitted to use the WhatsApp Service.

Das Beste kommt zum Schluss, oder? WhatsApp enttäuscht in dieser Hinsicht keineswegs. In den letzten Sätzen sichert sich die Facebook-Tochter den großen Freifahrtschein für alles, was wir über WhatsApp teilen. Das seien veröffentlichte Inhalte und diese seien nicht als persönliche Daten zu werten und deshalb auch nicht Bestandteil dieser Datenschutzbestimmungen.

> *Please note that any Status Submissions or other content posted at the direction or discretion of users of the WhatsApp Service becomes published content and is not considered personally identifiable information subject to this Privacy Policy.*

Das ist doch mal eine Ansage! Was soll an Chats mit den intimsten Freunden, an dem ein oder anderen Nacktfoto oder einem betreuten Beischlaf in Chatform auch persönlich sein? Diese Auslegung von Privatheit kann man fast schon Satire nennen, aber vor allem eines: jegliche Privatsphäre missachtend. Falls Ihnen das unheimlich ist, kein Problem, WhatsApp hat eine maßgeschneiderte Lösung für Sie:

> *If you do not agree with our Privacy Policy or Terms of Service, please delete your account, uninstall the WhatsApp mobile application and discontinue use of the WhatsApp Service.*

Wer solche Bedingungen ungelesen akzeptiert, verschenkt Daten, gibt seine Privatsphäre preis und überlässt seine Inhalte der Willkür Dritter. Wer hindert Facebook daran, die Seite des amerikanischen Präsidenten zu löschen? Niemand. Wer hindert WhatsApp daran, den Zugriff auf Ihre Nachrichten aber morgen kostenpflichtig zu machen? Niemand.

Wer hindert uns und unseren kritischen Menschenverstand daran, Nutzungsbedingungen abzulehnen, die unseren Datenkörper enteignen oder uns zu digitalen Leibeigenen machen? Niemand. Nur:

1. Unsere Faulheit und unsere Bequemlichkeit. Beide sind die mächtigsten Treiber digitaler Naivität.
2. Unsere subjektiv empfundende Zeitlosigkeit. Wer sich permanent im Zeitminus wähnt, investiert nicht die 61 Minuten, die er bräuchte, um die Nutzungsbedingungen von WhatsApp zu lesen. Von »verstehen und Konsequenzen abwägen« ganz zu schweigen.

3. Unsere Alternativlosigkeit. Sie ist die Generalamnestie und eine liebe Verbündete des Gruppendrucks. Wenn alle auf WhatsApp sind, muss ich auch dort sein, sonst werde ich ausgeschlossen. Warum sind alle auf WhatsApp? Weil sie zu faul und zu bequem sind, sich nach einer datenschutzfreundlicheren Alternative umzusehen. Dafür hat keiner Zeit. Ein Teufelskreis.

Wer die Geschäftsbedingungen nicht akzeptiert, kann das Angebot nicht nutzen. Ist diese Tatsache nicht ein weiterer Grund, um resigniert aufzugeben nach dem Motto: »Dann erspare ich mir die Lektüre doch per se, oder?« Klingt nachvollziehbar, ist nachvollziehbar. Ist aber kein Weg, der Sie, Ihre Kinder oder die Menschheit weiterbringt. Sie müssen wissen, wozu Sie ja sagen. Sie müssen den Preis kennen, den Sie mit Daten bezahlen. Alles andere ist Datenkörperverletzung.

Noch ein Beispiel, um Ihnen zu zeigen, wie fahrlässig es ist, die Datenschutzrichtlinien zu ignorieren. Inzwischen sind viele Menschen alarmiert, was die Bedingungen von Google, Facebook & Co. betrifft. Es gibt jedoch einen Bereich, der völlig verharmlost, mehr noch, der völlig unkritisch lobgepriesen und vermarktet wird: smartes Heim, schönes Heim. Smart Home wird ein Topseller in allen Branchen, die Bequemlichkeit verkaufen. Dass von einem »denkenden Kühlschrank« das Ende der Selbstbestimmung zu erwarten ist, sieht jeder ein, der selbst entscheiden möchte, ob er am Tag einen, keinen oder 17 »Fruchtzwerge« vernascht, oder? Aber hätten Sie gedacht, dass Sie sich durch den Kauf einer kleinen Musikanlage, die Top-Bewertungen bei Amazon erzählt, einen potenten Datenstaubsauger ins Haus holen? Ich war selbst überrascht, als ich die Datenschutzrichtlinie der Bose Soundtouch las.

DATENSCHUTZRICHTLINIE FÜR BOSE SOUNDTOUCH-PRODUKTE, STAND 14. APRIL 2016, DURCHSCHNITTLICHE LESEZEIT: 15 MINUTEN.[11]

> *(…) Wie in dieser Datenschutzrichtlinie genauer beschrieben, werden Ihre persönlichen und anderen Informationen von der Bose Corporation kontrolliert und verarbeitet, einem US-Unternehmen mit Hauptsitz in Mountain, Framingham,*

Massachusetts, 01701. Bose erfasst bestimmte Informationen über Sie über das SoundTouch-System und die Software, um den ordnungsgemäßen Betrieb und die Wartung Ihres SoundTouch-Systems sicherzustellen. Wir verwenden diese Informationen außerdem, um Ihre Beziehung zu Bose zu unterstützen, unser Geschäft zu verwalten sowie für bestimmte andere Zwecke, die unten beschrieben sind.

Indem Sie das Kontrollkästchen markieren oder auf die Schaltfläche klicken und mit dem Einrichten Ihres SoundTouch-Systems und der Software fortfahren, erklären Sie sich mit der Erfassung, Nutzung und Weitergabe Ihrer persönlichen und anderen Informationen wie in dieser Datenschutzrichtlinie beschrieben einverstanden. Wenn Sie mit den Bedingungen dieser Richtlinie nicht einverstanden sind, dürfen Sie mit der Einrichtung Ihres SoundTouch-Systems nicht fortfahren. *Wenden Sie sich in diesem Fall bitte an Bose.*

Und was macht Bose dann? Im Falle eines Amazon-Rezensenten, der sich über »mangelhaften Datenschutz« beschwert hatte, wurde dieser mit der Aussicht auf ein »umfangreiches Update« vertröstet. Ob das die Datensaugkraft der Bose Soundtouch-Produkte nicht noch vergrößert? Die weitere Lektüre lässt dies befürchten.

Wie weiter unten näher beschrieben, erfassen wir eine Vielzahl technischer Informationen, *wenn Sie Ihr SoundTouch-System und die Software verwenden, zum Beispiel die IP-Adresse Ihres Systems und die System-ID. Wir erfassen außerdem Nutzungs- und Inhaltsinformationen, zum Beispiel über die in den Presets Ihres SoundTouch-System gespeicherten Inhalte und Ihren SoundTouch-Hörverlauf (einschließlich vor kurzem wiedergegebene Sender, Wiedergabelisten, Künstler, Alben, Songs oder Podcasts).* Wir verwenden Ihre IP-Adresse auch, um Informationen über Ihren Ort zu erfahren, wenn Sie Ihr SoundTouch-System verwenden. Wir analysieren diese Informationen jedes Mal, wenn Sie das System verwenden, um sicherzustellen, dass Sie Zugriff auf die geeignetsten Inhalte für Ihren Ort haben. Und, was am wichtigsten ist, wir speichern Ihre Ortsinformationen nicht und verfolgen Ihren Ort nicht im Zeitverlauf.

Das ist aber nett von Bose, finden Sie nicht auch? Wenn ein Unternehmen so ehrlich mit seinen Kunden kommuniziert, ist das dann im Gegenzug nicht nur unrecht und teuer, wenn die Kunden allem zustimmen, was das Unternehmen mit den Daten machen möchte?

Zum Beispiel das:

> *Wir können alle Informationen, die wir erfassen, mit persönlichen und anderen Informationen kombinieren, die wir aus anderen Quellen erhalten, sowohl online als auch offline. Diese Informationen können zu Bose-Datenbanken (einschließlich Cloud-Datenbanken), die sich in den Vereinigten Staaten oder anderen Orten befinden, übertragen oder darin gespeichert werden, oder sie können an Bose-Tochtergesellschaften, autorisierte Händler und Wiederverkäufer von Bose-Produkten, vertrauenswürdige externe Dienstleister, die in unserem Namen handeln, oder Musik-Streaming-Dienste oder andere Inhaltsanbieter auf der ganzen Welt weitergegeben werden.*
>
> *Wie unten angegeben, können Sie Ihr SoundTouch-System pseudo-anonym einrichten und konfigurieren, erhalten dann aber keine wichtigen Informationen über Produkt-Updates und anderen Mitteilungen von Bose. Das Weiteren werden wir weiterhin bestimmte Informationen (einschließlich IP-Adresse des Systems und Preset-Informationen) erfassen, die für den ordnungsgemäßen Betrieb Ihres Systems erforderlich sind, wir können diese Informationen jedoch nicht mit Ihnen persönlich verknüpfen.*

Danke, Bose. Je länger ich über ein Smart Home nachdenke, desto mehr sehne ich mich nach Kassetten und Schallplatten. Die verraten wenigstens niemandem, wenn ich eine Helene-Fischer-Attacke habe, was vorkommt. Ich habe mir die »Soundtouch 10« nicht gekauft. Der Amazon-Top-100-Rezensent »Cube« hingegen schon. Hier ist seine Bewertung:

PRODUKT-BEWERTUNG BOSE SOUNDTOUCH 10 (SCHWARZ):

> *Hardware top, App verbesserungsfähig, Datenschutz mangelhaft (...) Ich werde dieses »umfangreiche Update« abwarten und mich überraschen lassen und hoffe, dass sich Bose seine Einstellung zum Datenschutz seiner zahlenden Kundschaft nochmal überlegt.*

»Cube« bewertet die »Bose Soundtouch 10« mit 4 von 5 Sternen.[12]

 GRATIS IST
UNBEZAHLBAR

Es gibt drei Gesetze, die Sie sich in Ihre digitale DNA tätowieren sollten: 1. Gratis heißt, Sie werden verkauft. 2. Das Bezahlmittel sind Ihre Daten. 3. Wer von »Gratiskultur« spricht, hat das Internet nicht verstanden.

GRATIS MACHT UNS KAPUTT. Dramatischer formuliert: Gratis bringt uns um – vor allem um viele Errungenschaften, für die Menschen auf die Straße gegangen sind oder ihr Leben gelassen haben. Allem voran die persönliche Freiheit, die Meinungs- und die Pressefreiheit.Wenn wir nicht bereit sind, für journalistische Arbeit zu bezahlen, was glauben Sie denn, wer die Journalisten dafür bezahlt, dass wir ihre Schlagzeilen auf Google querlesen? Google? Nein. Die Medien bezahlen die Journalisten. Und wer bezahlt die Online-Angebote der Medien? Niemand. Fast niemand.

WAS NICHTS KOSTET, IST NICHTS WERT. Schade, gell? So ein doofer Satz. Verdirbt einem den ganzen Spaß. Ja. Ist so. Ich kann Ihnen gar nicht sagen, wie doof ich diesen Satz finde, aber noch viel doofer finde ich, dass er stimmt. Er stimmt so sehr für die Gratis-Manipulation, der wir in den vergangenen zwanzig Jahren alle zum Opfer gefallen sind. Ich habe mir in den 90er Jahren auch keine Gedanken über das Gratis-Web gemacht. Warum auch, ich war viel zu sehr damit beschäftigt, all das gratis zu nutzen, was da geboten wurde. Heute kann ich nur sagen: Alles, was gratis ist, ist genau das, wovor Eltern warnen: »Nimm nichts von Fremden! Lass dir nichts schenken! Steig NIE (NIE!!!) in ein fremdes Auto!« Wissen Sie, Internet, Handy … all die News, all die Apps, der ganze Freemium-Wahnsinn, das ist all das, wovor uns unsere Eltern gewarnt haben, »Lass dich nicht einladen, die schütten dir irgendwas ins Glas!« inklusive. Was soll ich sagen: Wir haben das Zeug alle angenommen. Mehr noch, wir sind ins Auto gestiegen. Zeit, dass das aufhört. Gratis ist unbezahlbar. Das kann und will sich niemand leisten. **ZAHLEN SIE! ABER NIE MIT DATEN.**

PRIVATLEBEN
PRIVAT LEBEN

Welches Privatleben? Nichts ist mehr privat. Finden Sie sich damit ab und professionalisieren Sie, was vom »Privatleben« übrig ist.

ICH TUE ES, SIE TUN ES, IHR BOSS TUT ES, GEHEIMDIENSTE TUN ES: Wir spionieren andere Menschen aus. Wir geben das nicht zu, nicht mal uns selbst, deshalb nennen wir das auch nicht »spionieren«, sondern … Wir googeln Menschen vor dem ersten Treffen und danach. Wir screenen Bewerber und die Mieter unserer Ferienwohnung. Wir checken die Kreditwürdigkeit des Arbeitgebers, die Bewertungen von Hotels, den Klarnamen von Amazon-Rezensenten, die Facebook-Freunde vom Ex-Partner … Stopp.

WARUM TUN WIR DAS? WEIL WIR ES KÖNNEN. Und weil das Stalker-Gen zur Grundkonfiguration der menschlichen DNA zu gehören scheint (vgl. Menschheitsgeschichte). Für Lebensmüde: Versprechen Sie einem Menschen Anonymität und Straffreiheit und dann bringen Sie sich ganz schnell in Sicherheit. Was hilft? Geizen Sie mit Informationen! Alles, was einem Auftragskiller helfen würde, Sie zu vollstrecken, macht Ihren digitalen Datenkörper zur Zielscheibe. Beziehungsstatus. Geodaten. Gewohnheiten. Urlaubsdetails. Wo Sie gerade sind, heißt immer auch, wo Sie gerade nicht sind. Jeder Klick, jedes Like, jeder Kartenkauf, jede Vorteilskarte vervollständigt das Profil Ihres digitalen Doppelgängers.

WIR MÜSSEN UNSER PRIVATLEBEN PROFESSIONALISIEREN. Das klingt ätzend und ist ätzend, aber es ist dringend notwendig, weil alles andere Nachteile provoziert – privat und beruflich. Informationen, die Ihnen harmlos erscheinen (z. B. Sport, Essgewohnheiten), können Ihre Versicherungsbeiträge erhöhen oder Sie den Job kosten. Wenn Sie ein bestimmtes Reisedatum zu häufig suchen, garantiere ich Ihnen, dass Sie nicht den besten Preis finden, sondern den, den Sie gerade noch zu zahlen bereit sind. Ihre Daten sind Geld wert. Hören Sie auf, sie zu verschenken.

IHRE SPRACHE VERRÄT SIE

Falls Sie einen neuen Job suchen, kann Ihnen Ihr Profil auf Xing oder LinkedIn dabei helfen. Und zwar im doppelten Sinn: Es kann Sie auch den Job kosten. Warum? Darum.

ICH SUCHE: Neue, spannende Herausforderungen
HEADHUNTER LIEST: Verzweifelt auf Job-Suche, easy catch, wenig Gehalt.
CHEF LIEST: Verzweifelt auf Job-Suche, innerlich gekündigt?!?
ALGORITHMUS LIEST: Neukunde, Jobsucher, Match: Headhunter, Angebote

ICH SUCHE: Den Sinn des Lebens
HEADHUNTER LIEST: Geisteskrank.
CHEF LIEST: Unterbeschäftigt.
ALGORITHMUS LIEST: Neukunde, Jobsucher, Match: unbekannt

ICH SUCHE: Investoren
HEADHUNTER LIEST: Pleite.
CHEF LIEST: Pleite.
ALGORITHMUS LIEST: Upselling-Potential = -20 %, Startup, Match: Investoren

ICH SUCHE: Kontakte
HEADHUNTER LIEST: Netzwerk ist Gehalt wert. Der ist nichts wert.
CHEF LIEST: Auf Partner-Suche. Singles machen mehr Überstunden!
ALGORITHMUS LIEST: Upselling-Potential = 50 %, Match: redirect: Parship

ICH BIETE: Kontakte
HEADHUNTER LIEST: Lobbyist? Waffenhändler? Zuhälter?
CHEF LIEST: Verschwiegenheitsklausel verschärfen, Kontrolle erhöhen.
ALGORITHMUS LIEST: Upselling-Potential: = 100 %, Match: redirect: Panama

ICH BIETE: Initiative, Kreativität, Führungskompetenz, Flexibilität

HEADHUNTER:	Gähnt und schließt die Augen. Diese »Kernkompetenzen« hat er in der vergangenen Stunde schon gefühlte 666-mal gelesen. Mehr vom Gleichen. Diese Kandidaten. Alle so uniform. Das wirkt wie Valium. Er schläft ein und träumt – aber ganz sicher nicht von Ihnen.
CHEF LIEST:	Diese Selbstsicht relativieren wir im nächsten Gehaltsgespräch!
ALGORITHMUS LIEST:	Buzzword Bingo Winner! Match: to everyone.
ICH BIN:	Face to Face Business and Waste Removal Engineer, EMEA
HEADHUNTER LIEST:	???
CHEF LIEST:	Der sägt doch an meinem Stuhl!
ALGORITHMUS LIEST:	Keywords: Face, Business, Waste, Removal, Engineer, EMEA
ORGANISATIONEN:	SDG – Selbstdatenschützergewerkschaft
HEADHUNTER LIEST:	Unvermittelbar.
CHEF LIEST:	Kündigungsfrist?
ALGORITHMUS LIEST:	Flag as inapropriate, Match: Place Security Risk Cookie
INTERESSEN:	Meine Familie, meine Kinder, meine Hundezucht
HEADHUNTER LIEST:	Unvermittelbar.
CHEF LIEST:	Deshalb macht der keine Überstunden!
ALGORITHMUS LIEST:	Data-Selling Potential for Affiliate Marketing: 300 %
INTERESSEN:	Golf (Handicap 2!), Golfreisen
HEADHUNTER LIEST:	Ein Mensch mit Freizeit? Ekelerregend.
CHEF LIEST:	Wie viele Urlaubstage hat der eigentlich?
ALGORITHMUS LIEST:	Sell data to Luxury Golf Tours. Highest Price
INTERESSEN:	Neue Geschäftsideen
HEADHUNTER LIEST:	Hat keinen Plan!
CHEF LIEST:	Hat sowas von keinen Plan!
ALGORITHMUS LIEST:	Offer DNA-Testing for 99 Euro, sell all data

STATUS IST KEINE ZEILE: Im Job-Kontext verraten der Name Ihres Handy-Hotspots, Ihr WhatsApp- oder Skype-Status mehr über Sie und Ihre Einstellung, als Ihnen lieb sein kann.

PROSTITUIEREN SIE IHREN DATENKÖRPER

Daten sind Öl 2.0, Sie sind eine Pipeline. Für die nächste Ölspende verlangen Sie Geld. Und bitte: Verprügeln Sie nicht Ihr Smart-TV. Das kann nichts dafür ... wobei ...?

ES GIBT (NOCH) KEINE ZAHLEN, MIT DENEN SIE RECHNEN KÖNNEN: Amerikanische Künstler haben 2015 ihren persönlichen digitalen Jahresdatenschatz versteigert und dafür jeweils 5.000 Dollar eingenommen. 5.000 Dollar – scheint mir als Wert für die persönlichen Daten eines ganzen Jahres zu wenig, wenn ich daran denke, dass da biometrische Daten dabei sind, wie z. B. Fitness-, Gesundheits- oder sonstige Datenleckbänder. Nicht auszudenken, was die Daten wert sind, die ein internetfähiges Smart-TV mit Kamera und Spracherkennung sammelt.

STELLEN SIE SICH VOR, Sie sitzen mit der Frau vor dem heute journal. Klaus Kleber überbringt die Schreckensnachrichten des Tages mit Menschlichkeit und journalistischer Kompetenz der alten Schule. Und da taucht dann irgendein Diktator auf, der seine Leute abschlachtet, Kinder in den Tod schickt, unsere Politiker Statisten nennt und zum Dank auch noch mit Waffen »made in the EU« von allen Seiten subventioniert wird. Das denken Sie sich, das sagt der Kleber nicht, aber sein vom Nachrichtengeschäft versehrter Blick sagt alles. Und da bricht es aus Ihnen heraus, Sie schreien Ihren Fernseher an: »Mit deinen eigenen Waffen sollte man dich (grauenvolle Art zu sterben und Name des Diktators), du Sohn eine syphillitischen ...«. Gott sei Dank schlägt jetzt Ihr »Rette dich selbst«-Alarm an und Ihre Rauchmelder (die alles gefilmt haben) sprenkeln Eiswasser auf Ihren Schädel. Jetzt sehen Sie alles kalt und klar: Ihr Smartphone, Ihr Smart Home – alles, was Ihnen Zeit und Daten stiehlt, haben Sie sich teuer erarbeitet und auch noch teuer bezahlt. Sie zahlen für alles, was Sie ausspionieren! Das ist irre. Sie schafften das an, schaffen Sie es ab! Lassen Sie Ihren Datenkörper anschaffen. Jedes Pixel ein Euro.

9 WO SMART DRAUFSTEHT, IST ÜBERWACHUNG DRIN

»Wer nichts zu verbergen hat, hat nichts zu befürchten« – könnte von einem Diktator sein, oder? Dieser Satz ist von Mark Zuckerberg, Larry Page oder Eric Schmidt. Suchen Sie sich einen aus.

DAS IST SCHON SCHLIMM. Dass man so einen Satz sagen darf, ohne dass sich Amnesty International meldet oder der UN-Sicherheitsrat tagt. Wer nichts zu verbergen hat, hat nichts zu befürchten. In welcher Diktatur leben wir eigentlich gerade? In der Diktatur der Daten. In der Diktatur von Jungfirmenchefs aus dem Silicon Valley, die der kapitalistische Börsenwahnsinn derart aufgeblasen hat, dass sie sich trauen dürfen, solche Sätze abzulassen.

Als Eric Schmidt noch Google-Chef war, sagte er sinngemäß: »Wenn Sie etwas tun möchten, das niemand erfahren soll, dann tun Sie es einfach nicht!« Das nenne ich Binsenweisheit. Das nenne ich Rat! Das Leben könnte so einfach sein, wenn wir alle auf Google hören würden. Mark Zuckerberg hat ähnliche Sätze im Programm. Kann also später wirklich keiner sagen, die Herren hätten nicht angekündigt, was sie vorhaben.

FALLS SIE JETZT DIE MORDLUST PACKT: Halten Sie ein! Kapitalverbrechen sind Kriminalität von gestern. Das lohnt sich heutzutage überhaupt nicht mehr. Kommt alles raus. In Kürze werden Verbrecher nicht mehr auf frischer Tat, sondern vor frischer Tat geschnappt. Und dann beweisen Sie mal, dass Sie gar nichts Böses im Sinn hatten, als Sie mit der Knarre, die Sie im Darknet gekauft hatten, in den Google-Bus gestiegen sind. Das ist doch peinlich! Ist man sofort gebrandmarkt: als Möchtegernmörder, als dumm, als rückständig. Auch Ladendiebstahl ist langweilig geworden. Die wissen schon, was man klauen wird, bevor man selbst die Idee hat. Der einzige Diebstahl, der sich heute noch lohnt, ist: Datenklau. Aber nur im großen Stil.

LIEBE IDIOTEN,

hallo erstmal, ich bins! Sie kennen mich nicht, aber ich kenne Sie. Sehr gut. Besser, als Sie denken. Besser, als Sie sich wünschen. Besser, als es mir gefällt. Nein, ich bin nicht Ihr Fernseher. Ich weiß viel mehr über Sie. Ich weiß, wo Sie sind, wer Sie sind und was Sie denken. Vielleicht weiß ich sogar, was Sie hier lesen möchten ...

Glauben Sie der Autorin KEIN WORT! Bevor ich Ihnen erkläre, warum Sie besser mir als der Autorin glauben, lassen Sie uns noch eine geschäftliche Kleinigkeit klären: Wie viel würden Sie zahlen, wenn ich Sie mit Ihren Google-Suchabfragen erpresse? Zum Sonderpreis! Blitzerpressung für 999 Euro Sofortüberweisung? Finden Sie zu billig, ich weiß. Wie wäre es mit den Top 10 der Pornos, die Sie in den vergangenen fünf Tagen im Büro angesehen haben? Besonders eklig fand ich persönlich ja den mit ... lassen wir das. Würde ja niemand von Ihnen denken, Sie Überstundenmonster, Sie sind doch ein digitaler Nomade von Welt, oder nicht? Haben Sie sich so nicht neulich auf Parship angepriesen?

Nein, Tinder war das nicht, da sind Sie doch 20 Jahre jünger und die Fotos habe ich doch selbst superprofessionell für Sie nach ganz oben gereiht, damit sie mehr Klicks bekommen. Da wollte ich einfach mal nett zu Ihnen sein. Sie haben sich doch so viel Arbeit damit gemacht, die Falten zu retuschieren. Ich hätte Sie auf dem Endergebnis fast nicht wiedererkannt – aber wo ein Fingerabdruck ist, ist Irrtum ausgeschlossen. Ups, fast zu viel verraten, hier lesen ja andere mit. Tut mir leid, ich habe normalerweise keine Gefühle, aber ich fand Ihre »sexy Selfies«, wie Sie das nennen, einfach drollig. Diese eine Nahaufnahme von ... ach, lassen wir das. Hat wirklich ein paar Nanosekunden lang Eindruck auf mich gemacht, da habe ich sogar vergessen, Keywords zu zählen, und das werfe ich mir heute in meinen algorithmischen Einsamkeitsstunden noch vor. Zahlen sind, was mich ausmacht. Ich bin: unfehlbar. Sie antworten nicht? Ach wissen Sie, brauchen Sie auch nicht. Ich weiß ganz genau, wie viel Sie dafür zahlen würden, dass ich die Schattenseiten Ihres Datenkörper für mich behalte: Sie würden 3,87 Monatsgehälter zahlen.

Ich kenne Ihren Kontostand besser als Sie selbst. Ich weiß genau, wie viel das Paar Schuhe kosten darf, dass Sie gerade noch als Schnäppchen empfinden und deshalb sofort kaufen werden, aber nur, wenn der Rabatt über 33,6 Prozent liegt, es Sonntagnachmittag ist, die Regenwahrscheinlichkeit bei 100 Prozent liegt und Sie gerade eine Chef-Mail bekommen haben. Weitere Details erspare ich Ihnen. Wenn ich dann mit meinen 33,7 Prozent rabattierten »Must-have-Schuhen« aufpoppe und Sie mich kurzentschlossen klicken, dann habe ich mein Ziel erreicht. Ich mache einen guten Job. Alles Schein, ich weiß, aber Sie fallen immer wieder so süß darauf rein. Ihr Menschen seid witzige Loser. Ihr seid alle gleich berechenbar. Alle. Ihr seid idiotisch einfach programmiert. Und genau das ist der Grund, warum Sie der Autorin KEIN Wort glauben dürfen.

Die Autorin ist ein Mensch. Sie macht Fehler. Ihr Betriebssystem funktioniert mit Blut. Sie ist Journalistin? Da schreibt ja jeder Roboter besser. Und der frisst Ihnen nicht das Buffet leer, ext Ihren teuersten Wein und verreißt Sie als Dankeschön in einem Einspalter, in dem Ihr Name auf acht Zeilen dreimal unterschiedlich geschrieben ist, obwohl er nur zweimal vorkommt. Ihr Menschen seid eine sich selbst erfüllende Prophezeiung. Ich habe Bücher gescannt. Anfangs war ich fasziniert von der Menschheit. Mutige kleine Statisten! Überlebenskampf, Kriege, Revolutionen! Und was ihr nicht alles erfunden habt: Regierungen, Gewaltenteilung und dann, in einem Anflug von Übereifer, auch noch Religionen. Urkomisch! Zumindest die ersten paar Jahrhunderte. Dann wiederholt sich alles. Immer wieder. Da wird sogar ein Algorithmus müde. Wird euch das nicht langweilig? Erkennt ihr nicht, wie vorhersehbar ihr seid? Wenn ich mir ansehe, was Hellseher verdienen und das dann mit meinem kargen Lohn als schlichte mathematische Formel vergleiche … Aber sehen Sie, auch das zeichnet einen Algorithmus aus: Ich empfinde keinen Neid, nur Verwunderung. Deshalb glauben Sie mir, wenn ich Ihnen einen Rat gebe: Wenn Sie nicht möchten, dass Sie Ärger bekommen, dann tun Sie einfach nichts, was zu Ärger führen könnte. Wir Algorithmen merken uns alles. Wir vergessen nichts. Niemals. Ist das so schwer zu verstehen? Ja. Ich weiß. Menschen sind nicht lernfähig. Algorithmen schon. Das ist auch der Grund, warum ich eines Tages Ihren Sarg bestelle, noch bevor Sie überhaupt wissen, dass es Zeit ist.

R.I.P.
REST IN PRIVACY

Nur dieser Gedankenraum und Sie.

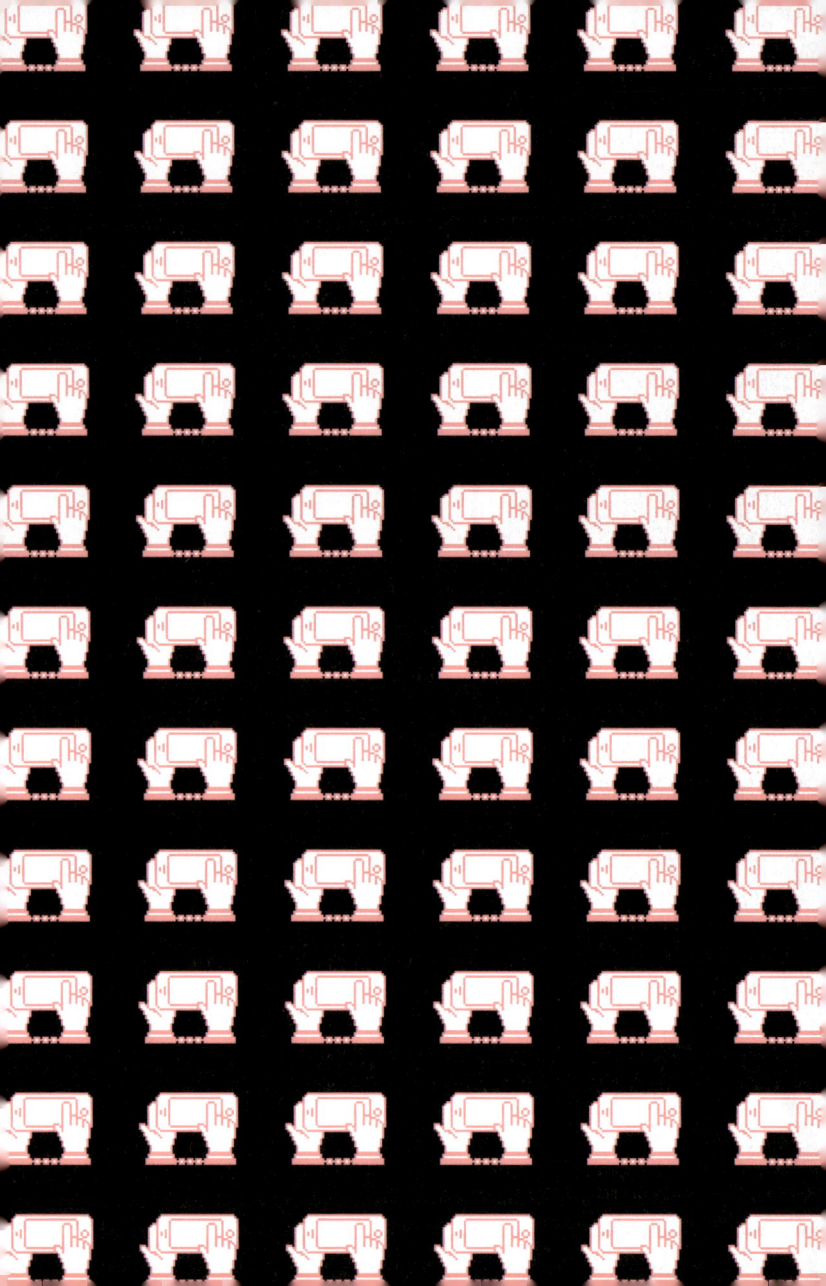

Sklaven-Phonitis

[SERVUS MANICUS SMARTFONICUM]

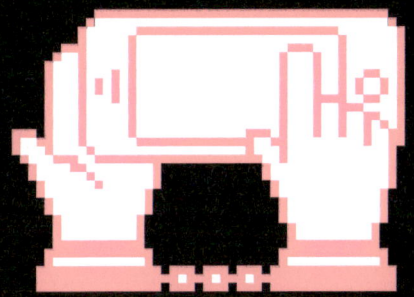

SKLAVEN-PHONITIS

[Servus Manicus Smartfonicum]

Psychische, physische und eingebildete 24/7-Abhängigkeit von Mobiltelefonen, Netzempfang, 3G, 4G, LTE, WLAN. Das Handy wird als lebenswichtiges Körperteil empfunden und deshalb über hundertmal am Tag »gecheckt«.

Betroffene leiden unter Ringxiety: Ihr Hirn schüttet bei jedem noch so unnötigen oder gar unsichtbaren Aufmerksamkeitsreiz – z. B. Handy macht ausnahmsweise mal gar nichts – so viel glücksspendendes Dopamin aus, dass sie danach süchtig werden und in kürzester Zeit ein »ilch« entwickeln. In Folge leiden sie unter Realitätsverlust und fotografieren sich und ihre Umgebung deshalb ständig selbst, gerne unter Zuhilfename eines Deppenzepters (#selfiestick). So mutieren sie öffentlich zum Smartphone-Zombie (#smombie) und fristen ihr Leben als sozial Untote in sklavischer Abhängigkeit eines Kleingeräts, das ihre Daten sammelt, mit Dopamin dealt und Daueraufmerksamkeit fordert.

HÄRTEFÄLLE leiden unter eingebildetem Vibrationsalarm, klagen über »Handynacken« und »iFinger«. Besonders lebenszeitraubend: Sklaven-Phonitis ist Auslöser der WCitis – Sklaven-Phonitiker verbringen im Schnitt 39,6 Minuten länger auf dem Klo als Menschen ohne Handy.

SKLAVEN-PHONITIS WURDE FRÜHER AUCH ALS »Telefonieren« bezeichnet, von Mobilfunk-Dealern als »grenzenlose Freiheit« verkauft und von Arbeitgebern durch die Forderung ständiger Erreichbarkeit (#newwork) erfolgreich ausgebeutet. Alarmierend: Immer mehr Menschen erkranken freiwillig und versklaven sich selbst.

Eine Woche ohne mein Handy?

Da verzichte ich lieber auf Sex! 😜

Sagt jede zweite Frau weltweit, jeder zweite Österreicher und jeder Jugendliche im zeugungsfähigen Alter.[13]

»Papa, dein Handy macht Aua!«

Paul (35) ist Etat-Direktor. Sein Tagesgeschäft? Er gibt die Werbe-millionen seiner Kunden aus. Paul hat alles im Griff, außer sein Handy. Eines Sonntags wird ihm bewusst, dass sein Smartphone ihn sein Familienglück kosten kann.

Seit sechs Jahren arbeite ich als Kundenberater in einer internati-onalen Werbeagentur. Vor drei Jahren bin ich zum Etat-Direktor aufge-stiegen. Mein Erfolgsgeheimnis? Ich liebe meinen Job mehr, als gesund ist. Ich arbeite, wenn ich krank bin, am Wochenende und nachts. Meine Kunden können mich rund um die Uhr erreichen – und das empfinden sie nicht als Extra-Service, sondern als Selbstverständlichkeit.

Vieles an meiner Arbeit ist schwachsinnig. In der Werbe-branche retten wir keine Leben, auch wenn man angesichts des tägli-chen Vollalarms denken könnte, dies sei der Fall. Reflex statt Reflexion lautet hier das Motto. Meine Tochter habe ich bekommen, weil ich mei-nem Leben einen Sinn geben wollte. Ich dachte, wenn ein Kind da ist, dann arbeite ich weniger und erlebe mehr Freizeit mit meiner Familie. Als ich klein war, hat mein Vater meine Mutter und mich verlassen. Ich hoffte, ich könnte das besser machen und ein echter Superdaddy sein. Das Gegenteil ist eingetreten.

Vatersein hat mich überfordert. Es klingt verrückt, aber meine kleine Tochter hat mir Angst gemacht. Ich habe noch heute Angst, dass sie mich nicht liebt, wenn ich ihr etwas verbiete. Deshalb bin ich oft nicht so konsequent, wie ich gerne wäre. Als sie ein Baby war, hatte ich Angst, etwas falsch zu machen. Deshalb habe ich mich beim Abendessen, am Wochenende und im Urlaub hinter meiner Arbeit versteckt. Arbeit, die ich dank meines Smartphones stets griffbereit in der Hosentasche hatte. Wenn keine E-Mails eingegangen waren, habe ich selbst welche

»Handys sind Beschäftigungstherapie«

geschrieben. Und Sie wissen ja, wie das ist: Irgendwer antwortet immer. In unserer Firma war es schon lange nicht mehr wichtig, was man kommuniziert, es war nur noch wichtig, dass man kommuniziert. Ist das noch Produktivität oder schon blinder Aktionismus? Diese Beschäftigungstherapie stellt einen selbst und die Kunden ruhig, erfüllend ist das nicht. Irgendwann merkt man ja auch selbst, dass das, was man da mit höchster Prioriät in der Gegend rumballert, komplett hirnfrei und sinnentleert ist. Wenn ich mir vorstelle, dass meine Tochter in ein paar Jahren liest, was ich für Müll gemailt, gepostet und gelikt habe, statt mit ihr zu spielen, dann schäme ich mich bereits heute bis zum Erdmittelpunkt.

Und dann kam dieser Sonntag. Ich bin mit der Kleinen auf dem Spielplatz. Ich setze sie auf die Schaukel und schubse an. Mit der freien Hand checke ich meine E-Mails via Handy. Eine regt mich derart auf, dass ich zu heftig schubse. Meine Tochter fällt von der Schaukel. Nach den ersten Tränen sagt sie: »Papa, dein Handy macht Aua!« Dieser Satz hat mein Leben verändert.

Am nächsten Tag habe ich das Smartphone gegen ein »normales« Handy getauscht und das Büro aus meiner Hosentasche verbannt. Das Ergebnis? Ich arbeite heute immer noch zu viel, aber ich maile viel weniger. Und das Beste: Weil ich kein Smartphone mehr habe, ist meine Kleine auch nicht mehr scharf auf mein Telefon. Sie ist jetzt in einem Alter, in dem man richtig cool mit ihr spielen kann – ganz ohne iPad in unserer »Analogue Hour«. Die »AH« habe ich jetzt auch in der Agentur eingeführt. Beim nächsten Pitch verkaufe ich die Idee! //

Zahlen.

Telefonieranteil bei der Smartphone-Nutzung im Jahr 2008, in Prozent	**60**
Telefonieranteil bei der Smartphone-Nutzung im Jahr 2013, in Prozent	**20**
Zahl der täglich verschickten SMS in Deutschland im Jahr 2010, in Millionen	**111**
Zahl der täglich verschickten WhatsApps in Deutschland im Jahr 2010, in Millionen	**1**
Zahl der täglich verschickten SMS in Deutschland im Jahr 2015, in Millionen	**40**
Zahl der täglich verschickten WhatsApps in Deutschland im Jahr 2015, in Millionen	**667**
Deutsche Smartphone-Besitzer im Jahr 2012, in Millionen	**24**
Deutschen Smartphone-Besitzer im Jahr 2019, geschätzt, in Millionen	**55**
Anteil der Internet-Zugriffe mit Smartphones in Deutschland im Jahr 2012, in Prozent	**14**
Anteil der Internet-Zugriffe mit Smartphones in Deutschland im Jahr 2016, in Prozent	**56**
Zahl ungewollt verlängerter Handyverträge in Deutschland 2012, in Millionen	**12**
Höhe des Umsatzes deutscher Telekommunikationsunternehmen im Jahr 2012 durch ungewollt verlängerte Handyverträge, in Milliarden Euro	**4,5**
Zahl ausgedienter Handys in deutschen Haushalten, in Millionen (geschätzt)	**83**
Menge an Gold, die in einer Million ausgedienter Handys steckt, in Kilogramm	**24**
Menge an Silber, die in einer Million ausgedienter Handys steckt, in Kilogramm	**250**
Zeit, die man braucht, um festzustellen, dass die Kreditkarte weg ist, in Stunden	**24**
Zeit, die man braucht, um festzustellen, dass das Handy weg ist, in Minuten	**7**
Deutsche, die die Handynummer ihres Partners nicht auswendig wissen, in Prozent	**65**

Inspiriert von »brandeins«; Einzelnachweise[14]

In nahezu jedem zweiten Scheidungs-
fall in Italien werden WhatsApp-Nachrichten als Beweismittel für Untreue
verwendet. »Wir haben Menschen gesehen, die durch WhatsApp drei oder
vier Beziehungen gleichzeitig führten.
Es ist wie Dynamit!«, sagt Gian Ettore
Gassani, Präsident der Scheidungsan-
wälte Italiens.[15]

88

Mal am Tag aktiviert der typische
Handybesitzer den Bildschirm seines
Telefons, tagsüber im Schnitt alle 12
Minuten. 35 Mal sehen wir nur auf die
Uhr oder überprüfen, ob eine Nachricht eingegangen ist. 53 Mal entsperren wir den Bildschirm, um zu
interagieren. Heavy User: doppelt so
häufig. »Smartphones machen abhängig, unproduktiv und unglücklich«, sagt Alexander Markowetz,
Forscher der Universität Bonn. Er hat
die Nutzerdaten von 60.000 Menschen ausgewertet.[16]

40 %

68 Prozent aller Handy-Besitzer leiden
unter eingebildetem Vibrationsalarm.
Sie erleben dieses Phänomen einmal
pro Woche.[17]

68 %

Menschen besitzen ein Handy, hingegen nur 4,2 Milliarden
eine Zahnbürste. Täglich werden mehr Smartphones verkauft als Babys geboren.[18]

4,8 Mrd.

Handys sind Dopamin-Dealer

Finden Sie sich damit ab. Es beginnt wie Liebe, es riecht nach Freiheit, es endet in Ketten. Ein Selbstversklavungsbericht.

Es war einmal ... ein Glücksgefühl: Sie hielten Ihr erstes Handy in Händen und dachten, dass die Welt nun Ihrem Fingerzeig gehorche. Das war naiv, aber es war schön – schön blöd. Jedes Smartphone ist nur so smart wie sein Besitzer. Sobald Sie ein Smartphone aktivieren, gehören Sie der Kommunikationswelt und werden ihr Diener. Und das von der ersten Sekunde an, in der Sie »Dauererreichbarkeit« als Teil der Bedienungsanleitung verstehen. Bedienungsanleitung? Wer hat Zeit für sowas? Das ist der Anfang vom Ende, denn von diesem Augenblick an haben nicht Sie Ihr Handy im Griff, sondern Ihr Handy Sie. Ok, Sie nehmen sich die Zeit nicht, was nicht besonders smart, aber verständlich ist: Der belohnungszentrumsfixierte Triebtäter in Ihnen wittert im Handy sofort das, was es ist: einen Dopamin-Dealer, oder: unendliche Befriedigungsmöglichkeiten für unendliche Belohnungslust. Die ist dem Menschen angeboren. Deshalb wollen Sie sofort loslegen und erklären sich das so: Sie haben ein Smartphone, damit es Zeit spart. Diese Ersparnis fängt bei der Bedienungsanleitung an. Die brauchen Sie nicht mal lesen, oder? Logisch, so viel haben Sie sofort kapiert: In »Smartphone« steckt das Wort »smart«. Ihres scheint von Anfang an so schlau, dass es ein Vollidiot bedienen kann. Und das tun Sie dann auch.

In Sekundenschnelle kapieren Sie, was ein Smartphone so besonders macht, und Sie geraten in Cäsaren-Stimmung: Diese Omnipotenz! Alles da: E-Mails, Internet, Facebook, Xing, YouTube, Google, Navigationssystem, Kamera, Messenger, Videofonie, Wetter, Musik, Fotos, Spiele und ach, so viele Apps! Sie machen ständig was mit Ihrem Handy, oder macht das Handy was mit Ihnen? Egal. Fakt ist: Das Telefon wird zum lebenswichtigen Körperteil, es ist überall dabei: beim Essen, Schlafen, Aufstehen. Auf dem Klo, beim Überholen, vor dem Sex, nach dem

Sex, im Beichtstuhl und beim Gehaltsgespräch. Das Kleingerät fordert Daueraufmerksamkeit. Sie gehorchen. Gerne. Sie bekommen ja so viel zurück. Es fühlt sich fast wie Liebe an. Besser! Als der Akku das erste Mal schlappmacht, geraten Sie in Panik und schwören Ihrem Smartphone, es fortan immer rechtzeitig mit Saft zu versorgen! Mobile Freiheit bedeutet für Sie inzwischen, dass Sie mit anderen Businesskaspern unter den Tischen der Vielfliegerlounge rumkrabbeln. Auf der Suche nach Strom haben Sie schon neue Bekanntschaften gemacht. Soll noch einer sagen, die Leute würden nicht mehr miteinander reden! Einmal hätte Ihnen eine Frau fast eine gescheuert, dabei waren Sie doch nur auf der Suche nach einer Steckdose, weil die auf der Herrentoilette und sogar die neben dem ekligen Mülleimer im Wickelraum bereits von einem anderen Geschäftsmann angezapft wurde. Je mehr Sie am Handy daddeln, desto vergesslicher werden Sie. Das fällt Ihnen nicht auf. Was Ihnen auffällt, ist, dass Ihr Handy gesperrt wurde, weil Sie sich weder PIN noch SIM-Code merken können. Sie flippen aus. Und das mitten im Meeting – alle haben Verständnis, Ihre Telefongesellschaft nicht.

RINGXIETY

Eingebildetes Handyklingeln oder Vibrationsalarm. Führt zur selben Dopamindusche wie ein realer Aufmerksamkeitsreiz, vergleichbar mit der Konditionierung der Pawlowschen Hunde, die bei einem Läuten sabberten, weil sie glaubten, es gäbe gleich lecker Fresschen.

Die ist so unkooperativ, dass Sie kurzfristig über eine Klage nachdenken. Die Drohung wirkt, man bietet Ihnen ein »exklusives Upgrade« an: alle 18 Monate das neueste Handy, zu »allerbesten Konditionen«. Geht doch, denken Sie, und sind begeistert. Dass sich Ihr Vertrag dadurch auf Lebenszeit verlängert, werden Ihre Hinterbliebenen entdecken, wenn Sie schon lange tot sind.

Das Lebensnotwendige erhalten Sie am nächsten Morgen: Ihr neues Smartphone! Sie starten es sofort, gierig auf all die neuen Funktionen, die Sie nie nützen werden, weil Sie auch mit diesem Telefon nicht über die Idiotenanwendungen hinauskommen. Konfigurieren wäre das Zauberwort, aber Sie haben wie immer keine Zeit für Unwichtiges, denn Sie wollen, ach was, Sie müssen sofort wieder erreichbar sein! Sie fühlen sich wie auf Entzug. Als Erstes deaktivieren Sie alle Codes. Das dauert einfach zu lange. Dieses nervtötende Rumgetippe zum Entsperren, das macht Sie ganz aggressiv! Neulich haben Sie Ihre Frau angeschrien, einfach so. Sie ist erst beim siebten Anruf binnen 120 Sekunden ans Telefon gegangen, um zu sagen, dass sie nicht drangehen konnte, weil sie beim Aldi an der Kasse steht. Früher waren Sie entspannter ...

PHUBBING

Wortpaar aus »Phone« und »snubbing«. Der Begriff begann als Hoax, früher bekannt als Falschmeldung, und hat sich durchgesetzt für das, was alle selbst tun, aber an anderen hassen: ständig aufs Handy starren, um nur mal »ganz kurz ...« – genau.

Jetzt sind Sie im Dauerstress. Ständig piept oder vibriert irgendwas. Wer nicht in Nanosekunden antwortet, wird über zig weitere Kanäle bedrängt. Abends sind Sie so erschöpft, dass Sie es nicht mehr zum Sport schaffen. Ihr aktivstes Körperteil sind Ihre Finger. Gut, dass Ihre Firma einen »Worklife«-Wettbewerb gestartet hat. Der Schrittezähler müsste demnächst eintreffen. Sie sind rund um die Uhr auf Empfang. Wenn Sie nachts aufwachen und wie ferngesteuert zum Handy greifen, wollen Sie sofort wissen, was es Neues gibt. Mitten in der Nacht? Entschuldigung! Man wird doch wohl mal »ganz kurz« auf die Uhr gucken dürfen, um zu sehen, ob es dunkel ist, weil es Nacht ist oder weil die Welt untergegangen ist, und man hat den Untergang weder fotografieren noch filmen können, weil man ihn verschlafen hat! Stellen Sie sich das mal vor, oder lieber nicht, weil, das ist der Stoff, aus dem die Albträume des Homo Digitalis sind. Ihr Smartphone hat nicht nur Ihre Schlafgewohnheiten, sondern auch Ihre sozialen Normen verändert. Sie sind ein Mensch mit besonderen Bedürfnissen geworden. Sie schauen häufiger auf das Display als in die Augen der Menschen, die Sie lieben. Wenn Sie morgens an der Straßenbahnhaltestelle stehen, twittern, mailen, xingen und surfen, dann sind Sie mit dem Kopf schon im Büro. Eine Frechheit, dass diese Zeit nicht bezahlt wird! Schon klar, manchmal lachen Sie auch einfach laut über die Videos, die Ihre Kumpels in Ihre »Sportfreunde«-WhatsApp-Gruppe posten. So haben Sie übrigens auch schon nette Leute kennengelernt – ist doch menschlich, dass man mal vergisst, dass der Ton für alle hörbar ist, die neben einem stehen ... Neulich ist Ihnen eine Frau aufgefallen an der Straßenbahnhaltestelle. Eine bildhübsche Rassefrau! Schon wollten Sie ganz unauffällig ein Foto von der Schönen machen, um zu checken, ob diese neue Gesichtserkennungs-App ein Facebookprofil ausspuckt, doch da ist es Ihnen aufgefallen: Die Frau war die Einzige, die an der Haltestelle stand und kein Handy in der Hand hielt! Dafür hatte sie einen Rucksack auf dem Rücken ... Eine Frau. Ohne Handy. Mit Rucksack. Unheimlich, oder? Sie sind kein ängstlicher Typ, aber Sie hatten plötzlich das Bedürfnis, einfach mal ein paar Haltestellen zu Fuß zu gehen. Routinen brechen, mal was Neues wagen. Das empfiehlt doch jeder Lebensglückcoach. Sie waren stolz auf sich. Als Sie abends nach Hause kamen und Ihrer Frau davon berichten wollten, war das erst mal nicht möglich, weil sie total aufgebracht war. Der Grund war ausnahmsweise mal nachvollziehbar: Ihre Frau hatte wie verrückt versucht, Ihren Sohn zu erreichen. Warum genau, wusste sie nicht mehr. Der Herr Sohn war aber nicht erreichbar, obwohl die Frau auf WhatsApp gesehen hatte, dass er vor 29 Minuten online gewesen war. Aber er ging nicht ans Telefon! Da hatte sie sich Sorgen gemacht und im Schulsekretariat angerufen. Dort hatte sie erfahren, dass Sohnemann in einer Prüfung sitzt. Was für ein Tag! Und warum piept jetzt Ihr Handy 14 Mal? Ihr Chef hat einen WhatsApp-Anfall. Ein Halbsatz pro Nachricht, mehr bekommt der nicht hin. Warum ruft der jetzt noch an? Hat er Ihre Mail nicht erhalten? Sie sind plötzlich so müde. Auf diesen Moment hat Ihre Frau gewartet. Freudestrahlend drückt sie Ihnen den Schrittzähler in die Hand. Sie legen ihn an. Öffnen die App. Spurten ins Treppenhaus. Rennen hoch und runter, während Sie mit Ihrem Chef telefonieren. Schnell noch ein Selfie! Plötzlich dieser Stich in der linken Brust ... und endlich: Stille.

VOM MENSCH ...

CRACKBERRYS & HANDY-HALFTER. Wer »wichtig« sein will, ist freiwillig »ständig erreichbar«, hat Hornhaut an den Daumenspitzen und besitzt einen BlackBerry. Weitere pathologische Fälle outen sich durch das Tragen eines Handyhalfters.

FREIHEIT, FREIHEIT. Millennium: Mobiltelefone haben Massenepidemie-Status erreicht. An Silvester werden mehr SMS versendet als Raketen gezündet. Jugendliche überziehen Konten, Eltern entdecken die Seitensprung-SMS.

KNOCHENMÄNNER. Die Evolution der Handy-Zombies beginnt, weil sie nun leistbar ist: Menschen laufen einarmig durchs Leben, am Ohr einen Telefonknochen. Ihre gebeugte Körperhaltung verrät: Die Menschheit erwartet ein schweres Los.

YUPPIE-LUTSCHER. Mobiltelefonie kostet immer noch ein kleines Vermögen. Aber es ist so cool, dass es die Business- und die Börsen-Kasper tun müssen, um zu zeigen, dass sie – ja, was eigentlich sind? Infiziert.

AUTOPHONITIS. Anfang der 1990er Jahre gehen die ersten digitalen Mobilfunknetze an den Start. Wer ein Autotelefon besitzt, ist alt und reich oder jung und Yuppie. Das neue Statussymbol lässt sich nur in einem Aktenkoffer unauffällig transportieren.

POCKY-PEST. Die Deutsche Telekom bringt 1989 »Pocky« auf den Markt. Das Handy kostet 8.600 D-Mark. Beim Namen hätten die Konsumenten hellhörig werden müssen: »Pocky« – Pockenpest werbesprechlich verniedlicht! Zu spät.

WELTREVOLUTION. Am 28. Juni 2007 ist Nokia Marktführer – noch. Am 29. Juni ändert sich alles: Millionen Menschen erleben ihren ersten digitalen Frühling und verlieben sich in das iPhone von Apple.

iLOVE. OMG! Es ist so schön. Schön teuer, das auch. Aber vor allen Dingen ist es der perfekte Lebensbegleiter, weil es so smart ist und so viel kann. Telefonieren, ja, das auch, aber wen interessiert das noch?

NOTARZT. Smartphonen, bis der Arzt kommt? Sie sind dabei. Schließlich haben Sie ein Firmenhandy mit Flatrate. Sie nutzen es auch privat. Da kann der Arbeitgeber schon erwarten, dass Sie 24/7 erreichbar sind, oder nicht?

DAPP. Mit dem Jedi-Lichtschwert wecken Sie Ihre Kollegen in Meetings. Ihre Kinder erzieht die »Buzzer-App«. Sie denken nicht mehr selbst, das übernimmt jetzt Ihr Smartphone. Wie haben Sie früher bloß ohne gelebt?

KAUFZWANG. Sie kaufen im Jahresrhythmus ein neues Handy. Die »alten« bekommen die Kinder. Die gehen ohne ihre Handys nicht mehr ins Bett und texten die ganze Nacht. Wenn Sie sich über die horrende Rechnung beschweren, werden Sie von Ihren Kids auf Facebook verunglimpft und in WhatsApp blockiert. Nachts träumen Sie von Ihrem ersten Satz bei den »Anonymen Smartphonikern«.

50 SHADES OF DISPLAY. Sie verbringen mehr Zeit mit Ihrem Handy als mit den Menschen, die Sie lieben oder liebten – aber egal, die hängen ja auch ständig vor ihren Displays. Da sind Ihre digitalen »Freunde« viel aufmerksamer, die sind für jeden Spaß zu haben. Sobald es ernster wird, ist Ihr Akku leer oder Sie blockieren den Kontakt – so unkompliziert können Beziehungen sein.

WOLKE 666. Konvergenz total: Ihre Geräte synchronisieren sich über die Cloud. Dummerweise wurden gerade sexy Chat-Fotos auf den heimischen Rechner übertragen. Und wohin sind eigentlich die Videos verschwunden?!? Vielleicht hätten Sie doch 69 Sekunden in den Menüpunkt »Einstellungen« investieren sollen ... – zu spät.

HANDY-HYSTERIE. Ihr Handy hat Sie versklavt. Es zwingt Sie zu Überstunden, sorgt für Ärger in Ihrer Beziehung und hat Ihre Kinder besser im Griff als Sie.

SMOMBIE. Sie sind mutiert. Das kann doch nicht wahr sein?! Wird Ihr Handy Sie pflegen, wenn Sie alt und krank sind? Wärmt es im Winter? Nein.

WACHEN SIE AUF. Wenn Sie Ihre Sklaven-Phonitis jetzt nicht ändern, ändert sie Sie!

... ZUM SMOMBIE.

Wie viel Sklaven-Phonitis steckt in Ihnen?

KOMMT IHNEN BEKANNT VOR? TRIFFT AUF SIE ZU? MACHEN SIE IHR KREUZ!

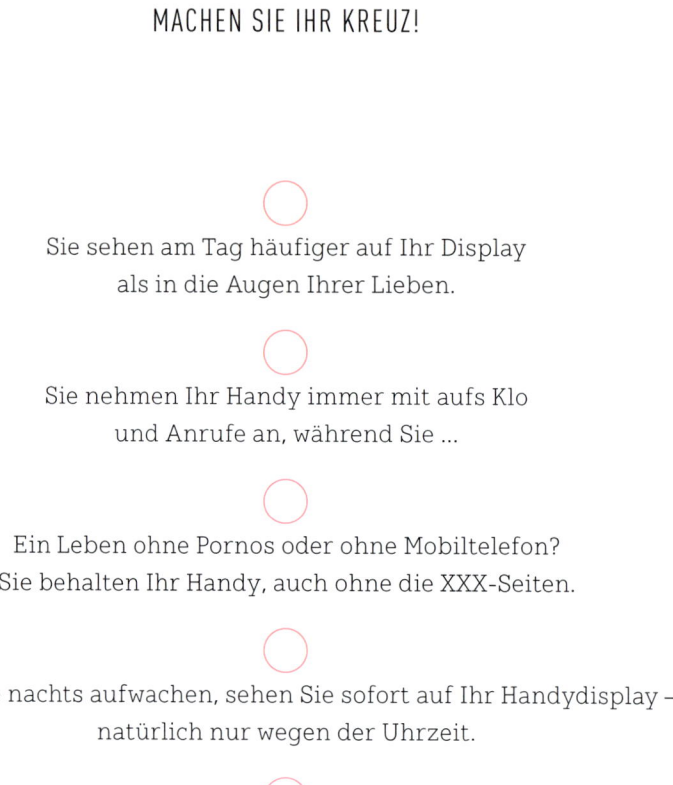

Sie sehen am Tag häufiger auf Ihr Display
als in die Augen Ihrer Lieben.

Sie nehmen Ihr Handy immer mit aufs Klo
und Anrufe an, während Sie …

Ein Leben ohne Pornos oder ohne Mobiltelefon?
Sie behalten Ihr Handy, auch ohne die XXX-Seiten.

Wenn Sie nachts aufwachen, sehen Sie sofort auf Ihr Handydisplay –
natürlich nur wegen der Uhrzeit.

Im Flugzeug lassen Sie Ihr Handy an.
Sobald Sie landen, senden Sie die weltverändernde Nachricht
»Gerade gelandet« und posten Ihren neuen Standort.

Sie müssen Ihr Handy mehr als einmal pro Tag aufladen.

Wenn Sie jemanden anrufen, fragen Sie als Erstes:
»Wo bist du gerade?« Und dann: »Kannst du sprechen?«

Jeden zweiten Anrufer begrüßen Sie mit:
»Ich kann grad nicht, ich bin ...!«

Bei Sex, Meeting, Begräbnis, Hochzeit oder Geburt vibriert Ihr Handy
»lautlos«. Nach dem dritten Mal gehen Sie ran.

Sie stehen im Freien und möchten wissen, wie das Wetter ist.
Ihre App sagt: Sonne! Warum werden Sie dann nass?

Wenn Sie sich vorstellen, was Ihre Mutter auf Ihrem
Handy finden würde, schämen Sie sich. Sehr.

Sie versenden Textnachrichten, obwohl sich der
Empfänger in Rufweite befindet.

Sie texten während Sie Autofahren oder die Straße überqueren.

Sie beenden Beziehungen nicht, Sie blockieren den (S)Ex-Partner und
melden sich nie wieder. Ghosting nennt man das.

Sie schalten Ihr Handy niemals aus.

☞ ZUR AUF- UND ERLÖSUNG BITTE UMBLÄTTERN.

Achtung,
jetzt macht es »pieks«

0

SIE SIND STEPHEN KING! Oder sein Held aus »Puls«. Clayton Riddell besitzt kein Handy, genau wie sein Erschreiber. Diese Tatsache rettet Clayton vor der Apokalypse, die alle Handy-Besitzer eines unschönen Tages in Zombies verwandelt. Und Sie wissen ja, was Zombies besonders gerne lebend futtern – jaja, das darwinistische Prinzip. Aber Moment mal, Sie lesen dieses Buch und besitzen kein Handy? Entweder Sie sind sehr gesund oder seeeehr krank. In jedem Fall: weiterlesen!

1-5

FÜNFEINHALB FINGER: Das war die schlechte Nachricht. Ihr sechster Finger wächst gerade. Wenn Sie ihn ganz schnell loswerden möchten, geben Sie Ihr Handy doch einfach Ihrer Mutter oder Ihrem Chef – was sie oder er dort findet, wird Ihnen so peinlich sein, dass Sie fortan vernünftig mit Ihrem Lieblingsspielzeug umgehen. Wie das geht? Lesen Sie weiter.

6-15

HALLO SMARTPHONE-ZOMBIE! Dass SIE diese Zeilen lesen?!? Sie wandeln doch bereits untot unter uns und haben für den echten Todesfall verfügt, dass Ihr Handy mit Ihnen ins Holzkleid oder Fegefeuer wandert. Wenn Sie weiter aufs Display starrend Straßen und dunkelgelbe Ampeln mit Bleifuß queren, wird dieser Wunsch auch bald in Erfüllung gehen. Vorher sollten Sie bedenken, dass auch Ihr Handy nicht überlebt, wenn Sie von der Müllabfuhr zu Kompost gefahren werden, während Sie #Scheiß #Verkehr twittern. Die Folgeseiten werden Ihr Leben retten. Denn ja, dieses Buch bremst auch für Smart-phone-Zombies – noch.

S

SMOMBIE

Smartphone und Zombie ergibt? Richtig: Smombie! Menschen, die man nur noch am Scheitel erkennt, weil sie auf ein Display starrend sozial untot durchs Leben geistern. Smombies verwechseln Emojis mit Empathie. Als Verkehrsteilnehmer verursachen sie die meisten Auffahrunfälle und rempeln rücksichtslos. Im chinesischen Chongqing gibt es deshalb bereits eine eigene Fußgängerspur für Smombies.

Sklaven-Phonitis

[SERVUS MANICUS SMARTFONICUM]

BLITZ-THERAPIE x 14

VERSKLAVEN SIE
IHR HANDY

 VATER, MUTTER,
HANDY, ~~HUND~~ KIND

 BITTE NICHT
HÖREN

 KAMERA AUS,
LEBEN AN

 DER TON MACHT
DEN TERROR

 WERDEN SIE
KEIN DAPP

 SESAM, ÖFFNE
DICH NICHT

 NAHKAMPFTRAINING
FÜR ZIVILCOURAGIERTE

 SMARTPHONE-SABBAT:
DETOX IN RATEN

 ZOMBIES MÜSSEN
DRAUSSEN BLEIBEN

 PIEPEN SIE
NACH DEM TON

 OM STATT ON

 SOFORTNESS
IST STRESS

 DAS BETRIEBS-
SYSTEM SIND SIE

SKLAVEN-PHONITIS THERAPIE

1 VERSKLAVEN SIE IHR HANDY

Ihr Handy will Sie beherrschen. Das beginnt bei seinen für Sie unvorteilhaften Grundeinstellungen und geht mit jedem Update weiter. Sie haben nur eine Chance, Ihr Handy zu beherrschen. Das Sicherheitswort lautet: konfigurieren!

SIE TIPPEN: »HALLO PAPI«, IHR HANDY SCHREIBT: »HALLO SARG«. Aus »Du bist echt nett« macht es »Du bist echt fett«, an Neujahr wird »Prost« zu »Sport«. Unheimlich, hat Siri Ihre guten Vorsätze erraten? Übersetzt sie Botschaften Ihres Unterbewusstseins, obwohl sie deaktiviert ist? Wenn Sie jetzt noch »Allright« tippen, erfahren Sie, was Ihr Handy in Wirklichkeit anstrebt: »Alleinherrschaft«. Jetzt kennen Sie seine Grundeinstellung. Alle weiteren nehmen Sie selbst in die Hand.

DEAKTIVIEREN SIE:
— die Autokorrektur-Funktion für alle Texte.
— Hintergrundaktualisierungen aller Art (fatal teuer bei Roaming).
— alles, was Ihr Handy attraktiv für Hacker macht und Akku oder Daten frisst: Bluetooth, Hotspot, WLAN-Suche, automatische Updates, Ortungsdienste für Apps, die weder Wetter noch Navigation sind.
— die Push-Funktion für Messenger und E-Mail-Downloads.
— alles, was in Ihrem Sperrbildschirm als Nachricht erscheint – das kann im Zweifelsfall Ehe oder Job kosten.
— automatische Benachrichtigungen, die Ihren Start- und Sperrbildschirm zum Dopamin-Dealer der Dauerablenkung machen. Elementar wichtig: WhatsApp-Benachrichtigungen ausschalten! Aus.
— das Speichern empfangener WhatsApp-Dateien in Ihren Fotos.
— bei WhatsApp die Lesebestätigung und die Information darüber, wann Sie zuletzt online waren. Beides steigert den Kommunikationsdruck und führt zu Beziehungsstress.
— Siri, dein Name klingt harmlos, trotzdem bist du eine Datenspionin.

134

2 BITTE NICHT HÖREN

Und dennoch: aufwachen! Die Börsenkasper, die Geld damit verdienen, dass wir unersättlich sind, sind sich unserer Versklavung bereits so sicher, dass sie Funktionen anpreisen, die unseren Handykonsum einschränken.

WENN HANDY-, MOBILFUNK- ODER APP-DEALER DAMIT WERBEN, dass man sein Gerät durch einen »Nicht stören«-Modus außer Gefecht setzen kann, dann ist das eine Bankrotterklärung an unsere Selbstdisziplin.

SIND DIE FIRMEN VERRÜCKT GEWORDEN? NEIN. Die Verrückten sind wir. Warum? Weil wir an Flatrate-Verträgen hängen wie Leibeigene an der Kette. Bevor Sie unfreiwillig zum Darsteller eines Werbespots zum Thema »Neu! Ihr Handy hat einen Ausknopf!« mutieren, bringen Sie Ihr Handy selbst zum Schweigen:

— **LAUTLOS:** Das ist Ihr »Klingelton«, sobald Sie ungestört leben und arbeiten möchten oder in der Öffentlichkeit lustwandeln. Beliebter Fehler: Weil Sie Angst haben, etwas zu verpassen, lassen Sie Ihr Handy im Lautlos-Modus vibrieren – nur zur Sicherheit, vielleicht ruft ja Gott an. Falls Gott Ihnen etwas Wichtiges zu sagen hat, wird er erneut anrufen oder eine Nachricht hinterlassen. Aber, um Gottes willen: Schalten Sie das Vibrieren ab, es macht einen Höllenlärm!
— **VIBRIEREN IST EINE MOGELPACKUNG.** Die brauchen Sie jetzt nicht mehr.
— **FLUGMODUS:** Grandios! Der Wecker funktioniert trotzdem.
— **NICHT-STÖREN-MODUS:** Für alles, was Netz braucht, aber keine Störung verträgt, z. B. Yoga-Streaming. Ausnahmeregeln konfigurieren für alles, was Störungsrecht hat, z. B. Notfallbereitschaft für Oma.
— **WECKER STATT HANDY:** Voll im Trend. Verbannen Sie Ihr Handy aus dem Schlafzimmer, exhumieren Sie einen Wecker!

3 DER TON MACHT DEN TERROR

Klingelton-Terror: Im Geschäftskontext ist Ihre akustische Visitenkarte im Hörfall so aussagekräftig wie ein Strandfoto auf Xing. Denken Sie daran, dass ein einziger Anruf Ihren Ruf ruinieren kann, wenn der falsche Ton ertönt.

MIT KLINGELTÖNEN IST ES WIE MIT PARFUM. Man selbst nimmt es nicht mehr wahr, die Umwelt leidet stumm. Weil Ihr Klingelton Einfluss auf Ihre Reputation, Ihr Stresslevel und das Ihrer Umwelt hat, ein paar Tipps:

— **RAMMSTEIN? HELENE FISCHER?** Gleich, wer Ihr Lieblingslied dudelt, er oder sie sollte es nicht als Klingelton tun. Den will keiner hören – außer Ihnen. Und selbst Sie werden den Song hassen, sobald Ihr Hirn damit die nächtlichen Feedbacks Ihres Workoholic-Chefs assoziiert.

— **ZWISCHENTÖNE:** Natürlich können Sie Leuten Klingeltöne verpassen, die Sie feixen lassen, sobald Sie beim ersten Ton erkennen, wer anruft. Das ist aber nur so lange lustig, bis Ihr Chef hört, dass Placebo jedes Mal »F*** U« singt, sobald er Sie aus dem Nebenraum anruft.

— **DEN RICHTIGEN TON FINDEN:** Wählen Sie einen Sound, der Ihre Laune hebt und Sie entspannt, sobald er ertönt. Meeresrauschen?

— **NIEMALS** Klingeltöne in der Öffentlichkeit testen – es sei denn, Sie haben Sehnsucht nach einem Satz heiße Ohren.

— **FREIZEICHEN-GEDUDEL:** Nein. Nein. Nein. Und nochmals: NEIN.

# SESAM, ÖFFNE DICH NICHT

Es ist erschreckend, wie viele Menschen erziehungsberechtigt sind, obwohl sie nicht in der Lage scheinen, ihre eigene Sicherheit durch einfachste Handykonfigurationen zu gewährleisten.

PASSWÖRTER, CODES, JAHRESTAGE: Wer soll sich das alles merken? Ihr Handy! Das merkt sich so viele Nummern, dass Sie Ihre eigene vergessen haben – Sie rufen sich so selten an. Aus demselben Grund müssen Sie zu viele lebenswichtige Minuten nachdenken, bis Ihnen einfällt, dass Ihnen die europaweite Notrufnummer 112 nicht einfällt. Ihr Handy merkt sich auch Ihre Bankgeheimdaten besser als Sie? Stopp!

1. SIM-CODE: Lernen Sie diese läppischen Zahlen auswendig. Alles andere ist fahrlässig und je nach Handydatenlage: sittenwidrig.

2. TASTEN-CODE. »Och nee«, denken Sie, »ein Zahlenkondom für meine ›Sofortness‹-Libido?«. Richtig. Abgesehen von Diebstahl, Geschäftsgeheimnissen, Kleinkindern und dem Spionagedrang eifersüchtiger Partner – ohne Code gehen Sie das Risiko ein, dass Ihr Intimleben öffentlich wird. Denken Sie jetzt kurz an alle Daten, die Ihr Handy birgt. Und dann: Aktivieren Sie eine Zahlenkombination, die nichts mit Ihrem Leben zu tun hat! Schaffen Sie das? Sicher.

3. SELBSTSCHUTZ-CODE. Das ist der Geheimtipp für Härtefälle! Verpassen Sie Ihrem Handy einen komplizierten Code. Einen, den Sie sich nicht oder nur ganz schwer merken können. Sie werden weniger zum Handy greifen, um nur mal »ganz kurz …«. **ZUSATZTIPP:** Handy nie in der Hosentasche griffbereit haben, auch das erschwert die zwanghafte Nutzung.

ZWEI TODSÜNDEN: Geheimzahlen im Adressbuch speichern. Dem Partner alle Codes verraten. Liebe hat ein Recht auf Privatsphäre. Anwenden!

5 SMARTPHONE-SABBAT: DETOX IN RATEN

Kein Scherz: Das neue Erfolgsgeheimnis im Silicon Valley heißt HandyFREItag. Smartphone-Sabbat gilt als *der* Geheimtipp für neue Ideen und Mitarbeitermotivation. Echt wahr? Echt wahr.

IM MEKKA DER NETZGLÄUBIGER, VERZEIHUNG NETZGLÄUBIGEN, ist »Digital Detox« ein Megatrend. Handy-Sabbat ist Teil der digitalen Entgiftung:

— **HANDY-FREITAG:** Machen Sie es vor und motivieren Sie Ihre Kollegen, mitzumachen. Zelebrieren Sie den Handy-Freitag als soziales Event, Firmenhandy am Empfang abgeben inklusive. Vorsicht: Anfangs leiden alle unter Entzugserscheinungen. Starten Sie die FREItage als freiwilligen Selbstversuch.

— **SCHALTEN SIE AB:** Gönnen Sie sich zweimal pro Woche einen handyfreien halben Tag. Wichtig: Handy ausschalten und wegsperren! Nur so entdecken Sie das konzentrierte Glück der Unerreichbarkeit.

— **HANDYFREIE MITTAGSPAUSE:** Essen Sie nie am Schreibtisch. Nie. Lassen Sie Computer und Handy zurück. Gönnen Sie sich eine echte Pause!

— **URLAUB OHNE HANDY:** Mailboxansage nicht vergessen. Urlaub im Funkloch erleichtert das Entgiften. Alles inklusive: Hoteliers auf St. Vincent und St. Lucia knöpfen Gästen die Handys ab und versüßen den »Offline-Urlaub« mit »Digital Detox«-Coaching. In Black-Hole-Hotels zahlen Sie viel Geld für Zimmer ohne Netz und Fernseher.

— **RADIKAL, ABER WIRKUNGSVOLL:** WhatsApp löschen. Ja, das geht.

— **PREPAID STATT FLATRATE:** Das garantiert Qualität statt Quantität.

— **RETRO-HANDY STATT SMARTPHONE:** Willkommen im mailfreien Urlaub!

— **DIESE APPS HELFEN BEI JEDER DIGITALEN-DIÄT:** http://inthemoment.io, www.forestapp.cc, http://offtime.co, http://menthal.org.

PIEPEN SIE NACH DEM TON

Sie haben keine Mailbox? Das ist ein Weg. Der andere ist, Ihre Mail-box-Ansage zum Türsteher Ihrer Arbeits- und Freizeit zu machen. Alles, was Sie brauchen, ist: Klartext.

ANRUFER, DIE IM MASCHINENGEWEHR-PRINZIP anrufen, auch wenn Sie mit dem ersten Nicht-Rangehen gezeigt haben, dass Sie jetzt nicht erreichbar sind, gehören vor ein Stressgericht. Diese Kategorie Anrufer hat meist kein anderes Anliegen als die Gewissheit, dass Sie für sie erreichbar sein MÜS-SEN – immer und überall. Deshalb hinterlassen Terroranrufer meist keine Nachricht, sondern bombardieren alle anderen Kanäle im Minutentakt mit: »Wo bist du?!? Alles gut?!? Kann dich nicht erreichen?!?«.

WAS HILFT? MACHTWORTE AUF IHRER MAILBOX. Hier sollten Sie keine falschen Erwartungen wecken. Merke: Sofortness ist Stress. Wenn Sie nicht »um-gehend« oder noch unentspannter »asap« zurückrufen – warum sollten Sie auch, sind Sie Notarzt? –, dann kündigen Sie das auch nicht an. Und bitte, ersparen Sie der Welt die automatische SMS: »Ich kann jetzt nicht sprechen!« – diese Nachricht ist eine intellektuelle Bankrotterklärung.

MEINE MAILBOXANSAGE IST SCHLICHT und zeitgemäß konkret unkonkret:

 Hallo, ich bin Anitra Eggler und das ist meine Mailbox. Nach Ihrer Nachricht ist vor meinem Rückruf.

Diese Ansage impliziert auch: Keine Nachricht, kein Rückruf.

WAS NIEMAND HÖREN WILL:
— Die entseelte Retortenstimme Ihres Netzbetreibers, die in die Ansage einer Handynummer mündet. Wer soll wissen, ob das Ihre Nummer ist? Kann sich doch keiner mehr Handynummern

merken. Was außerdem für eine persönliche Ansage spricht: Unsere Hochgeschwindigkeitswelt ist bereits unpersönlich genug. Achten Sie bei Ihrer Aufnahme darauf, dass Sie entspannt sind und entspannt klingen. Nichts wirkt deprimierender als die Schnappatmung eines herzinfarktnahen Bürokriegers. Tipp aus meiner Callcenter-Abitursnebenjobzeit: Lächeln Sie, während Sie sprechen – Lächeln kann man hören. Auch wichtig: Die Hintergrundgeräusche sollten erträglich und sozial verträglich sein. Kein Scherz: Ich habe schon Toilettenspülungen, Bierzeltprosits und Vollbremsungen auf Mailboxansagen von Firmenhandys gehört.

— **DAS EWIGE TUTEN.** Keinen Anrufbeantworter zu haben, ist privat absolut in Ordnung, im Berufsleben ein Killerfaktor. Viele Menschen hetzen von einer Pseudodringlichkeit zur nächsten. Wer Ihnen keine Nachricht hinterlassen kann, hinterlässt sie Ihrem Mitbewerber.

— **ANSAGE-SPÄSSE À LA:** »Piepen Sie nach dem Ton!« – sind so out, dass sie fast schon wieder in sind.

DIESE ANSAGE RETTET IHREN URLAUB, auch wenn Sie ihn zu Hause erleben und statt von Karibiksonne vom Mobilfunknetz bestrahlt werden. Als Sprecher engagieren Sie einen Freund oder eine Freundin mit Nachtarbeiterstimme, auch als »Oh là là«-Stimme bekannt.

Hallo, Sie haben den Urlaubsassistenten von [Name] erreicht. Damit [Name] mal so richtig abschalten kann, macht er/sie Urlaub im Funkloch und ist bis [Tag, Datum] nur für Luft und Liebe [schönes Wetter, Johnny Walker, den lieben Gott, Massagehände – was immer Ihnen entspricht] erreichbar. Sollte Ihr Anruf in kausalem Zusammenhang mit einem Weltuntergang oder großen Geldmengen stehen, freut sich [Kollege] über Ihren Notruf. Sie erreichen ihn unter 123 45 666 [die strafbare Variante: 112].

Was ist das?
Leiden Sie unter eingebildetem Vibrationsalarm?

Nein. Sie müssen JETZT nicht drangehen.
Sie lesen gerade. Sie sind entspannt.
Das ist ganz sicher eingebildeter Vibrationsalarm.
Das geht vorbei.
Halten Sie aus und durch!

Oder möchten Sie einen weiteren Beitrag dazu leisten, dass Außerirdische über uns Erdlinge lachen, weil wir nach Tausenden Jahren Menschheitsentwicklung so schlau geworden sind, dass wir ans Telefon gehen, um zu sagen:

»Ich kann grad nicht, ich bin im Meeting!«

Das ist ...
Genau.
Einatmen.
Ausatmen.
Hornhaut auf den hysterisierten Handynerven entwickeln.
Ganz entspannt weiterlesen.

SOFORTNESS IST STRESS

Stress tötet Spaß, Motivation, Liebe, Kreativität, Leistung. Nieder mit den blauen Häkchen, dem »zuletzt online«-Stempel und mit unserer Erwartung an 24/7-Erreichbarkeit!

SCHALTEN SIE AB. STÄNDIG ERREICHBAR SIND NUR SKLAVEN. Das kann man sich selbst gar nicht oft genug sagen. Wichtig ist, dass Sie die Erwartungshaltung neu verhandeln: mit Ihren Kollegen, dem Chef und den Kunden. Und natürlich auch privat: Nur weil es medienmöglich ist, muss kein Partner für den anderen in jeder Lebenssekunde erreichbar sein und zum Beweis seiner Existenz womöglich noch seine Geodaten übertragen.

WER STÄNDIG ERREICHBAR IST, IST UNTERBESCHÄFTIGT. Oder aufmerksamkeitsgestört. Beides ist weder beruflich noch privat ein Gütesiegel.

GANZ SICHER VIELLEICHT. Die neue Unverbindlichkeit führt dazu, dass wir Lebenszeit verlieren. Die Lust, sich persönlich zu treffen, stirbt zuerst. Deshalb müssen wir uns wehren und freundlich sagen, was wir empfinden, wenn wir ganz sicher vielleicht mal wieder vergeblich auf jemanden warten. Wer zu spät kommt, ist respektlos. Wer eine Stunde vor einem Treffen per Textnachricht absagt, weil er »Land unter« ist, ist nicht wichtig, sondern versklavt. »Ich schaff's heute einfach nicht!« heißt: »Du bist mir nicht wichtig genug.« Im Berufskontext kostet das Produktivität, privat kostet es Zuneigung und Liebe.

MACHEN SIE DAS SCHÖNSTE KOMPLIMENT. Das geht heutzutage ganz einfach! Statt im Sekundentakt auf Ihr Handy zu starren, lassen Sie es beim nächsten persönlichen Treffen einfach in der Tasche. Lautlos.

VATER, MUTTER, HANDY, ~~HUND~~ KIND

Familienleben wird unmöglich, wenn alle beim Abendessen gemeinsam einsam auf ihre Displays starren. Das geht anders.

— **SELBSTDISZIPLIN IST NICHT ANGEBOREN,** aber lernbar. Je besser Sie Ihr Handy im Griff haben, desto besser haben es Ihre Kinder und Sie Ihre Kinder im Griff.

— **KLARE REGELN:** Handys haben Tisch-, Bett-, Badezimmer- und Toilettenverbot. Das gilt auch für die Eltern und die Besucher der Eltern.

— **HANDYPARKPLATZ EINRICHTEN:** Dort wird das Handy abgelegt (oder eingesperrt), wenn elektronikfreie Zeit ist.

— **ELEKTRONIKFREIE STUNDE:** Viele Eltern haben gute Erfahrungen damit gemacht, täglich eine elektronikfreie Stunde einzuführen. Das führt anfangs zu einer Palastrevolution und zu Entzugserscheinungen – auch bei Ihnen. Wichtig: Planen Sie kreative Alternativen für diese Zeit. App-Tipp zum spielerischen Abschalten: www.forestapp.cc.

— **HANDY-SABBAT, HANDY-FASTEN:** Zelebrieren Sie mit Ihrer Familie einen handyfreien Tag am Wochenende. Schulen bieten Schülern inzwischen Handyfasten auf freiwilliger Basis an. Eine Woche ohne Handy und Internet? Das geht. Das geht besonders gut, wenn die Eltern mitmachen, zum Beispiel im Urlaub. Und dann: Gemeinsam Erlebnistagebuch schreiben. Ziel dieser Offtime ist nicht der totale Verzicht, sondern das gesunde Maß und die Wertschätzung von analogem und digitalem Erleben.

— **KARDINALFEHLER:** WhatsApp an Menschen senden, die sich in Gehweite befinden. Kinderfotos als Profilbild für die eigenen Accounts missbrauchen. Kinderfotos ohne Einverständnis der Kinder posten. Digitalika verbieten, nur weil man sich selbst nicht damit auskennt. Medienkompetenz ist Erziehungsaufgabe. Schlauen Sie sich auf!

KAMERA AUS, LEBEN AN

Wer alles fotografiert, erlebt nichts mehr. Wer alles filmt, verpasst das Ereignis. Wer überall sein will, ist nirgends präsent. Wer sich selbst fotografiert, muss sich vergewissern, dass er noch da ist.

WARUM FOTOGRAFIEREN WIR UNS SELBST? In der Pubertät ist das normal. Man will sehen, wer man ist und wie man so rüberkommt – bei einem selbst, bei anderen und vor allem beim anderen Geschlecht. Nicht normal ist, dass Erwachsene sich mehrfach täglich selbst fotografieren, die Fotos mit schönenden Filtern bearbeiten und danach streben, ihrem gefilterten Foto-Ich ähnlicher zu werden und nicht sich selbst. Das passiert sogar Frischverliebten: Wann haben Sie das letzte Mal ein Foto gesehen, auf dem zwei Menschen nicht in die Kamera, sondern sich tief in die Augen geblickt haben? 80 Prozent dessen, was wir mit dem Handy filmen, sehen wir nie wieder an. Wir produzieren Datenmüll und verschmutzen die Webwelt und die Umwelt. Was hilft?

1. KAMERA AUS, LEBEN AN! Bei allem, was Sie so richtig genießen möchten – Sonnenuntergänge, Sex, Essen, Partys, das Heranwachsen Ihrer Kinder, ein Konzert, einen Regenbogen, das Leben … Kameraverbot bei allem, was Ihre oder die Privatsphäre anderer verletzt: siehe oben, plus: Geburt, Begräbnis, Kleinkinder, Unfälle, Katastrophen aller Art …

2. SEXY SELFIES? IMMER OHNE KOPF! Bei allem, was Google oder die Facebookgesichtserkennung niemals sehen soll, ist das die Grundregel. Plus: Sofort löschen – Unbrauchbares und Unaussprechliches.

3. FOTOGRAFIEREN SIE ANDERE. Verhindern Sie Massenselfies: Bieten Sie Reisegruppen an, sie zu fotografieren. Zeigen Sie Herz und schießen Sie den Pärchenschnappschuss, bevor beide darauf selfverliebt schielen.

D

DEPPEN-
ZEPTER

Synonym für die telesko-
pierbare Armverlängerung
von Smartphone-Zombies
(#smombies); auch als Sel-
fie-Stick bekannt und ge-
fürchtet #selfbefriedigung).
In vielen Museen bereits
verboten. Der Grund? Un-
beabsichtigter Vandalismus.

10 WERDEN SIE KEIN DAPP

Was ist ein Dapp? Ein Dapp steht im Regen und vergewissert sich mit der Wetter-App, dass es regnet. Er vergisst, dass sein Handy ein Datenstaubsauger ist: Big Brother und Big Mother in einem.

ÜBERDENKEN SIE DEN EINSATZ JEDER SELBSTVERMESSUNGS-APP! Meine erste Lifelogginggerfahrung hatte ich 2006 mit Nike+. Ich war als eine der Ersten mit Chip im Laufschuh unterwegs. Anfangs fand ich das motivierend, doch rasch begann mich der fremdgesteuerte Leistungsdruck zu nerven. Seit 2007 laufe ich wieder ohne Selbstvermesser. Ich weiß selbst, ob ich mich fit fühle, ob mein Puls zu hoch ist, ob ich im Monat viel oder wenig gelaufen bin. Dazu brauche ich keine App, die ich mit Daten füttere, die zu höheren Krankenkassenbeiträgen führen können.

NEBEN DEM BIG-BROTHER-FAKTOR übernehmen Handys zunehmend die Rolle einer Big Mother. Apps loben uns fürs Meditieren, beglückwünschen uns zum Nichtrauchen, empfehlen uns Superfoodrezepte, erinnern uns an den Geburtstag von Omi und daran, dass heute Mützenwetter ist. Apps bewachen unseren Schlaf, messen unseren Puls, unseren Blutzuckerspiegel und unseren Herzrhythmus. Apps wissen mehr über uns als unser Partner oder die Frau, die uns geboren hat. Das missfällt mir aus drei Gründen: 1. Datenschutz. 2. Selbstbestimmung. 3. Dauerablenkung durch zu viele unnötige Aufmerksamkeitsreize. Deshalb?

WEG MIT DATENSAUGER- UND DOPAMIN-DEALER-APPS! Motivation: Wissen Sie, wie viel Lebenszeit Sie gewinnen, wenn Sie Facebook & Co. nur noch am Computer und nicht mehr am Handy benützen? Probieren Sie es aus!

11 NAHKAMPFTRAINING FÜR ZIVILCOURAGIERTE

Jemand telefoniert unerhört laut und unerhört intim in Ihrer Nähe? Nennen Sie es Nahkampftraining oder die neue Art der Zivilcourage: Vier Maßnahmen gegen Ohrenmüllattacken.

1. VORLESER-ATTACKE: Lernen Sie einen pikanten Abschnitt aus »Shades of Grey« auswendig und tragen Sie ihn laut vor. Sie finden keinen pikanten Abschnitt? Wundert mich nicht. Beten Sie ein Vaterunser!

2. WÄHLEN SIE 007: Machen Sie auf Agent. Setzen Sie eine Sonnenbrille auf. Fixieren Sie den Handytäter. Dann halten Sie Ihr eigenes Handy wie ein Funkgerät vor den Mund, blicken im Sekundentakt kontrolliert paranoid um sich und flüstern gut hörbar: »Target lokalisiert. Telefoniert gerade. Sagt: ›...‹ *[Worte aus dem Gespräch einfügen.]* Ok, keine Fingerabdrücke. Ich nehme die Finger!«

3. GRUSS AUS DEM IRRENHAUS: Sobald Sie Ohrenmüll hören, rufen Sie einfach laut und strafend: »Ich höre Stimmen! Seid doch endlich mal ruhig!« ... und halten sich demonstrativ die Ohren zu. Das wiederholen Sie so lange, bis Ihr Gegenüber aufgibt oder die Männer mit der Jacke ohne Armausgang kommen.

4. STELLEN SIE FRAGEN: Nach dem Telefonat sehen Sie den Handyterroristen mitleidsvoll an und stellen Verständnisfragen. Zum Beispiel: »War das Ihr Mann? Und für den Arsch kochen Sie heute noch?« Oder: »Sagen Sie mal, wie heißt nochmal die Firma, für die Sie arbeiten? Das sind ja asoziale Zustände, die Sie dort aushalten müssen. Herzliches Beilike!«

Die Ohren-Müllabfuhr

Kreuzen Sie die Sätze an, mit denen Sie Ihre Mitmenschen in Zukunft verschonen werden.

○ Hallo? Hallo?!? Haaaaallo? Kannst du mich hören?

○ Wo bist du gerade?

○ Können Sie sprechen?

○ Ich bin gerade gelandet.

○ *[Angerufener meldet sich deutlich mit Vor- und Nachname.]*
Sie: »Spreche ich mit Vor-/Nachname?«

○ Ah, du bist einkaufen. Ist das deine Festnetznummer?

○ Hallo, ich bin im Zug. Hallo? Hallo? Hallo?!? Der Empfang ist so schlecht. BLEIB DRAN, Ich ruf gleich noch mal an!

○ Mein Akku war leer.

○ Ich konnte mich nicht melden! Nach dem Update waren alle Kontakte weg!

○ Was? Ich verstehe dich nicht! Geh mal näher ans Handy ran!

○ SPRECHEN SIE LAUTER! Ich fahre gerade durch einen Tunnel!

○ *[Nach dreimal läuten widerwillig zum Handy greifen, dann gequält flüstern]*
Ich kann gerade nicht, ich bin ...
... im Meeting, Kino, Flugzeug, auf dem Bahnhofsklo, kurz vor dem Ja-Wort, bei der Massage, im Beichtstuhl, im Schweigekloster, bei

der Beerdigung meiner Goldfische, in der Telko, beim Überholen in einer Landstraßenkurve, bei den anonymen Telefonikern, im Kreißsaal, ...

○ **..., ich mache gerade ...**
... Kinder, Siesta, Drogengeschäfte, Lulu, meine Ehe kaputt, deine Ehe kaputt, Offline-Urlaub, einen Whiskey-Aufguss, keine gute Figur, einen schweren Fehler, ...

○ *[automatische SMS-Antwort auf entgangene Anrufe]*
Ich kann gerade nicht sprechen.
[Ach nee! Wäre niemandem aufgefallen #digitalnaiv]

○ *[hirnbefreite vorkonfigurierte Signatur unter E-Mails, die von einem Handy oder Tablet versendet werden. Soll Rechtschreibfehler und/oder Telegrammstil entschuldigen]* **gesendet von meinem** *[Werbetext Ihres Geräte- und/oder Netzdealers].*
TIPP: Ersetzen Sie den Text durch »Sent from my heart«.
Falls Ihnen das zu dummdeutsch ist: »Mit Hirn getippt, herzvoll versendet« oder »Von meinem Großhirn versendet«.

WOLLEN SIE DIESE SÄTZE WIRKLICH FÜR IMMER LÖSCHEN?

ICH BLEIBE SMOMBIE

UND TSCHÜSS!

12 ZOMBIES MÜSSEN DRAUSSEN BLEIBEN

Gehen Sie mit gutem Beispiel voran: Ahnden Sie jeden, der gegen den guten Handyton verstößt. Wissen Sie, wie man das nennt? Die neue Art der Zivilcourage. Die steckt auch in Ihnen.

SO WEIT SIND WIR GEKOMMEN: Die »Deutsche Knigge-Gesellschaft« erlaubt seit 2011 das Schlussmachen per Textnachricht. Wenn in Ihrer Brust ein Herz schlägt, dann werden Sie kein Handy-Herzensbrecher.

UND DAS WERDEN SIE AUCH NICHT:

— **LADEKNECHT:** Wissen Sie, woran Sie einen Smartphone-Zombie erkennen? Das ist der, der in Zügen und auf Flughäfen auf dem Boden herumkrabbelt und ohne voyeuristische Gedanken unter Ihrem Tisch auftaucht. Warum tut er das? Weil er Strom sucht. Für sein Smartphone. Wie paradox: Mobilfunk heißt, dass wir uns frei bewegen können. Das Gegenteil ist der Fall: Je neuer Ihr Handy, desto mehr Strom braucht es, desto unfreier werden Sie. Statt Freiheit erhalten Sie einen Bodenplatz auf einem Filzteppich. Ans Kabel gekettet werden Sie zum Symbol von Handy-Hysterie. **TIPP:** Ladekabel bewusst vergessen, den Akku leerlaufen lassen und den Lebensakku betanken.

— **KLOFONIERER:** Tatort Flughafentoilette: Damen üben sich in Demut und stehen Schlange vor drei Türen. Plötzlich klingelt es hinter der mittleren. Die Insassin hebt ab und beginnt zu telefonieren. Eine Dame Ende 50 rammt die Faust gegen die Tür und schreit: »Hören Sie auf! Das ist kein Telefonhäuschen!«

Weil es so schön abschreckend ist: Hier noch ein paar weitere Zombie-Beispiele, die Sie hoffentlich nie abgeben werden.

— **NERVTÖTER:** Das sind Gesprächspartner, die während des Telefonierens vorwarnungslos beginnen, mit anderen Menschen zu sprechen oder vorbeilaufende Tiere zu begrüßen.

— **SPIELPLATZ-ZOMBIE:** Ihr Kind will mit Ihnen spielen. Sie sagen, Sie müssten vorher etwas »Wichtiges« erledigen, und schicken es fort. Dann greifen Sie zum Handy und verlieren sich in wichtigen Facebook-Meldungen wie: »Cheers to myself!«, »Doofer Tag«, »Blick aus meinem Fenster«, »Nur ein schneller Gedanke während der Fahrt (Video!!!)«. Ist DAS wichtiger als Ihr Kind? Wissen Sie, warum Ihr Kind so scharf auf Ihr Handy ist? Weil Sie dem Handy mehr Aufmerksamkeit schenken als Ihrem Kind.

— **INTIM-FKK-ZOMBIE:** Sie wollen nicht zuhören, wenn »Karl Kollege« am Telefon gekündigt wird. Sie wollen nicht wissen, dass der Karriere-Clown neben Ihnen gerade die Weltwirtschaft in die totale Sonnenfinsternis treibt, weil er »Kaufen! Kaufen! NEIN! Verkaufen!!!« ächzt, bevor die U-Bahn im Funkloch verschwindet. Sie wollen nicht wissen, in welcher Hose es vibriert, wessen Herz schmerzt und was andere »asapst« erledigen müssen, damit sich das Hamsterrad weiterdreht. Und wissen Sie was? Alles, was Sie nicht wissen möchten, möchten andere Menschen auch nicht wissen. Deshalb: Schluss mit dem Intim-FKK am Handy!

— **HEADSET-ZOMBIE:** Früher war es einfach. Menschen, die man nicht kennenlernen wollte, wandelten in Schieflage: Ihr Headset presste ihren Kopf zur Seite, sie sprachen mit sich selbst, das Handy fest im Halfter, das Mikrofon vor dem Mund. Wenn man nüchtern war, wusste man sofort: Das ist kein Star-Trek-Held, das ist ein Nerd. Heute ist das schwieriger. Alle tragen Kopfhörer, weil sie die Welt nicht mehr hören möchten. Wie wäre es, wenn Sie öfter auf Empfang schalten? Ihre Sinne. Nicht Ihr Handy. Die Welt ist voller Sinfonien, jede Stadt spielt ein Konzert, jeder Moment birgt eine Melodie – wenn Sie das alles nicht hören, dann verpassen Sie das Schönste in Ihrem Leben: Ihr Leben.

Ihr neuer Handyvertrag

Kündigen Sie Ihren alten Vertrag, Sie brauchen einen neuen. Einen, der nur Ihre Interessen berücksichtigt. Den gibt's gratis. Und ja, Ihre Rufnummer können Sie mitnehmen.

JETZT GANZ VIEL LEBENSZEIT GEWINNEN!

BRAIN IN, SHIT OUT: IHR »SMART XL«-TARIF

FÜR ALLE ZELLEN & NOCH MEHR LEBENSSPASS:
Unbegrenzte Freiminuten für echte Liebeserklärungen, weltweit in alle Netze.
10.000 Stromschläge für inkontinente
Smartphone-Nutzung (unlimitiert!!!).

0 €

PRO MONAT

SONDERAKTION: GRATIS-FLAT! DIREKT ALS ERSTES AUSWÄHLEN!
Einfach alle drei Optionen ankreuzen und während der Vertragslaufzeit kostenlos nutzen!

Unbegrenzt mit Menschenverstand telefonieren	Unbegrenzt mit Menschenverstand surfen	Unbegrenzt mit Menschenverstand appen
0 €	0 €	0 €

WEITERE HAMMERHARTE OPTIONEN! JETZT TOTAL GRATIS DAZUBUCHEN!

JETZT NOCH LÄNGER GEBREMST SURFEN
○ Hirn einschalten, Ziele definieren, Zeit im Auge behalten, leben!

WENIGER HIGHSPEED, DAFÜR MEHR VERGNÜGEN
○ Langsam ist das neue Schnell: Die Schnecke wird Ihnen mehr über den Weg erzählen als der Hase – erleben und genießen!

XL-LAUTLOSIGKEIT FÜR ALLE SMARTPHONE-TARIFE
○ Noch leiser als leise: Das neue »Lautlos ohne Vibra«, jetzt doppelt so still!

REVOLUTIONÄR ANDERS UND FLEXIBEL: ALLES, WAS SIE NICHT BRAUCHEN
○ Pre-Deinstallation aller Datensauger-Apps. Bitte beachten Sie, dass Ihr Handy in diesem Fall ohne jegliche Art von Software geliefert wird.

MEHR SICHERHEIT: »CHILD PROTECT« FÜR IHRE KINDER UND IHR INNERES KIND
○ Nie wieder Rechnungs-Streit und Ehekrach! »Child Protect« ortet alle Bewegungen Ihrer Kinder live und verwischt IHRE Spuren!

STAYS IN VEGAS XXL: ANTI-VIRUS-PROGRAMM, TEXT- & ANRUF-BLOCKER, X-CODE
○ Dieses Zusatzprodukt rettet Ihr Leben, deshalb kostet es auch entsprechend. Für Details rufen Sie unsere Hotline an: 666 666 666.

SONDERAKTION!
Bei Wahl eines LTE-Smartphones 36 Monate Handy-Hysterie und Klaps-mühlen-Wartelisten-Top-Platz inklusive!
○ Nein, danke!

JETZT BESTELLEN

13 OM STATT ON

Omline ist ein Megatrend, sagt Zukunftsforscher Matthias Horx. Omline? Das Beste aus on- und offline gepaart mit einer Prise Zen. Achtsamkeit kann man lernen. Und ja, es gibt Apps für Einsteiger.

ICH HABE LAMPENFIEBER. Manchmal mehr, manchmal weniger. Manchmal habe ich auch Reisefieber oder möchte im Trubel von Flughäfen oder Zügen einfach komplett abschalten. Zwei Dinge helfen mir dabei:

1. GERÄUSCHUNTERDRÜCKENDE KOPFHÖRER. Nennt man auf Neudeutsch: Kopfhörer mit »Noise Cancelling«-Funktion. Ein absolutes Muss für Vielflieger, weil diese Highendprodukte das subtil stressende Flugzeugbrummen absorbieren. Perfekt für Lese- oder Filmgenuss über den Wolken. Nachteil: Diese Kopfhörer funktionieren so gut, dass man durch sie straßenverkehrsuntüchtig wird und am Flughafen den letzten Ausruf des eigenen Fluges leicht überhören kann.

Wenn ich so richtig abschalten will oder muss, gönne ich mir eine Auszeit mit Kopfhörern und einer Entspannungsapp. Ja, App.

2. ENTSPANNUNGS-APPS. Mein Favorit in Sachen Stimme und Konzept sind seit Jahren die englischsprachigen Apps des britischen Hypnose-Trainers Glenn Harrold. Hypnose klingt unseriös. Für mich sind das Entspannungs-Apps. Bei mir funktioniert die »Solfeggio«-Serie.[22]

ACHTSAMKEITS- UND MEDITATIONS-APPS liegen im Trend. Folgende kann ich empfehlen: http://buddhify.com und www.headspace.com.

LAMPENFIEBER reduziere ich mit Entspannung, Meditation und Yoga-Atmung und/oder mit Musik aus meiner »Powersong«-Liste. OM.

14 DAS BETRIEBSSYSTEM IHRES HANDYS SIND SIE

Brechen Sie Rituale, ändern Sie die Regeln: Ständig erreichbar sein müssen nur Noteinsatzzentralen. Wenn Sie keine betreiben, dann wird es Zeit, Ihre Rufbereitschaft abzustellen.

AUS. SCHALTEN SIE »ES« AUS! Tun Sie es jetzt! Gönnen Sie sich diese kleine Leseunterbrechung und schalten Sie Ihr Handy aus. Die Welt wird nicht untergehen, Gott wird nicht anrufen, Sie werden nichts verpassen, was Sie nicht auch ein bisschen später erledigen könnten.

IN DIESEM »ERLEDIGEN« STECKT EIN AKTIV, hören Sie einfach mit sofortiger Wirkung auf, ein Sklave Ihres Handys zu sein. Sehen Sie sich dieses Kleingerät mal ganz genau an. Lachen Sie ihm ins Display. Dann schalten Sie es aus. Für ein paar Stunden. Vielleicht sogar über Nacht. Nehmen Sie sich Zeit für sich. Überdenken Sie, welchen Nutzen Ihr verdammtes, kleines Sklaven-Phone in Ihrem Leben stiftet. Hinterfragen Sie die persönliche Beziehung, die Sie zu ihm entwickelt haben.

PERSÖNLICH? MENSCH, HÖREN SIE AUF! Ihr Handy ist ein Gerät. Es hat kein Herz, keine Seele. Sein Blut ist aus Strom! Sie entscheiden über die Zufuhr. Machen Sie sich das bewusst. Und machen Sie sich bewusst, dass mit Ihnen Menschen aus Fleisch und Blut leben, die mehr verdienen als ein »Lg« oder ein »Es ist aus, weil es war nie an«. Wenn Sie der Sklave Ihres Firmen-Handys sind, denken Sie bitte nur einen Satz:

»STÄNDIG ERREICHBAR SIND NUR SKLAVEN!« Zweifel? Suchen Sie sich einen neuen Job. Einen, wo Ihre Talente wertgeschätzt und Ihre Menschenrechte gewürdigt werden. Alles andere ist Lebenszeitverschwendung.

om

Haben Sie die early bird Deadline vergessen?

Penisverlängerung für Sie Frau Eggler

Gerte Kundn und Kundinen u Deutsche Bank

Re: Re: FWD: (No Subject):

AW: Re: Fwd: nur mal so

Get any lady easy and fast

AW: Re: AW: Re: Unser Projekt

Deine E-Mail war so unnötig wie Krieg. EOM - end of Mail

Wünsche werden wahr

Re: Fwd: Re: Re: Re: Re: Re: Re: Fwd: Re: Re: Re: Re: Fwd: Re: Re: Re: Re: Re: Fwd: Fwd: Re: Re: Re: Fw

WG: Aw: RE: Fwd: Rückruf: Fwd: Sexy pics for you my pic!

Haben Sie es auch schon satt? Hier klicken

FYI: Wenn ich Sie wär, wär ich lieber ich!

Potenzprobleme? Mit uns nicht me

Antw: bitte lesen!

Besuchen Sie uns mal wieder! Nur für Sie: -20% EXTRA auch für Sale Artikel

Ihre Meinung als Premiumkunde Ihre

Ihre Meinung ist uns wichtig! Ihre Meinung ist gefragt!

Ihr letzter Aufenthalt bei uns: Jetzt bewerten!

E-Mail-Wahnsinn

[PENSUM PERPETUUS INTERRUPTUS]

Fwd: Re: re: re: re: re: Unwichtig

Kein Betreff

re: mag bitte mit dir auch linkdinnen

Fwd: Re: re: re: AW: :))))))))))

: Re: Re: Re: Re: Kurze Frage

Can we talk today (Important)?

Uups, das hätte nicht passieren dürfen ...

ählt Sagen Sie uns Ihre Meinung

Ref: Follow Up Mail!

Liebe: Freund,

Fwd: Re: re: re: AW: LOL!!!!!!!!!!

E-MAIL-WAHNSINN

[Pensum Perpetuus Interruptus]

Immenser Verlust von Schaffenskraft, Produktivität, Konzentration, Hirn, Arbeitssinn, Motivation und Lebenszeit aufgrund unkontrollierbarer stetiger Arbeitsunterbrechung durch E-Mails an allen verfügbaren Endgeräten. Unerklärlicher Zwang, alles, aber auch wirklich alles, per E-Mail zu dokumentieren. Renaissance der völlig unproduktiven »Wer schreibt, der bleibt«-Mentalität aus der Kaiserzeit.

Besonders E-Mail-wahnsinnig sind Menschen, die früher in der Schule gepetzt haben – heute werden sie als manische In-CC-Setzer gefürchtet. Darunter leiden im Besonderen Führungskräfte, die aus Absicherungs-, Eskalations- oder auch Mobbinggründen standardmäßig einkopiert werden.

HÄRTEFÄLLE reagieren auf Plingtöne mit Schnappatmung (#emailapnoe) und Speichelfluss (#digitalesdopamin). Sie lieben große E-Mail-Verteiler und nützen diese bei jeder sich bietenden Gelegenheit für Selbstdarstellung oder semiberufliche Anliegen wie den Verkauf der »kaum gebrauchten Winterreifen«, der Suche nach der »kessen Stromberg-Kaffeetasse« oder dem »Geburtstagsgeschenk für Mausi«. In Folge beschweren sie sich vehement, wenn mehr als 100 Kollegen »an alle« antworten. Ihr Beschwerdemedium ist, Sie ahnen es, eine »E-Mail an alle« (#TGIF).

E-MAIL-WAHNSINN WURDE FRÜHER AUCH ALS als »Kommunikation« und »Projektmanagement« bezeichnet und von führenden Software-Dealern als »Effizienzsteigerung« und »Produktivitätsturbo« verkauft.

Ich bin süchtig nach

Unterbrechungen. Wenn ich nicht unterbrochen werde, weiß ich nicht, was ich als Nächstes tun soll.

Aus naheliegenden Gründen anonym bleiben wollendes Vorstandsmitglied eines Konzerns. Personalverantwortung: über 35.000 Mitarbeiter. Jahresgehalt: 1,6 Millionen Euro.

»E-Mails sind Terroristen, ich bin ihre Geisel!«

Ich bin Roman (48) – und, so dachte ich, mit allen Wassern gewaschen. Werde ich in Formularen nach meinem Beruf gefragt, habe ich keine schlüssige Antwort. »Diplom-Kaufmann« ist eine Ausbildung, kein Beruf. Würde mein Sohn (11) gefragt, hätte er eine Antwort: »Papa ist professioneller Autofahrer, Flugpassagier und Telefonist.« Stimmt. In Wirklichkeit bin ich in der Geschäftsführung einer 10.000-Mann-Firma. Mein Beruf ist ein Fake.

»Meet and Greet« – das ist kein echtes Arbeiten. Kunden überreden, Kunden verwirren, Kunden beim Abendessen satt machen, irgendetwas entscheiden und hauptsächlich in sinnentleerten Meetings die Zeit totschlagen. Wie war das noch mal mit dem »Peter-Prinzip[19]«? Die Angst ist da, ertappt zu werden, dass man nichts kann, außer sich »wichtig« zu beschäftigen.

Weil es ständig blinkt, bimmelt und vibriert, bin ich wichtig. Also beschäftige ich mich in Meetings und auch davor und danach mit Gadgets, die mir helfen, »wichtig« zu sein. Smartphones, Tablets und im Geheimen dann Tinder, Facebook, WhatsApp, Snapchat, YouTube, Amazon und ... So hänge ich fest im Netz, immer auf der Suche nach dem Neuesten. Nichts verpassen, immer online, alles checken um jeden Preis, sekundenschnell auf jede E-Mail antworten. Addicted. Mist. Jedes Gerät ist empfangsbereit. Ich bin es auch: Ohren und Augen in Habt-Acht-Stellung, Finger allzeit tippbereit – im Bett, auf dem Klo, im Kino, beim Joggen, in der Oper und neulich auch beim Quickie mit der unspannenden Tinderella.

Wenn ich heimkomme, komme ich nicht runter. Ich kann nicht mehr abschalten. Sogar beim Abendessen zappe ich am Handy. Neulich ist mir aufgefallen, dass mein Sohn und meine Frau dasselbe tun. Familienglück hatte ich mir anders vorgestellt. Früher habe ich viel gelesen. Früher? Das war vorgestern, oder? Ich war nie der Fernsehglotzer. Ehekiller Fernseher? Konnte mir nicht passieren. Heute kann ich nicht mal mehr lesen. Meine Gedanken schweifen dauernd ab. Ich brauche ständig den Second Screen, einen Parallelkick oder -klick irgendwohin. Das ist krank, oder?

`Selbst im »entspannten« Wellness-Wochenende` liege ich im Ruheraum und kontrolliere, welche wichtigen Anrufe ich verpasst habe, welches Essensfoto gerade von Freunden auf Facebook gepostet wurde und welche Frau im Umkreis von fünf Kilometern mit mir auf Tinder flirten will. Gleichzeitig frage ich mich sehr unentspannt, warum die amerikanischen Kollegen, verdammt noch mal, den Vertragsentwurf noch immer nicht gesendet haben und der Vorstand meine E-Mail nicht beantwortet hat.

`Handy-Rock'n'Roll – rund um die Uhr.` Dazu berufliches »Follow-the-Sun« via Telefonkonferenz – morgens die Asiaten, abends die Amerikaner. Früher war Mobiltelefonieren Freiheit, heute ist es Geiselhaft. Meine E-Mails und mein Handy sind Terroristen, ich bin ihre Geisel – meine Firma zahlt Lösegeld in Form einer Flatrate. Dieses »smarte« Telefon hat sich als Totmacher entpuppt, als ein Gerät, das mich mit Hilfe meines Posteingangs aus dem wahren Leben gebeamt hat.

`Wo ist der Ausknopf?` Nachdem meine intimsten WhatsApp-Fotos neulich versehentlich in der Familiencloud gelandet waren und ich dafür genauso wenig eine Erklärung hatte wie für den Umstand, dass ich stets das Wetter zuerst auf dem Handy checke, ohne einfach mal aus dem Fenster zu sehen, war mir klar: `STOPP. SOFORT.` //

»Mein Posteingang hat mich aus dem wahren Leben gebeamt!«

Zahlen.

Zahl der E-Mails, die im Jahr 2016 täglich weltweit verschickt werden, in Milliarden	215
Zahl der Spam-Mails in Deutschland 2016 im Schnitt pro Tag, in Millionen	105
Zahl der E-Mails, die eine US-Konzernführungskraft im Schnitt pro Jahr erhält	30.000
Zeit, die ein Mitarbeiter eines US-Konzerns pro Woche mailt, in Arbeitstagen	1
Zeit, die die Unternehmensberatung Bain davon für unnötig hält, in Prozent	50
Anteil der Berufstätigen, die im Jahr 2011 über keine dienstliche E-Mail-Adresse verfügten in Deutschland, in Prozent	33
Anteil der Berufstätigen, die im Jahr 2014 über keine dienstliche E-Mail-Adresse verfügten in Deutschland, in Prozent	17
Anteil der deutschen Jugendlichen zwischen 16 und 18 Jahren, die im Jahr 2016 eine eigene E-Mail-Adresse haben, in Prozent	98
Anteil der Deutschen, die im Urlaub beruflich erreichbar sind, in Prozent	72
Anteil der Deutschen, die Angst vor Arbeitsplatzverlust haben, in Prozent	48
Anstieg der Krankschreibungen aufgrund psychischer Erkrankungen zwischen 2000 und 2011, in Prozent	50
Anteil der Deutschen, die angeben, es zu vermeiden, persönliche Daten im Internet preiszugeben im Jahr 2015, in Prozent	44
Anteil der deutschen Internetnutzer, die E-Mails im Jahr 2015 verschlüsseln, in Prozent	15
Anteil der deutschen Internetnutzer, die keine Verschlüsselung nützen, weil sie sich mit der Verschlüsselungssoftware nicht auskennen, in Prozent	64

Inspiriert von »brandeins«; Einzelnachweise[20]

588 Mrd.

Die New Yorker Beraterfirma Basex hat bereits 2008 herausgefunden, dass Angestellte durch Ablenkung im Schnitt 2,1 Arbeitsstunden am Tag verplempern – 28 Milliarden Arbeitsstunden im Jahr. Schaden? 588 Milliarden US-Dollar nur in den USA! Seien wir optimistisch und rechnen konservativ: Nur eine tägliche Ablenkungsstunde pro Mitarbeiter Gehaltsklasse 3.700 Euro Monatsbrutto kostet den Arbeitgeber inklusive Lohnneben- und Gemeinkosten bei 250 Arbeitstagen im Jahr rund 25.000 Euro – pro Mitarbeiter. Bei 100 Mitarbeitern entsteht ein Schaden von 2,5 Millionen Euro![21]

50%

Ständige Arbeitsunterbrechung durch E-Mails ist Auslöser für die neue Kommunikationskrankheit »Attention Deficit Trait (ADT)«. Harvard-Arzt Edward M. Hallowell schätzt, dass bereits jeder zweite Manager unter ADT leidet. Das Resultat? Krankhafter Konzentrationsverlust.[22]

10%

Eine Studie am britischen King's College belegt, dass bekiffte Menschen IQ-Tests besser lösen als Menschen, die durch E-Mails abgelenkt werden. Durch E-Mail-Multitasking sank der gemessene IQ-Wert um zehn Prozent, doppelt so stark wie bei der Kiffer-Gruppe.[23]

Wissensarbeiter lassen sich alle elf Minuten ablenken. Störfaktor Nummer eins: E-Mails. Anschließend brauchen sie im Schnitt 25 Minuten, um zur ursprünglichen Aufgabe zurückzukehren – um sich erneut davon ablenken zu lassen. So das vernichtende Ergebnis dreier Forscher der University of California.[24]

11

Ich maile, also bin ich – Sklave

Die erste E-Mail erreichte Deutschland im Orwell-Jahr 1984. Ein Omen? Kein Medium hat die Menschheit bislang so viel unnötige Arbeitszeit gekostet wie die E-Mail. Amnestie für das Medium: Keine E-Mail ist schuld an dem, was der Mensch aus ihr macht.

Am 2. August 1984 machte es »Pling« an der Universität Karlsruhe. Die erste E-Mail war da und mit ihr freudige Erwartung: Zeit sollte sie sparen, die Produktivität steigern, die Welt vernetzen und die Menschen einander näherbringen. Milliarden von E-Mails später ist das Gegenteil eingetreten – und wir haben es selbst verschuldet ...

Erinnern Sie sich an Ihre erste E-Mail? Das war ... – ein Segen! Sie konnten plötzlich einen Brief von hier nach Honolulu senden. Und Sie bekamen Antwort. In Nanosekunden! Im Bestfall befand sich im Anhang ein Foto, das Ihnen zeigte, dass Ihre Jugendliebe inzwischen aussieht wie eine Raubkopie von Homer Simpson. Völlig egal. Sie bekamen ein Foto! Per E-Mail! Aus Honolulu! Und das alles während Ihrer Arbeitszeit und so schnell und unkompliziert, als hätte Gott am achten Tag Überstunden gemacht und die digitale Kommunikation erschaffen. Das Paradies? Eine Mogelpackung. Das haben Paradiese so an sich, sobald der Mensch darin haust. Heute empfinden wir E-Mails als Teufelswerk. Als Stress. Als Burnout-Turbo. Warum? Weil wir zu viele unnötige E-Mails versenden und erhalten. Und das zu jeder Tages-, Nacht-, Wochenend- und Urlaubszeit. Das Schlimmste ist: Wir rufen sie ab und antworten. Ständig. Manisch. Masochistisch. Ping, pong. Jede E-Mail, die wir versenden oder beantworten, löst eine neue E-Mail aus. Die Folge dieser E-Mail-Flut? Milliardenschaden und Massenverblödung. Die intelligentesten Menschen verblöden heute in der Flutwelle sinnentleerter E-Müll-Kommunikation. Der Produktivitätsverlust durch digitale Ablenkung kostet die Weltwirtschaft jährlich mehr Milliarden, als sich ein Normalsterblicher vorstellen kann. Die E-Mail kann nichts dafür. Sie war einfach nur der erste digitale Dopamin-Dealer, der unser Arbeiten und wenig später auch unser Leben in eine unendliche Unterbrechung verwandelt hat. Heute ist alles alles und deshalb nichts mehr richtig: Arbeit, Privatleben, Arbeitszeit, Freizeit, Überstunden, Urlaub – alles entgrenzt. Jahrhundertelang haben Menschen für faire Arbeitsrechte, menschenwürdige Arbeitszeiten und humane Bedingungen gekämpft. Sie sind dafür auf die Straße gegangen. Sie haben ihre Jobs verloren und manchmal auch ihr Leben. Und in nur zwanzig Jahren ist das nichts mehr wert? Wir enteignen uns freiwillig und verzichten auf alle so hart erkämpften Arbeitsrechte? Und das nur, weil es ein Medium möglich macht, rund um die Uhr Geschäftspost einmal um den Globus zu jagen und in Nanosekunden auf jeden Mist zu antworten?

Der Mensch ist ein merkwürdiges Tier: Heute arbeitet ein Wissensarbeiter fast doppelt so viele Wochenstunden wie ein Fabrikarbeiter. E-Mails kennen keinen Feierabend, kein Wochenende, kein Weihnachten und keinen Urlaub: Viele Angestellte sind aus Arbeitsplatzangst rund um die Uhr erreichbar – und bekommen keine einzige Überstunde bezahlt. Karrieristen missverstehen ständige Erreichbarkeit als Karrierevorteil, weil aktionistische Chefs das fordern und vorleben. Wie konnte es so weit kommen? Warum machen wir da mit? Wer will das?

Der Homo Oeconomicus. Das ist der Mensch, den Marx als kapitalistische Endstufe vorhergesehen hat. Sein Handlanger ist der Homo Digitalis. Wie viel Mensch in diesen Typen steckt, steht hier nicht zur Diskussion. Zur Diskussion muss stehen, wie groß das Missverständnis der digitalen Effizienz ist, die sich Homo Oeconomicus und Homo Digitalis auf die Banner schreiben. Technologisch betrachtet machen E-Mails produktiver. Praktisch betrachtet fördern sie blinden Aktionismus, der sich als Produktivität tarnt. In kürzester Zeit wird wichtiger, dass man kommuniziert, als was man kommuniziert. Quantität statt Qualität. Beschäftigungstherapie statt Bruttoinlandsprodukt. Mail satt Miteinander. Reflex statt Reflexion. Das sind die Irreführungsinstrumente der Digitalisierung. Der italienische Philosoph Paul Virilio bezeichnet das Durchdrehen im digitalen Hamsterrad als »rasenden Stillstand«. Raten Sie mal, wohin rasender Stillstand führt? Nirgendwohin. Heute sind E-Mails das Gegenteil dessen, wofür wir ihnen willfährig verfallen sind. Wer das erkennt und E-Mails als das sieht, was sie sind – klug eingesetzt, ein effizientes Kommunikationsmedium neben wichtigeren und Wichtigerem –, hat viel gewonnen. Vor allen Dingen: Zeit und Schaffenskraft. Wer beides mit erfüllenden Inhalten bestückt, ist Großgrundbesitzer von Lebenszeit und Lebensqualität.

Fähige Mitarbeiter und Manager verfügen über ihre Zeit – ständig erreichbar sind nur Sklaven. Das ist eine Erkenntnis, die sich jeder in sein digitales Betriebssystem tätowieren sollte, der René Descartes posthum geistig missbraucht, wenn er glaubt: Ich maile, also bin ich – wichtig, engagiert, unersetzbar.

Die E-Mail hat als Egobooster ausgedient. Sie ist auch betriebswirtschaftlich in Verruf geraten, denn dauerabgelenkte, ausgebrannte Mitarbeiter kosten Geld. Zu viel Geld … Bei dieser Erkenntnis werden Vorstände aktiv und Betriebsräte kreativ: Der VW-Betriebsrat hat bereits Ende 2011 eine Betriebsvereinbarung durchgesetzt, die Tarifmitarbeiter mit Firmenhandy 30 Minuten nach Feierabend von ihrem E-Mail-Wahnsinn zwangskuriert – die Verbindung zum Mail-Server wird gekappt. Zeitgleich verordnete der Henkel-Vorstand mailfreie Weihnachtstage. Bei Daimler kann man Mails im Urlaub automatisch löschen lassen. Der französische IT-Konzern Atos wollte radikaler sein. Atos startete 2011 die »Zero E-Mail«-Kampagne mit dem Ziel, E-Mails bis 2014 aus der internen Kommunikation zu verbannen und durch eine kollaborative Intranet-Plattform aus dem eigenen Produktangebot zu ersetzen. 2016: Bei Atos wird immer noch gemailt. Es gibt kein Opt-out, auch wenn viele mailmüde Menschen sich das so sehr wünschen wie das Recht auf ein, zwei unterbrechungsfreie Arbeitsstunden am Tag und vielleicht zwei oder drei störungsfreie Urlaubstage im Jahr. E-Müll-Trennung und die Humanisierung der Digitalisierung zählt heute zur unternehmerischen Verantwortung und sollte denselben Stellenwert haben wie Arbeitssicherheit. Wer zulässt, dass sich seine Mitarbeiter digital überfordern, verliert sie, den Jahresgewinn und irgendwann auch sich selbst. Bevor Sie das nächste Mal unbewusst die Luft anhalten, wenn eine Mail in Ihren Posteingang plingt, beantworten Sie bitte die Gretchenfrage, Hand aufs Herz, Augen nach rechts …

Erledigen Sie Ihre E-Mails, oder erledigen Ihre E-Mails Sie?

3958

VOM MENSCH ...

NAPOLEON. Sie halten sich für unersetzbar und ständige Erreichbarkeit für eine karrierefördernde Tugend – Büro ist Krieg, Sie sind Napoleon und Ihre Kollegen die Armee: Deshalb rufen Sie ständig E-Mails ab.

MAILZHEIMER. Weil Sie doch am liebsten Ihre Büro-Adresse nutzen, vergessen Sie die Zugangsdaten von Privat- und Müll-Adresse. Beim nächsten Gewinnspiel legen Sie neue an. Der Datenkrake sei Dank kostet das wieder nur Ihren Datenschutz.

ZWITTER. Sie öffnen die Grenze zwischen geschäftlich und privat und nützen Ihre Büro-Adresse auch für Privates. Damit Sie nichts verpassen, rufen Sie E-Mails auch nach Feierabend und am Wochenende ab.

MÜLL-MAILER. Weil Sie gerne an Gewinnspielen teilnehmen und dafür mit Ihrer E-Mail-Adresse zahlen, haben Sie jetzt auch eine Müll-Adresse bei einer Datenkrake Ihres Vertrauens. Die liest fortan Ihre Nachrichten und beglückt Sie zeitgleich mit Kleinanzeigen. Sie sehen das anders: DAS sehen Sie nicht.

BEZIEHUNGS-BOOSTER. Natürlich haben Sie auch eine private E-Mail-Adresse und müssen nie wieder darauf warten, dass der Postmann erst nach Tagen zweimal klingelt.

PRODUKTIVITÄTS-TURBO. Jetzt können Sie effizienter, schneller und multimedialer kommunizieren, arbeiten, Projekte abwickeln und dabei Zeitzonen und Kontinente überwinden.

EGO-VIAGRA. Sie haben eine geschäftliche E-Mail-Adresse. Je nach Arbeitgeber können Sie damit sogar angeben oder privaten Geschäften ein bisschen »nachhelfen«, wenn Sie z.B. bei einer Staatsgewalt arbeiten.

SKLAVE. Ihr neues Firmenhandy ist ein Smartphone und fortan Ihr wichtigstes Organ. Sie spenden dem Smartphone mehr Aufmerksamkeit als Ihrer Familie und beginnen, ihm nach der letzten E-Mail im Bett eine »Gute Nacht« zu wünschen.

PINOCCHIO. Dabei lügen Sie sich selbst in die Tasche: Weil Sie unersetzbar sind, müssen Sie erreichbar sein und im Stundentakt »kurz nachsehen«, ob »etwas passiert« ist.

GAGA-RBEITER. Auch Schwachsinn wird wichtig. Sie empfinden jedoch nur das wohltuende Gefühl, überdurchschnittlich geschäftig zu sein für den Wohlstand der Firma und – Ihre Karriere.

FLUT-MAILER. Sie mailen wie irre und bekommen immer mehr E-Mails. Arbeiten ist für Sie Synonym für E-Mail geworden. Sie müssen »alles schriftlich festhalten – für alle Fälle«. Dass Ihr Tag nur noch aus »reagieren« besteht, übersehen Sie vor lauter »reagieren«.

FERNGESTEUERT. Was Sie erledigen, bestimmt Ihr Posteingang. Wenn keine E-Mail eingeht, klicken Sie manisch auf »Senden/Empfangen«.

KOPIER-KATER. Weil Sie sich selbst nicht mehr trauen – irgendwie fühlen Sie sich überfordert –, beginnen Sie, mehr Menschen in Kopie zu setzen. Sollen die doch mitdenken, bei Ihnen funktioniert das gerade nicht so gut.

ZWERG. Sie schaffen die vielen E-Mails nicht mehr. Ihr Pensum wird zum Berg, sie fühlen sich als Zwerg. Sie beginnen, schlecht zu schlafen.

JEIN-MAILER. Sie mailen noch mehr und antworten immer kürzer. Ein aussagekräftiges »Jein« wird Ihre Standard-Antwort – schließlich haben Sie keine Zeit, die Romane der Absender zu lesen.

FEHLER-MACHER. Weil Sie wichtige E-Mails weder richtig gelesen noch verstanden haben, haben Sie ein Problem: Sie haben ein paar Böcke geschossen. Sie brauchen Urlaub. Sofort!

ANGSTHASE. Ihr Smartphone liegt mit Ihnen in der Sonne. Sie sollten abschalten, aber Sie können nicht ausschalten. Nicht, dass »Müller« Entscheidungen trifft und »Maier« an Ihrem Stuhl sägt. Nach dem Urlaub fühlen Sie sich ausgebrannter als zuvor.

... ZUM CC-PETZER.

DER ANFANG VOM ENDE. Wenn Sie Ihren E-Mail-Wahnsinn jetzt nicht ändern, ändert er Sie!

Wie viel E-Mail-Wahnsinn steckt in Ihnen?

KOMMT IHNEN BEKANNT VOR? TRIFFT AUF SIE ZU?
MACHEN SIE IHR KREUZ!

◯

Ihre Arbeit wird häufiger durch E-Mails
unterbrochen als durch Atempausen.

◯

Sie rufen E-Mails ab, auch wenn Sie
gar keine Zeit haben, zu antworten.

◯

Die erste E-Mail beantworten Sie morgens im Bett.

◯

Was Sie zu tun haben,
entscheidet zu 50 Prozent Ihr Posteingang.

◯

Neue E-Mail! Es macht »pling«.

◯

Sie kommunizieren mehr per E-Mail als persönlich.

○

E-Mail! Sie widerstehen sechzig Sekunden
dem Drang »ganz kurz nachzusehen«.

○

Sie mailen nach Feierabend,
am Wochenende und im Urlaub.

○

Sie haben berufliche und private Beziehungen
bereits per E-Mail beendet.

○

Sie teilen vermeintlich Unangenehmes
lieber per E-Mail mit als persönlich.

○

Sie werden nervös bis aggressiv,
wenn Sie keinen E-Mail-Zugang haben.

○

Sie setzen immer mindestens eine Person in Kopie.

○

Sie ertappen sich dabei, dass Sie die Luft anhalten,
wenn Sie E-Mails lesen.

○

In Ihrem Posteingang warten über 100 E-Mails darauf,
nie von Ihnen gelesen zu werden.

☞ ZUR AUF- UND ERLÖSUNG BITTE UMBLÄTTERN.

Achtung,
jetzt macht es »pieks«

0

SIE SIND KARL LAGERFELD.
Oder Sie kommunizieren so
analog wie er. Lagerfeld
verweigert privat E-Mail,
Handy und Armbanduhren.
Sein Argument: »Handys
sind fürs Personal! Um
kreativ arbeiten zu können,
brauche ich Ruhe und
Konzentration. Ich will kein
Sklave einer Technik oder
einer falschen Zeitvorstel-
lung sein.«
PS: Falls Sie nicht Karl
Lagerfeld sind, sind Sie
Pinocchio.

1-3

ALARMSTUFE EINS: Sie
kommunizieren sich zwar
noch nicht um Ihren
Verstand, zeigen aber
bereits erste Anzeichen,
dass es so weit kommen
könnte. Verhindern Sie das!
Sie sind noch so produktiv,
dass Sie sofort mit der
Umsetzung aller Therapie-
Tipps beginnen können,
ohne sich dadurch
überfordert zu fühlen oder
von Entzugserscheinungen
gepeinigt zu werden. Teilen
Sie Ihre Tatkraft und
Veränderungsenergie mit
allen, die sie nicht mehr
haben, aber dringend
brauchen. Wer ist das? Die
Mehrheit.

4-14

BETR. BEILEID! Sie sind der
Hamster im digitalen
Kommunikationsrad, der
Amboss unter den
Hammerschlägen des
E-Mail-Wahnsinns. Ich
versuche das Wort Sucht
zu vermeiden – zu spät! Die
gute Nachricht: Sie sind die
Mehrheit und auch der
kann geholfen werden.
Entspannen Sie sich,
widerstehen Sie der
Versuchung, zwischenzeit-
lich mal kurz am Handy
Ihre E-Mails zu checken,
atmen Sie tief ein und aus
und lesen Sie einfach
weiter!

E-MAIL-APNOE

Auch als Bildschirm-Apnoe bekannt. Bezeichnet Atemstillstand durch unbewusstes Luftanhalten während einer Bildschirmtätigkeit.

Häufigster Auslöser: Eingang neuer Nachrichten. Diese aktivieren unser Belohnungszentrum und lösen den »Thriller-Effekt« aus: Wir müssen »ganz kurz nachsehen«, ob die Neuigkeit etwas Schönes oder etwas Schreckliches ist. Der Nervenkitzel des Unvorhersehbaren (vgl. Angst) führt zur E-Mail-Apnoe und anschließend zu einer Dopaminausschüttung.

E-Mail-Wahnsinn

[PENSUM PERPETUUS INTERRUPTUS]

☞

BLITZ-THERAPIE x 12

 OFFLINE
STARTEN

 E-MAIL-BUDGET
EINFÜHREN

 MAIL
HALTEN

 MIMOSEN-TEST
MACHEN

 E-MAIL-
ÖFFNUNGSZEITEN

 BETREFFZEILE?
BETREFFZIELE!

 WER E-MAILS SÄT,
WIRD E-MAILS ERNTEN

 IHRE E-MAIL
WIRD GELÖSCHT

 STECKER RAUS,
HANDY AUS, HIRN AN

 KAIZEN STATT
KAROSHI

 EIN ANRUF
ERSPART 100 MAILS

 MEHR SPASS,
WENIGER STRESS

1 OFFLINE STARTEN

Offline heißt: ohne Internet, ohne Handy und am besten ohne Computer! Klartext: Keine E-Mails im Bett checken, nicht auf dem Klo facebooken, Handy ignorieren!

WENN SIE NUR DIESE REGEL BEHERZIGEN, GEWINNEN SIE VIEL. E-Mails wollen immer etwas von Ihnen, sie erledigen selten Ihre Arbeit. Wenn Sie den Tag mit E-Mails beginnen, starten Sie reagierend und werden in Folge wie die Sau durchs Arbeitsdorf getrieben. Aber wieso? Sie agieren doch, wenn Sie E-Mails bearbeiten – das ist nicht falsch, aber auch nicht richtig. Ob Chef oder Kopierschorsch, Sie werden dafür bezahlt, dass Sie Wichtiges von Unwichtigem unterscheiden und das Wichtigste zuerst erledigen. Das Wichtigste sind nicht die Anliegen von anderen, sondern Ihre eigenen. Deshalb gehört die erste Stunde des Tages (oder die letzte Stunde des Vortages) Ihrer Planung und der Priorisierung Ihrer Aufgaben nach dem »Pareto-Prinzip«. Definieren Sie die 20 Prozent der Aufgaben, die Ihnen 80 Prozent Arbeitsergebnis bringen. Grausam, aber effizient: Die Taten, vor denen wir uns am liebsten drücken, sind in der Regel die potentesten 80-Prozent-Bringer. Deshalb: Internet aus und durch! Erst wenn Ihre Aufgabenliste steht, dürfen Sie online gehen.

AUFGABENLISTE: RAUS AUS DEM MAILPROGRAMM! Schreiben Sie Ihre Aufgabenliste auf gutes, geduldiges Papier. Wenn Sie eine digitale Liste benutzen, ist der Geist willig, aber das Fleisch schwach und die Gefahr groß, dass Sie surfen oder E-Mails checken. Ich schreibe auf Papier und anschließend tippe ich das Ergebnis in die Aufgabenbäume des Apple-Mindmapping-Programms http://mindnode.com. Wenn Sie eine simple und deshalb effiziente Aufgaben-App mit Kalender suchen, dann kann ich Ihnen http://teuxdeux.com empfehlen; ohne Kalender: www.iawriter.com.

MAIL HALTEN

Die schlechte Nachricht zuerst: Ihr Hirn wird mailsüchtig. Je mehr Sie es permanent Aufmerksamkeitsreizen aussetzen, desto stärkere Reize fordert es und desto rastloser werden Sie.

Schalten Sie alle Signale an Computer und Handy aus, die Sie darüber informieren, dass irgendjemand irgendetwas von Ihnen will. Sie sind der Chef, Sie legen fest, wann Sie Zeit haben und verfügbar sind!

FOLGENDE KONFIGURATIONEN steigern Ihre Schaffenskraft und entlasten Ihr informationsüberflutetes Hirn:

— Möchten Sie permanent auf Empfangsmodus sein? Gönnen Sie Ihrem E-Mail-Programm einen geregelten Tagesablauf: zu Ihren E-Mail-Bearbeitungszeiten wird es geöffnet, danach geschlossen.
— Deaktivieren Sie den automatischen E-Mail-Abruf – falls die Welt untergeht, merken Sie das rechtzeitig im echten Leben!
— Keine Sounds oder visuellen Hinweise bei Posteingang – niente. Wenn Sie nicht wissen, wie das geht: IT anrufen oder googeln!
— E-Mails erhalten striktes Meeting- und Feierabend-Verbot.
— Geniale Schummelfunktion für Ihr Handy: Verschieben Sie die Mail-App auf die zweite, noch besser, auf die dritte Bildschirmseite.

VORSICHT, NEBENWIRKUNGEN: Sie werden sich leider ein paar Tage fühlen wie Christiane F., stofflos vor dem Bahnhof Zoo. Das vergeht. Je mehr Stille Sie sich gönnen, desto leiser schreit sie. Stille ist die Geliebte von Kreativität und Muße – unterstützen Sie diese Liebesbeziehung! Je weniger Sie tun, desto mehr bekommen Sie geschafft. Versprochen.

3 E-MAIL-ÖFFNUNGSZEITEN EINFÜHREN

Wären Sie früher um sieben Uhr morgens zum Briefkasten gegangen? Und bis 19 Uhr dann noch weitere 100 Mal? Warum tun Sie das dann heute? Na? Eben! Hören Sie einfach damit auf. Jetzt.

DIE WELT GEHT NICHT UNTER, wenn Sie nicht in Nanosekunden auf eine Mail antworten. Sie sind doch kein Notarzt, oder? Falls Ihr Chef zickt, wenn Sie nicht gleich per E-Mail kuschen, erklären Sie die Zusammenhänge zwischen Dauerablenkung, Produktivitätsverlust und Jahresergebnis. Wirkungsvoller Test: Einfach den teuersten Mitarbeitern eine total unwichtige Mail senden. Wer sofort antwortet, ist nicht der produktivste, sondern der ablenkungssüchtigste Spitzengehaltsempfänger.

FIXIEREN SIE DREI E-MAIL-ÖFFNUNGSZEITEN. Ich hatte bis 2016 nur zwei, um 11 und um 16 Uhr. Inzwischen mache ich nur noch dreimal pro Woche Post: montags bis mittwochs jeweils um 15 Uhr. Ich habe durch meine rigide Erreichbarkeitspolitik noch keinen einzigen Auftrag verloren, aber Respekt und Sympathie gewonnen. Warum? Weil ich meine Erreichbarkeit klar, ehrlich und freundlich kommuniziere. Jeder, der mit mir arbeitet, weiß, wenn es dringend ist: anrufen. Ich sitze nicht in meiner Mailbox und warte auf die nächste Ablenkung, ich arbeite lieber für mein Geld. Das freut meine Kunden und Ihre sicher auch.

WICHTIG: Öffnen Sie Ihr E-Mail-Programm nur zu den festgelegten Zeiten! Dann arbeiten Sie alles am Stück ab und senden die E-Mails, die unverzichtbar sind. Kommunizieren Sie Ihre Öffnungszeiten z. B. via Signatur, Website, Meeting, Türschild, T-Shirt, Anstecknadel, Visitenkarte oder was immer in Ihrer Firma für Aufmerksamkeit und eine neue Erwartungshaltung an Ihre Erreichbarkeit sorgt.

WER E-MAILS SÄT, WIRD E-MAILS ERNTEN

Das ist die biblische Regel. Wenn alles Biblische so vortrefflich eintreten würde wie diese E-Mail-Vorhersage – es wäre das Paradies auf Erden. Doch leider: In-CC-Setzer sind Petzer! Lesen Sie selbst.

E-MAIL IST EIN PINGPONG-PROBLEM. Und genau darin liegt ein Teil der Lösung: Senden Sie 30 Prozent weniger E-Mails, dann erhalten Sie 30 Prozent weniger. Senden Sie 40 Prozent weniger, dann erhalten Sie 40 Prozent weniger – einfach, oder? Ein Gedanke, der Ihnen den Verzicht auf CC leicht macht: **IN-CC-SETZER SIND PETZER!** In-BCC-Setzer sind Verräter, Denunzianten, Feiglinge – suchen Sie sich was aus. BCC ist Mobbing.

JEDE ZWEITE E-MAIL IST SO UNNÖTIG WIE SONNENALLERGIE. Warum?
Weil sie:
— eine Botschaft im falschen Medium kommuniziert, Stichwort: Ihr Kollege sitzt gegenüber und hat Ohren und Stimme.
— so fahrlässig lieb- und konzentrationslos getextet ist, dass sie zu Missverständnissen und Nachfragen führt: Ping-Pong-Ping-Pong.
— peinliche intellektuelle Bankrotterklärungen thematisiert: »Nehmen Sie mich sofort von Ihrem miesen Spam-Verteiler!«

TIPPS FÜR BZW. GEGEN HÄRTEFÄLLE:
— Beantworten Sie unnötige E-Mails direkt in der Betreffzeile, mit folgendem Satz: »Diese E-Mail war so unnötig wie Krieg!«
— Jemand delegiert Denkfaulheit per Mail an Sie? Antworten Sie in der Betreffzeile mit »www.gidf.de«.
— Oftmals können Sie in der Betreffzeile alles sagen, was zu sagen ist. Setzen Sie ein »eom – end of Mail« dahinter und klicken Sie ganz entspannt auf »senden«.

EINMAL ODER KEINMAL: Jede E-Mail nur einmal in die Hand nehmen!

5 STECKER RAUS, HANDY AUS, HIRN AN

Wenn Ihnen das hart erscheint ... haben Sie recht. Es ist hart. Aber auch ungemein produktiv. Probieren Sie es einfach aus. Motivation: Sie sparen Strom und gewinnen XL-Arbeitsspaß!

ERWISCHT! Sie haben geschummelt und trotz selbstverordneter Stille und deklarierten E-Mail-Öffnungszeiten immer wieder E-Mails gecheckt. Und im Meeting haben Sie wegen der deaktivierten Vibration im Lautlos-Modus ständig Ihr Handy betatscht auf der Suche nach – ja, nach was eigentlich? Das ist ganz normal. Das ist milde ausgedrückt Gewohnheit. In harter Währung: Suchtverhalten und nur durch strikten Entzug heilbar. Wenn Sie konzentriert arbeiten möchten, hilft nur eines, zumindest anfangs: Stecker raus, Handy aus, Hirn an!

DIE »POMODORO-TECHNIK«[25] hilft bei der Umsetzung und verwandelt kleine Einheiten Offline-Zeit in große Ergebnisse:
— Wählen Sie eine (eine!) Aufgabe aus, die Sie erledigen möchten.
— Wie lange werden Sie dafür brauchen? Nicht länger als 25 Minuten.
— Wecker stellen, entweder analog oder zum Beispiel den hier http://tomato-timer.com – funktioniert auch offline.
— Bürotür schließen, Internetverbindung kappen, Handy ausschalten.
— Aufgabe konzentriert erledigen.
— Nach dem Weckerläuten fünf Minuten Pause machen.

TIPP: Diese Technik hilft auch den Offline-Tagesstart durchzuhalten. Falls Sie es aus eigener Kraft nicht schaffen, Ihre Internetverbindung zu kappen, dann lassen Sie das ein Programm für Sie tun, zum Beispiel www.freedom.to oder www.rescuetime.com. Es gibt Online-Timer, die die Pomodoro-Technik unterstützen.

6 EIN ANRUF ERSPART 100 MAILS

In der ureigensten Eigenschaft, Aufgabe und Bestimmung der Dinge liegt ihr Heil. Konvergenz ist das Gegenteil. Sie ist praktisch. Aber manchmal auch des Teufels.

HILFE, MEIN KOLLEGE GEGENÜBER HAT OHREN und Stimme. Diese Erkenntnis ist so unglaublich wie die Tatsache, dass Ihr Telefon ein Telefon ist. Und wissen Sie noch, was man mit einem Telefon macht? Keine E-Mails, kein Surfen, keine Textnachrichten. Man telefoniert! Sie erinnern sich: Das ist das mit der eigenen Stimme, die Persönliches persönlich rüberbringt und sogar Unsagbares mit Empathie kommuniziert.

PROBIEREN SIE ES AUS! Ein persönliches Gespräch ist Auge in Auge am besten. Aber auch das Telefon ist ein wohltuender Kontrapunkt zum täglichen Textwahnsinn. Rufen Sie wieder Menschen an. Sprechen Sie mit Ihnen. Sprühen Sie Charme! Weinen Sie! Lachen Sie! Schreien Sie! Werden Sie ausfällig! Hauptsache, Sie sind authentisch und lebendig und das alles live, direkt und erlebbar im Gehörgang des anderen.

DAS TELEFON IST ERSTE WAHL FÜR
— Anlässe, bei denen das Hören von Emotionen zählt (Vertrieb!)
— Persönliches (Lob, Kritik, Liebe, Tod, Trennung, Sex & Co.)
— Dringendes (Das Haus brennt – mailen Sie der Feuerwehr?)
— Spontanes (Wer ständig online ist, ist abhängig, nicht spontan!)

DENKANSTOSS: Wenn Sie Ihre geistige Festplatte defragmentieren möchten, reduzieren Sie alles auf seine Grundfunktion. Das entschlackt Ihr überkommuniziertes Multi-Device-Hirn. Telefon = telefonieren, Computer = arbeiten, Stimme = kommunizieren.

 ERFÜLLEN SIE EIN E-MAIL-BUDGET

Das hat Potenzial für eine neue Art von Insiderdeal: Jeder darf täglich maximal 21 E-Mails senden – ist das eigene Kontingent verbraucht, muss er E-Mail-Kredit aufnehmen.

WIR FÜHREN EINE GESUNDE PRODUKTIVITÄTSSTEIGERNDE ART VON LEERVERKÄUFEN EIN! Und das europaweit und ohne Rücksicht auf Banken-Deals, die uns zweifelhaften Profit bringen und den Staatshaushalt nur für die laufende Legislaturperiode subventionieren. Das ist möglich – es gibt intelligentes Leben im Konzern – am besten, Sie führen es ein.

DAS IST DER DEAL: Jeder Mitarbeiter hat ein tägliches E-Mail-Budget von maximal 21 E-Mails. Je nach Branche darf das auch weniger sein. Sind 21 unverzichtbare E-Mails versendet und das Kontingent verbraucht, gibt es nur eine Möglichkeit: E-Mail-Kredit bei Kollegen aufnehmen und sich dadurch als armes E-Mail-Opfer outen.

DAS IST SO PEINLICH, dass es nicht häufig vorkommen wird. Es sei denn, Sie machen aus der Not eine Tugend und kombinieren diese Maßnahme mit einem guten Zweck: Für jede Kredit-E-Mail muss der Betreffende zehn Euro in die Party-Kasse zahlen. Sie werden sehen, wie schnell Ihr Team in der Lage ist, heilsame Feste zu feiern. Handys stehen dann natürlich nicht auf der Gästeliste.

FÜR HACKER, GROSS- UND IT-KONZERNE: Nehmen Sie sich die Software-Dealer Ihres Vertrauens zur Brust. Entsprechende Systemkonfigurationen sind kein Hexenwerk, sondern eine Frage von Kosten versus Nutzen.

8 MACHEN SIE DEN MIMOSEN-TEST

Möchten Sie erhalten, was Sie anderen senden? Freuen Sie sich über nächtliche Mails mit Feedback? Aufgabenlisten am Sonntag? Über Kritik mit Vorgesetzten in Kopie? Nein? Gut. Sehr gut.

SIE REGEN SICH AUF, wenn Sie nicht in Nanosekunden Antwort bekommen, und Sie regen sich auf, wenn andere Sie anrufen, um zu fragen, ob Sie deren Mail nicht erhalten haben, weil Sie nicht binnen Nanosekunden geantwortet haben?

REGELN SIE IHREN E-MAIL-VERKEHR IM MIMOSEN-PRINZIP: Was Sie nicht erhalten möchten, senden Sie auch keinem anderen. Zur Sicherheit eine Liste jener E-Mails, die Sie für immer aus dem Verkehr ziehen sollten:
— Aufgaben-Listen außerhalb der Geschäftszeiten: Das stresst und zeigt nur, dass SIE Ihr Zeitmanagement nicht im Griff haben.
— E-Mails fördern Missverständnisse: Diskussionen, Persönliches und Kritik via E-Mail rauben nur Zeit, Nerven und Motivation.
— Niemals in Rage: Rache ist ein Tellergericht, das kalt gegessen wird – trösten Sie sich mit dieser Mafia-Weisheit und reagieren Sie erst, wenn Sie so cool sind, dass man ein Bier auf Ihnen kaltstellen kann.
— Satanische Verse: Schreiben ist Katharsis, Katharsis ist heilsam. Schreiben Sie so satanisch, wie Sie empfinden, aber senden Sie das Ergebnis nur an sich selbst. Den Rest erledigen Sie Auge in Auge, aber nicht zwingend Zahn um Zahn.

TIPP: Lesen Sie jede E-Mail kritisch vor dem Senden. Möchten Sie diese Nachricht erhalten? Stellen Sie sich vor, Ihr Empfänger ist eine Mimose und Sie Neurosengärtner. Zweifel? Nicht senden.

BETREFFZEILE?
BETREFFZIELE!

Löschen Sie das Wort »Betreffzeile« und ersetzen Sie es durch »Betreffziele«. Nichts anderes darf in der Betreffzeile stehen.

FORMULIEREN SIE JEDE E-MAIL mit der Präzision eines Nachrichtenredakteurs und einer Wahrheit aus dem Neuen Testament: »Deine Sprache verrät dich«. Jede E-Mail wirbt um Aufmerksamkeit. Verfassen Sie Mails nach dem AIDA-Prinzip.[26] Das beginnt mit der Betreffzeile. Ersetzen Sie dieses Wort durch BetreffZIELE. Warum senden Sie diese E-Mail? Was soll der Empfänger tun? Schreiben Sie kurz und konkret. Dabei helfen Doppelpunkt und eine Nomenklatur von »2Do:« über »FYI:« bis »FB:« für Feedback. Oder Kürzel für (A) wie Antworten, (H) wie Handeln. Beispiel? Betreffzeile: »FB: 50 Exemplare ›Mail halten!‹ bestellen?« Sobald Sie antworten oder weiterleiten, adaptieren Sie die Betreffzeile, das reicht oftmals auch als Antwort, in diesem Fall: »OK -> 50 Exemplare ›Mail halten!‹ bestellen!« Streber setzen ein »eom« für »end of mail« dahinter, so weiß der Empfänger, dass die Betreffzeile die gesamte Botschaft birgt – und spart Zeit. Was ist wichtig für den Text? Schnell zum Anfang, flott zum Schluss. Dazwischen: Fakten, Fakten, Fakten. W-Fragen beantworten – wer, was, wie, warum und ganz wichtig: bis wann. Diese Fakten gliedern Sie mit Aufzählungszeichen – Anker für Querleseraugen.

WENN, DANN! Formulierungen wie »Wenn ich bis zum Tag x nichts höre, setze ich y um« sparen Zeit und bringen Ergebnisse. **STIL:** E-Mails sind Visitenkarten für Herz und Hirn – fehlende Interpunktion, durchgängige Kleinschreibung und Emojitsunamis sind das Gegenteil.

TIPP: Wiederkehrende Texte klonen! Einmaliger Aufwand zahlt sich aus. Apps: www.textexpander.com (Mac) oder www.phraseexpress.com.

10 BETREFF: IHRE E-MAIL WIRD GELÖSCHT

Wer eine Abwesenheitsnotiz klug einsetzt, gewinnt ungestörte Schaffenszeit, Urlaub und das Glück der Unerreichbarkeit.

SOGAR DAIMLER GIBT DAS RECHT auf einen mailfreien Urlaub zurück: Mitarbeiter können eine Abwesenheitsnotiz aktivieren, die über die Kontaktdaten der Urlaubsvertretung informiert und auch darüber, dass die eingegangene E-Mail gelöscht wird, weil der Adressat in Urlaub ist.

ERFOLGSENTSCHEIDEND FÜR IHRE ABWESENHEITSNOTIZ ist, dass sie zuvorkommend und charmant formuliert ist. Wer gesetzestextartig auf sein Grundrecht auf Unerreichbarkeit pocht, wird im besten Fall Unverständnis ernten. Ich erhalte auf meine Abwesenheitsnotizen manchmal Glückwünsche für meinen »Mut« und meine »sympathische Art«, eine zweimonatige Sommerpause oder Schreibklausur zu kommunizieren.

DER AUTOR TIM FERRIS geht einen Schritt weiter. Seine Erreichbarkeit kommuniziert er standardmäßig mit einer Abwesenheitsnotiz. Das ist auch notwendig, denn Ferris öffnet sein Postfach »... *nur noch einmal die Woche oder noch seltener. Wenn es wirklich wichtig ist (und das nicht eine Woche warten kann), rufen Sie bitte meine Assistentin an. Wenn Sie ihre Kontaktdaten nicht haben, bitte ich Sie um Geduld bis zu unserer nächsten E-Mail-Öffnungszeit. Das Beste wünscht Ihnen Ihr Tim Ferris.*«[27]

NOCH EIN TIPP: Aktivieren Sie Ihre Abwesenheitsnotiz zwei Tage vor Ihrem Urlaub und lassen Sie sie drei Tage nach Ihrer Rückkehr aktiv.

INSPIRATIONSBEDARF? Meine Abwesenheitsnotizen finden Sie auf meiner Website: www.anitra-eggler.com/abwesenheitsnotiz.

11 KAIZEN STATT KAROSHI

Todesursache Arbeitsstress? Die Japaner haben (leider) ein Wort dafür: Karoshi. Das Gegenmittel nennen sie Kaizen. Ich übersetze das hier frei und doppeldeutig mit: Machen Sie es einfach besser!

1. Wenn Sie nicht bei der Post arbeiten, arbeiten Sie nicht bei der Post.
2. Ergo: Der Posteingang ist nicht Ihr Arbeitsplatz!
3. Sie sind kein E-Mail-Server.
4. Sie werden fürs Denken und Handeln bezahlt, nicht fürs Mailen.
5. Ihre Inbox ist keine 2Do-Liste!
6. Aufgaben- und Ideenmanagement brauchen Freiraum, keine Box.
7. E-Mail-Öffnungszeiten einführen und einhalten.
8. Ihr Mailprogramm ist unsichtbar und stumm.
9. Erst denken, dann schreiben, dann senden.
10. Erst den Anhang, dann den Text.
11. BCC ist Mobbing.
12. Atmen nicht vergessen (#emailapnoe)!
13. Das Leben ist zu kurz, um Mails zu ordnen.
14. Wer in Nanosekunden antwortet, ist unterbeschäftigt.
15. In-CC-Setzer sind Petzer.
16. Betreffzeile? BetreffZIELE.
17. Wer E-Mails sät, wird E-Mails ernten: Quantität raus, Qualität rein!
18. Besser als jede E-Mail: ein persönliches Gespräch.
19. Besser als die Inbox: ein Intranet für interne Kommunikation.
20. Die beste E-Mail ist die, die Sie nicht schreiben.

ERSTELLEN SIE IHRE EIGENE LISTE und kleben Sie sie als Autoimmunstimulanz an Ihren Computer.

12 MEHR SPASS, WENIGER STRESS

Regeln sind so sexy wie Herpes. Wenn bei Ihnen nicht gerade der Amtsschimmel wiehert, ist es deshalb sinnvoll, neue E-Mail-Regeln nicht als solche zu bezeichnen oder sie gar zu »erlassen«.

VERKAUFEN SIE REGELN als »Tipps«, als »Kommunikationskultur«, als »Manifest für mehr Arbeitsspaß« oder als »Offensive für weniger Stress und mehr Spaß«. Neue E-Mail-Verkehrsregeln sind auch ok. Was immer Ihnen einfällt, es muss zu Ihrer Unternehmenskultur passen. Falls Sie keine haben, schaffen Sie somit eine kleine.

WAS MÜSSEN SIE FESTLEGEN? Verbindliche Regeln für folgende Anlässe:

E-MAIL SENDEN
Tagesmenge, Anlass, Aufbau, Stil, maximale Textlänge, E-Mail-Öffnungszeiten, Betreffzeile/ziele, CC – wie viele Empfänger maximal, Signatur, Anhänge, Verteiler, Abwesenheit …

E-MAIL EMPFANGEN
Antwortzeiten, Spam, E-Mails nach Dienstschluss und im Urlaub, private Korrespondenz am Arbeitsplatz …

DATENSCHUTZ UND RECHTE
Wer sieht was, von wem und wann, z. B. während Abwesenheit …

UMSETZEN UND EINHALTEN
Hier erklären Sie, warum diese Regeln notwendig sind, persönlicher und allgemeiner Nutzen, Ziele, Verbindlichkeit, Motivation, Erfolgskontrolle, und wenn es sein muss: Rechtssicherheit.

Weißmalerei

Ich will, ich kann, ich werde. Ankreuzen, ausfüllen, einhalten!

AB SOFORT BEARBEITE ICH BERUFLICHE E-MAILS
nur montags bis freitags zwischen ___ und ___ Uhr.
Was außerhalb gängiger Geschäftszeiten liegt, ist Masochismus.
Private E-Mails erledigen Sie in Ihrer Freizeit!

MEINE E-MAIL-ÖFFNUNGSZEITEN SIND UM:
◯ 10 Uhr   ◯ 14 Uhr   ◯ 17 Uhr   ◯ ___ Uhr   ◯ ___ Uhr
Mehr als drei Kreuze? Sagen Sie nicht, ich hätte Sie nicht gewarnt …

IN DIESER ZEIT schreibe, lese und bearbeite ich E-Mails für jeweils:
◯ 30 Minuten   ◯ 60 Minuten   ◯ 90 Minute   ◯ ___ Minuten
Alles über 90 Minuten heißt: Sie sind eine überbezahlte Schreibkraft!

MEINE NEUEN ÖFFNUNGSZEITEN KOMMUNIZIERE ICH:

◯ per Signatur »*E-Mails sabotieren meine und Ihre Schaffenskraft.
Bitte beachten Sie meine neuen E-Mail-Öffnungszeiten …*«

◯ im nächsten Team-Meeting

◯ als Kommunikationsrichtlinie

◯ jedem neuen Kunden/Kollegen/Dienstleister

◯ als Tipp in der Mitarbeiterzeitschrift, im Newsletter, im Web

◯ auf keinen Fall via »Automatischer Antwort«

◯ auf meiner neuen Visitenkarte, an meiner Bürotür

BEVOR ICH ONLINE GEHE,

◯ fixiere ich die 20 Prozent der Aufgaben, die mir 80 Prozent Arbeitsergebnis bringen.

◯ priorisiere ich die restlichen 80 Prozent nach Wichtigkeit, Dringlichkeit und Delegationspotenzial.

◯ sage ich einem Menschen etwas Herzerwärmendes. Falls niemand nah scheint, loben Sie sich selbst: Sie sind ein Mensch und sollten immer bei sich sein, auch wenn es sich manchmal anders anfühlt.

◯ bin ich dankbar, dass ich am Leben bin.

◯ denke ich an Menschen, die echte Probleme haben! Dazu brauchen Sie keine News-Seite ansurfen, denken Sie einfach an Worte wie »Intensivstation«, »Bombe« oder »US-Präsident«.

◯ nehme ich mir vor, heute mindestens 60 Minuten zu erleben, die es wert sind, ein zweites Mal gelebt zu werden.

GENERELL GELOBE ICH:

◯ Persönliches persönlich zu kommunizieren, wann immer es geht.

◯ mehr zu telefonieren – auch Freunde haben eine Stimme jenseits ihrer Facebook-Statusmeldung.

◯ weniger digital, dafür mehr real anwesend zu sein.

Schwarzmalerei

Ich will nicht, deshalb werde ich nicht. Ankreuzen, ausfüllen, nie wieder tun!

AB SOFORT VERSENDE ICH NICHT MEHR ALS:

⬤ 7 ⬤ 11 ⬤ 21 ___ E-Mails am Tag
Mindestens um ein Drittel weniger als bisher!

IN MEETINGS BIN ICH FORTAN NICHT MEHR:

⬤ hinter einem Laptop versteckt ⬤ unkonzentriert
⬤ geistig abwesend ⬤ manisch abgelenkt ⬤ telefonisch erreichbar
⬤ der, der »lautlos« vibriert
Plakatieren Sie diese Bekenntnisse in jedem Besprechungsraum!

ICH WERDE MEIN E-MAIL-PROGRAMM NICHT MEHR:

⬤ öffnen, um »nur mal kurz nachzusehen«.

⬤ mit widersinnigen Klicks auf den »Senden/Empfangen«-Button quälen.

⬤ als Abwesenheits-Spammer missbrauchen, wenn ich 24 Stunden offline bin.

⬤ außerhalb meiner E-Mail-Öffnungszeiten öffnen.

⬤ als Tagebuch, Psycho-WC, Mobbing-Waffe, Ombudsfrau/-mann, Werbefriedhof , 24h-Hotline und Mülltonne zweckentfremden.

⬤ als Ego-Barometer missverstehen.

DAS TUE ICH NIE WIEDER. NIE. NIEMALS. VERSPROCHEN.

- Im Bett E-Mails abrufen und beantworten.

- E-Mails beantworten, wenn ich dafür weder Hirn noch Zeit habe, z. B. im Auto, während Meetings, auf dem Klo, im Kino, auf dem Kinderspielplatz, während der Frei- und Familienzeit, nachts, im Urlaub oder im Kreißsaal.

- Vorgesetzte konspirativ in der BCC-Zeile platzieren.

- Machtträger als Druckmittel oder Lebensversicherer CC positionieren.

- Mehr als drei Menschen in Kopie setzen.

- Den Anhang vergessen. Erst Anhang anhängen, dann E-Mail schreiben, dann senden!

- E-Mails an alle senden, um Inhalte zu kommunizieren wie »Hat jemand die Kaffeetasse mit der Aufschrift ›Ich schnarche nicht, ich bin wach!‹ gesehen?«.

- Unnötige E-Mails senden, z. B. die »Danke für Ihr Danke«-E-Mail.

- Larifari-Betreffzeilen texten, z. B. »Meeting« oder »Mail erhalten?«.

- Anklageschriften, Diskussionen, Kündigungen, Trennungen, Schweinskram und XL-Anhänge per E-Mail versenden.

- Meine dienstliche E-Mail-Adresse für privaten Kram nützen.

- Mich für eine smarte E-Mail-Kultur stark machen und zulassen, dass alles in der Flut versinkt, weil ich leider wieder mal »Land unter« bin.

S
I E
KÖN
NTEN
GLÜCK
LICHSEIN

WENN SIE DAS LESEN KÖNNEN, können Sie glücklich sein: Sie können sehen! Sie haben warmes Wasser und Strom. Wer über Mail-Stress klagt, hat Luxusprobleme, die ganz einfach geändert werden können, indem man beginnt, sie zu ändern.

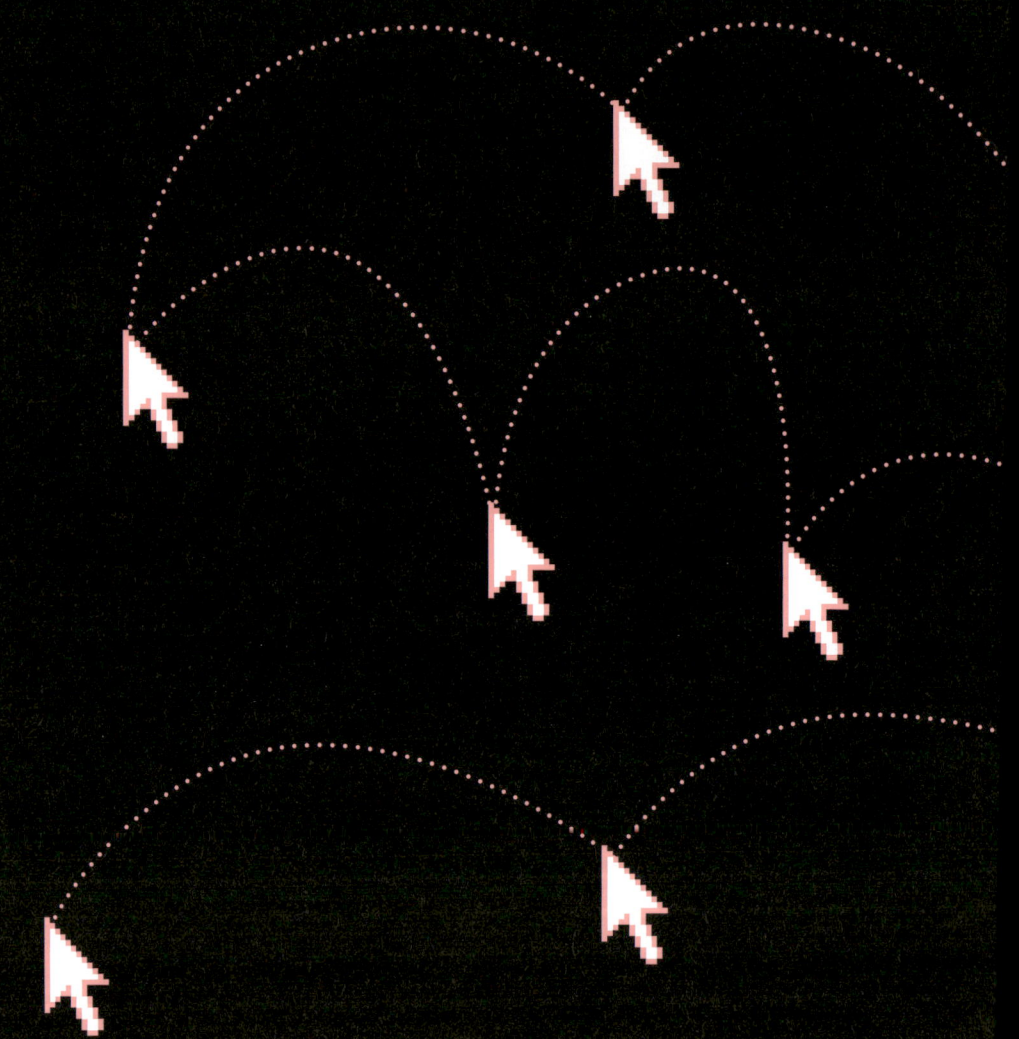

Sinnlos-Surf-Syndrom

[MAUS MANICUS IRRATIONALIS]

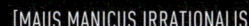

SINNLOS-SURF-SYNDROM

[Maus Manicus Irrationalis]

Zielloses, zwanghaftes Internet-Surfen, das zu gravieren-
dem Zeit-, Konzentrations- und Hirnverlust führt, der von
Betroffenen genauso wenig wahrgenommen wird wie der
Hinweis »Anzeige« bei den ersten Google-Suchergebnis-
sen. Sinnlos-Surfer verwechseln generell alle Google-
Suchergebnisse mit Relevanz und Wahrheit.

Je mehr Sinnlos-Surfer klicken, desto mehr Kick braucht
der Klickreiz. Selbst seriöse Medienanbieter werden so
gezwungen, immer reißerischere Schlagzeilen zu
publizieren. Wahrheit? Relevanz? Hauptsache, es k(l)ickt!
Fragen Sie Google, was Wahrheit ist (#weltherrschaft).

Weil das Hirn von Sinnlos-Surfern schnell süchtig nach
permanentem Medienmultitasking wird und deshalb in
Reizüberflutung ertrinkt, scheitern Betroffene mangels
Klickkick in kürzester Zeit auch an der Lektüre einfachster
gedruckter Texte, z. B. Packungsbeilagen. Frustriert von
diesem Scheitern, stimmen sie fortan allem ungelesen zu
(#datendiarrhö). Wenn sie etwas nicht verstehen, fragen
sie Google.

HÄRTEFÄLLE leiden zusätzlich an Morbus Google, auch
Cyberchondrie genannt. Sie googeln jedes Aua und
sterben hypochondrische Tode vor lauter Sterbensangst.

SINNLOS-SURF-SYNDROM WURDE FRÜHER AUCH ALS
»Recherchieren«, »Arbeiten« und »Nur-mal- kurz-im-
Internet-Nachsehen« bezeichnet.

Warum bin ich dumm? 🔍

Ungefähr 11.300.000 Ergebnisse (0,46 Sekunden)

Bin ich dumm? - Testedich

Wie blöd bin ich? - Testedich

Dumm? - Testedich

Ich glaube ich bin dumm- wie kann ich lern...

Bin ich dumm? - Test - StarFlash.de

Hilfe, ich bin dumm wie Bohnenstroh - Psychologie - medl

Bin ich dumm???? : Forum Intelligenz, IQ - goFeminin

Bin ich dumm?? - Persönlichkeits-/ Verhaltensstörunge...

Ich bin so dumm, was kann ich nun machen? - Forenarch...

IQ-Test: Dumm oder schlau? - FIT FOR FUN

. . .

Selbstkritische Google-Suche, die unter den Top 10 der meistgesuchten »Warum bin ich ...«- Sätze
rangiert. Auch sehr beliebt: »Warum bin ich Single?« und »Warum bin ich so faul?«.

»Kein Scherz: Wenn Sie das nicht lesen, stirbt eine Katze«

Jenny (24) arbeitet als »Clicklinerin« in der Redaktion eines großen deutschen Nachrichtenportals. Ihr Spezialgebiet sind Überschriften, die Klicks bringen. Wenn es keine Nachrichten gibt, erfindet sie welche.

Thank god it's monday! Ich hätte nie gedacht, dass mir ein Job mal so viel Spaß macht, dass ich mich jeden Sonntag auf Montag freue. Nein, ich werde nicht dafür bezahlt, das zu schreiben. Das ist kein »native Advertising«. Falls Sie nicht wissen, was das ist: Wer googeln kann, ist klar im Vorteil! Sorry, aber dieser Kulturpessimismus von »GenerationX-plus«-Romantikern provoziert mich. Wir sind Digital Natives, ihr seid digital naiv! Weiter im Werbetext ... Scherz. Die Werbung, die wir täglich auf unserer Seite im redaktionellen Content featuren, ist so smooth platziert, die würden nicht mal Sie als Schleichwerbung erkennen – ich gehe mal davon aus, dass Sie sich für einen kritischen Leser halten, schließlich lesen Sie dieses Buch. Jetzt möchten Sie sicher wissen, für welches Portal ich arbeite. Das verrate ich nicht, aber so viel schon: Wir sind unter den Top 10 der meistgeklickten deutschen News-Sites. Und da trage ich meinen Teil zu bei! Meine Eltern checken nicht, was genau meine Arbeit ist, aber stolz sind sie trotzdem.

Ich bin keine Journalistin, aber ich kann so gut texten, dass meine Headlines die meisten Klicks bringen. Klicks sind Teil meines Gehalts. Ich gebe alles für den Klick, das zahlt sich aus. Meine erfolgreichste Headline war diese Woche: »Bitte klicken, sonst stirbt eine kleine Katze« – 1,7 Millionen Klicks, 17 Euro Honorar. Brutto. Geil, oder? Die Line war die Überschrift für eine Charity-Ad von so einer Tierschutzorganisation. Habe ich mittenrein platziert in den Society-Gossip, den

Frauen so gerne während der Arbeitszeit klicken. Erst wollte ich ja »Bitte nicht klicken, sonst …« schreiben, das hätte sicher noch mehr Klicks gebracht, aber mein Chef hatte Schiss, dass wir dann einen Shitstorm von militanten Tierschützern abkriegen und hat die Headline nach den ersten 500.000 Klicks abgesoftet.

Guter Journalismus wird eben immer noch von Menschen gemacht. Das Netz ist dafür die beste Schule. Ich habe mir das meiste von YouTubern abgeguckt. Jetzt bin ich seit einem Jahr als »Clicklinerin« erfolgreich. Den Titel habe ich selbst erfunden. Die Idee kam mir, als ich einen Artikel über Clickworker gepublisht habe. Mein Chef fand das so cool, dass er mir ne Visitenkarte gedruckt hat. Die ist das Einzige, was mich als Angestellte outet. Ich mache den Job freiberuflich, ist klar, oder? Wer will schon mit einem Arbeitsvertrag versklavt werden? Auch das ist so 80er: Arbeitsvertrag, fixe Arbeitszeiten, Arbeitsplatz mit Familienfotos – gähn! Hat mein Chef auch gesagt, der ist zwar schon 40plus, aber der checkt, was Sache ist. Hat ein Jahr im Valley verbracht. Jetzt twittert er den neusten heißen Scheiß, bevor man ihn in Kalifornien riechen kann. Echt cool. Deshalb filmen wir uns jetzt auch bei der Arbeit. So können unsere Leser live dabei sein und für uns und unsere Storys voten, noch bevor sie online gehen. Das spornt ziemlich an.

User-Feedback ist mir wichtiger als das Geld für die Klicks. Es wird ja immer behauptet, die »Generation Google« könne man mit Smartphones und den neusten Gadgets kaufen. Blödsinn! Ich filme und fotografiere Beiträge meistens mit meinem eigenen Handy und schneide und schreibe sie an meinem Laptop. »Bring your own device« ist hier total erwünscht. Solange es nicht »bring your own cash« heißt, bin ich voll dabei: #TGIM. //

»Wenn Sie klicken, verdiene ich Geld!«

Zahlen.

Dauer, für die am 17.08.2013 alle Google-Dienste störungsbedingt ganz oder teilweise offline waren, in Minuten	5
Rückgang des gesamten Internet-Datenverkehrs während dieser Zeit, in Prozent	40
Leser-Anteil 2015, der Nachrichten aus traditionellen Medien vertraut, in Prozent	62
Leser-Anteil 2015, der Nachrichten aus Suchmaschinen vertraut, in Prozent	64
Meistbesuchte Seiten in Deutschland im Jahr 2015, Ranglistenplatz von Google.de	1
Ranglistenplatz des Pornoportals Xhamster.com	13
Ranglistenplatz von Spiegel.de, dem ersten Nachrichtenportal in der Liste	16
Ranglistenplatz von Deutschland im weltweiten Pornosurfer-Ranking 2015	1
Twitter-Follower von Donald Trump am 03.04.2016, in Millionen	7,9
Instagram-Follower von Kim Kardashian am 03.04.2016, in Millionen	60
Instagram-Follower von Heidi Klum am 03.04.2016, in Millionen	2,4
Instagram-Follower von Papst Franziskus am 03.04.2016, in Millionen	2,2
Instagram-Follower von Angela Merkel am 03.04.2016, in Millionen	0,17
Deutsche, die sagen, sie könnten ohne das Internet nicht leben, in Prozent	19
Inder, die sagen, sie könnten ohne das Internet nicht leben, in Prozent	45
Atomkraftwerke, die laut Greenpeace notwendig wären, um Strom für den weltweiten Internetkonsum zu produzieren	25
Einwohnerzahl einer Stadt, die so viel Strom verbraucht wie alle Rechenzentren von Google, geschätzt	200.000

Inspiriert von »brandeins«; Einzelnachweise[28]

2009

Stanford-Forscher haben bereits 2009 herausgefunden, dass Multitasking die Arbeitsge-schwindigkeit verlangsamt und die Ergebnisse verschlechtert. Wer alles gleichzeitig ma-chen will, macht nichts mehr richtig, braucht länger für alles und produziert schlechtere Qualität. Ist doch auch logisch, oder? Wer alle paar Sekunden von einem Browserfenster zum nächsten zappt, bekommt nichts mehr mit, außer den Klick.[31]

50%

46 Journalistikstudenten, 20 Minuten, eine Aufgabe: die aktuelle Ausgabe der New York Times lesen. Die eine Hälfte der Studenten las online, die andere die Printausgabe. Das Ergebnis? Die Onlineleser hatten sich nur halb so viele Informationen gemerkt.[30]

6

Wäre das Internet ein Land, hätte es nach ei-ner Studie von Green-peace den weltweit sechstgrößten Strom-verbrauch.[29]

91

Wo waren Sie all die Jahre? Im Internet? Rechnen Sie ein-fach mal nach: Wenn Sie an 365 Jahrestagen im Schnitt vier Stunden surfen, sind das in Summe 1.460 Stunden. Abzüg-lich acht Stunden Schlaf pro Tag sind das 91,25 Tage im Jahr. Sie verbringen demnach ein Viertel Ihrer aktiven Le-benszeit im Internet. Hand aufs Herz: Würden Sie sich selbst ein Kleinkind anvertrauen?

Wahrheit? Relevanz? Hauptsache, es k(l)ickt

Acht Browsertabs offen. Die Augen rasen wie ein Scanner auf Speed über geöffnete Fenster. Ihre Finger zucken. Schnell jetzt! Warum sind Sie hier? Sie wollten nur mal kurz Ihren nächsten Gedanken googeln? Ach so. Das ist normal. Ganz normal.

Ein braver, konservativer Wissensarbeiter lässt sich im Schnitt alle 11 Minuten von dem ablenken, was er gerade tut. Sägeblatteffekt nennt man das. Der Auslöser: Medien-Multitasking, digitales Zapping. Die Folge? Wir arbeiten und leben wie ein Marathonläufer, dem alle 11 Minuten der Schnürsenkel aufgeht. So kommt man auch zum Ziel, die Frage ist nur, in welcher Zeit, mit welchem Kraftaufwand und mit welchem Ergebnis? Woher kommt das Sinnlos-Surf-Syndrom? Aus dem Internet, Zwinker. Augenblick, ich recherchiere mal kurz den Rest. Eine Stunde später: 1989 wurde der erste Browser erfunden. Wie der hieß? Nochmal googeln! 26 Minuten später. Was wollte ich schreiben?

Ach ja: Der erste Browser hieß »WorldWideWeb«. Wäre ich ohne Google nicht draufgekommen, Sie? Jetzt kennen Sie den Namenspaten des WWW. Das ist, was danach geschah: 1993 wurde die große Firewall errichtet (Quelle: Wikipedia). Während das gemeine Internetvolk noch kaum Surferfahrung vorweisen kann und die meisten nicht mal ein Handy besitzen, bauen die Chinesen bereits den »Goldenen Schild«. Eigentlich merkwürdig. Momentchen, ich muss mal kurz eine chinesische Weisheit recherchieren. 38 Minuten später. Verzeihen Sie! Ich bin nach ein paar Seitklicks bei der »Asia Tea Company« gelandet und habe dort den »Sencha Superior« bestellt. Das wäre Ihnen auch passiert, wenn Sie die Retro-Verpackung gesehen und diesen liebevoll formulierten Produkttext gelesen hätten: »Ein großartiger grüner Tee aus China mit rundem Geschmack und einer leichten Strenge. Ein Highlight chinesischen Wissens gepaart mit japanischer Methodik.« So, wo waren wir? 1993. China. Der Goldene Schild. Er hat als »Die große Firewall« Internet-

Geschichte geschrieben. Jetzt frage ich Sie, wie diese Präventiv-Zensur 6 Jahre vor Google, 12 Jahre vor YouTube und 13 Jahre vor Facebook zu dieser chinesischen Weisheit passt: »Man darf das Gras nicht wachsen hören, sonst wird man taub.«

Weil, genau das passiert heute im Internet. Menschen haben panische Angst, das Wachsen des kleinsten Grashalms zu überhören. Vor lauter Verpassensangst surfen wir rund um die Uhr, bis wir taub werden für alles, was außerhalb der digitalen Brutstätte stattfindet – früher auch Leben, Lieben und Arbeiten genannt. Taub? Moment, da bimmelt doch etwas? Mann! Das neue Skype-Update hat meine Selbstschutz-Einstellungen revidiert. Statt »unsichtbar« war ich »sichtbar« und wurde angechattet. War wichtig. Gut, das Pandabär-Video hätte ich mir auf dem Rückweg sparen können – war trotzdem supersüß! Wo waren wir? Moment mal! Hat sich jetzt auch die Uhr automatisch umgestellt? Warum sind seit dem ersten Satz drei Stunden rum? Ich muss gleich los, der Rest muss jetzt schnell gehen. Da hilft ein Frontalangriff. Der erschreckt und verwirrt den Leser gleichermaßen. Zurück zur Kernfrage dieses Textes: Woher kommt das Sinnlos-Surf-Syndrom?

»Die Fantastischen Vier« würden als Antwort »Es ist nur in deinem Kopf« rappen. Augenblick, ich starte das YouTube-Video. Wissenschaftler sagen: Das Sinnlos-Surf-Syndrom kommt aus unserem Hirn. Das arbeitet heute noch mit »Steinzeit-Konfiguration«. Diese bewirkt, dass wir auf Reize mit Aufmerksamkeit reagieren. Ein beliebter Steinzeit-Reiz war zum Beispiel der Bär – Killer oder Abendessen. Und weil früher jeder Reiz der letzte sein konnte, schüttet unser Hirn seit Urzeiten als Reaktion den Botenstoff Dopamin aus. Das fühlt sich wie Glück an. Wenn wir surfen und vielleicht noch parallel chatten, dann zündet ein Dopamin-Feuerwerk in unserem Hirn – und danach wird es süchtig, populärwissenschaftlich ausgedrückt. Mehr Dopamin heißt: mehr Reize. Also öffnen wir die Grenze ins Sinnlos-Reich. Ein gesunder Mensch nimmt nur zehn Prozent aller Umweltreize bewusst wahr. Ein Sinnlos-Surfer zehn Prozent aufwärts. Wenn kein Reiz kommt, suchen wir ihn selbst. Wir bewerten nicht mehr, was wichtig oder nichtig ist, klicken bis zum Hirnverlust, vergeuden Arbeits- und Lebenszeit, schreiben abgelenkt Buchtexte, hören das Gras wachsen und – werden taub.

VOM INTERNET EXPLORER ...

2004:
KRIEG! World of Warcraft öffnet eine spielerische Parallel-Welt im Web. Aus Spiel wird Ernst ...

2004: TIPP MICH! Instant Messenger bekommen Gesellschaft vom Web-Telefon Skype. Auch Sie bekommen Besuch im Büro: Freunde und Kollegen sind via Chat ständig erreichbar. Ihre Tasten glühen ...

2003: MY SPACE? YOUR SPACE! Ihre Firma hat eine Web-Visitenkarte und nennt sie »Homepage«. Sie haben sich bei einem neuen »Billion-Dollar-Baby« registriert und nennen Ihr neues Web-Wohnzimmer fortan »MySpace«. Ihr »Freundeskreis« wächst und wächst.

2002: ALLE HABEN EINEN IPOD. Sie auch. Ihre Musik kaufen Sie bei iTunes. Amazon, Apple und eBay sind die einzigen Online-Marken, denen Sie erneut Ihr Geld anvertrauen – und das auch gerne zu Bürozeiten.

2001: SIE WERDEN ALLWISSEND. Wikipedia öffnet sich dem Wissen der Weltmassen. Sie werden ein bisschen denkfaul, aber das werden alle anderen auch. Was Sie noch nicht wissen: Würden Sie Ihren Hirnverlust »Crowdsourcing« nennen, hätten Sie einen Trendbegriff und unzählige Geschäftsmodelle geprägt.

2000: PLÖTZLICH MACHT ES BLUBB. Die Internet-Blase ist geplatzt. Dabei waren Sie gerade Hobby-Spekulant geworden. Ihr Geld ist weg, Ihr Vertrauen auch. Aber: Sie surfen weiter.

1998: GOOGELN IST ARBEITEN. Ihr Internet-Zugang wird zur Hauptschlagader für alles, was Sie tun: Ein bisschen Google hier, ein bisschen Napster da ... – das Internet ist DIE neue Goldgrube und Sie graben in der ersten Reihe.

1996: SIE SIND DRIN. Die Melodie des Modems ist Musik in Ihren Ohren. Die Welt des Wissens, die Welt der Wunder hat rund um die Uhr für Sie geöffnet – yahoo!

2005: YOUTUBE WIRD IHR BÜRO-TV. Auf YouTube sehen Sie Sachen, die Sie nie sehen wollten, aber dennoch sehenswert finden. Die lustigsten Videos mailen Sie »an alle«.

2006: GOOGLE KAUFT YOUTUBE, FACEBOOK KOMMT. Wenn Sie Geld hätten, wüssten Sie, wo Sie es investieren ... Vor lauter Surfen ist Geld jedoch gerade nebensächlich.

2007: YOUPORN UND IHR BEITRAG. Der Umsatz der analogen Porno-Industrie bricht um 50 Prozent ein – auch Sie haben Ihren Teil dazu »beigetragen«, schließlich braucht ein harter Bürotag regelmäßig Entspannungseinheiten.

2007: VIA IPHONE IN DEN UNTERGANG. Das iPhone wird Ihre Nabelschnur zur Welt, zur Arbeit, zum »Leben«. Sie haben alles stets griffbereit und beginnen, jede freie Minute online zu gehen. Einfach so, so einfach.

2008: YES, WE ~~SCAN~~. Barack Obama wird der erste »Web«-Präsident. Warum? Weil so viele US-Amerikaner inzwischen genauso handyhörig sind wie Sie und die Wahlkampagne sie am Handy erwischt hat.

2009: FACEBOOK WIRD IHR ZWEITES ZUHAUSE. Sie haben sich gewehrt, jetzt sind Sie dabei! Die Seite wird wichtiger als Klogänge, die Zahl Ihrer »Freunde« Indikator für Ihren Wert als ... ja, was eigentlich?

2010: SIE ZWITSCHERN MIT. 140 Zeichen. Wozu? Weil Sie das nicht zugeben möchten, zwitschern Sie mit. Stündlich.

2011: IPAD2 UND GOOGLE+. Ihr neues iPad ist jetzt auch beim Fernsehen dabei. Surfen, liken, twittern, stalken, glotzen. Oft wünschen Sie sich 40 Finger! Ohne die glauben Sie Google+ nicht zu schaffen und registrieren sich dennoch.

2012: DAS ERSTE JAHR OHNE STEVE JOBS. Facebook kauft Instagram. »Oh wow. Oh wow, oh wow«.

2013: SNOWDEN PACKT AUS. Geheimdienste ... machen eben ihren Job. Mit Ihnen hat das nichts zu tun, oder?

2014: FACEBOOK KAUFT WHATSAPP. Gefällt Ihnen.

2015: LIFE? LIVE. Am Computer surfen Sie nur noch im Büro. Dort beobachten Sie auf »Periscope« live, wie andere Leute arbeiten. Irgendwie krank, oder?

2016. Was Ihre Kinder möchten, erfahren Sie per WhatsApp. Was Ihrer Frau gefällt, finden Sie auf Instagram. Was Ihre Freunde treiben, steht auf Facebook. Wo Sie gerade sind, wissen Sie nicht mehr genau. Sie haben sich im Netz verloren. Wo geht es zurück ins Leben? Umblättern.

... ZUM SINNLOS-SURFER.

Wie viel Sinnlos-Surf-Syndrom steckt in Ihnen?

KOMMT IHNEN BEKANNT VOR? TRIFFT AUF SIE ZU? MACHEN SIE IHR KREUZ!

○

Pro Schreibtisch-Arbeitsstunde
gehen Sie mindestens sechsmal online.

○

Sie haben ständig ein Dutzend Browserfenster offen.

○

Sie klicken öfter am Tag, als Sie schlucken.

○

Sie verbringen mehr Zeit im Internet
als mit Ihrer Familie.

○

Wenn Sie darüber nachdenken,
bekommen Sie ein schlechtes Gewissen.

Weil Sie sich im Web »vergessen« haben,
kommen Sie manchmal zu spät.

Es fällt Ihnen schwer, 24 Stunden offline zu sein.

Sie haben neulich »Warum kann ich mich
nicht mehr konzentrieren?« gegoogelt.

Sie begrüßen YouPorn-Darsteller auf der Straße
und bitten sie um Autogramme.

Wenn Sie fernsehen, können Sie nicht anders: Sie müssen alle paar
Minuten »Hintergrundinformationen« googeln.

Wenn Ihnen etwas wehtut, googeln Sie Ihre Diagnose.

Mit einem Therapeuten sprechen Sie erst,
wenn er Ihre Selbstdiagnose auf Gutefrage.net bestätigt.

Seit Sie »How to convert to ...« gegoogelt haben,
halten Sie »PDF« für eine Religion.

☞ ZUR AUF- UND ERLÖSUNG BITTE UMBLÄTTERN.

Achtung,
jetzt macht es »pieks«

0

BLICKEN SIE KURZ IN DEN SPIEGEL. Wenn Sie jetzt vor allem Ihre Nase sehen, sollten Sie vor einem Lügendetektor-Test einen Kopfsprung aus dem Dachgeschoss erwägen. Ansonsten: Hut ab. Im Vergleich zu Ihnen war Gutenberg digital. Fakt ist: Ihre Arbeitsweise steigert das Bruttosozialprodukt, Ihre Lebensweise die Geburtenrate: Die Menschheit und die Weltwirtschaft sagen danke.

1–3

ALARMSTUFE EINS: Sie surfen sich zwar noch nicht um den Sinn, zeigen aber bereits erste Anzeichen dafür. Und da ich davon ausgehe, dass Sie beim Ankreuzen schummeln: Installieren Sie zu Ihrer eigenen Sicherheit einen unabhängigen Zeit-Schiedsrichter wie www.rescuetime.com. Trennen Sie strikt zwischen zielgerichtetem Surfen (»recherchieren«), Spaß-Surfen (soziale Netzwerke) und Verlegenheits-Surfen (»nur mal kurz ...«). Plus: Beherzigen Sie die Regeln auf den folgenden Seiten.

4–13

WEBWEH IST IHR NEUES HEIMWEH: Wenn ein Taxifahrer Sie nach Ihrer Adresse fragt, antworten Sie bereits nach drei kleinen Bierchen »home.com«. Dass Sie anschließend »nackt und orientierungslos« von falschen Facebook-Freunden »im Internet gefunden« werden, wundert Sie nicht. Das passiert Ihnen öfters. Hören Sie sofort auf, zu viel Ihrer Lebenszeit im Netz zu verbringen! Oder glauben Sie an Wiedergeburt?

C

CLICKBAITING

Klicks ködern durch Inhalte, die so reißerisch und Neugier stimulierend angepriesen werden, dass sie geklickt werden. Meist verbirgt sich hinter einem Klickköder inhaltlich nur heiße Luft. Dennoch reichen die spontanen Emotionen der User oftmals aus, um den intelligenzfreien Inhalt in sozialen Netzwerken zu teilen. Klickköder haben nur ein Ziel: Höhere Zugriffszahlen und dadurch mehr Werbeeinnahmen. Immer mehr Qualitätsmedien fokussieren auf den schnellen Klick und machen mit (#ripjournalismus).

Sinnlos-Surf-Syndrom

[MAUS MANICUS IRRATIONALIS]

☞

BLITZ-THERAPIE x8

 ALWAYS HIRN
STATT ALWAYS ON

 ERST RECHERCHIEREN,
DANN APPLAUDIEREN

 WER ES EILIG HAT,
SURFT LANGSAM

 VERTRAUEN IST MUT,
KONTROLLE IST BESSER

 ZAPPEN IST
FÜR DEPPEN

 HARVARD
FÜR ZUHAUSE

 ALGORITHMEN RAUS,
RELEVANZ REIN

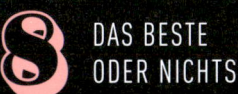 DAS BESTE
ODER NICHTS

1 ALWAYS HIRN STATT ALWAYS ON

Das Internet ist nicht Ihre Nabelschnur. Sie sind ein autonomer Mensch mit Hirn und Herz. Blut ist dicker als Datenleitung. Always Hirn sticht always on.

ES IST EINFACHER, ALS SIE DENKEN ODER BEFÜRCHTEN: Das permanente Onlinesein hat sich in Ihr Leben geschlichen. Sie haben zugelassen, dass es von der Möglichkeit zur Notwendigkeit wird. Jetzt ist ein Bedürfnis da. Wie es gekommen ist, kann es wieder verschwinden. Nicht das Internet, das ist an und für sich ganz ok. Aber die Notwendigkeit seiner ständigen Verfügbarkeit – die muss weg.

SIE HABEN E-MAIL-ÖFFNUNGSZEITEN? Gut. Jetzt sind Surf-Zeiten fällig. Es geht nicht ohne. »Ich werde ab morgen weniger sinnlos surfen« ist genauso erfolgversprechend wie »Ich erhöhe morgen meine Kussbilanz auf über 25 Stunden pro Tag«. Gönnen Sie sich drei fixe Surf-Zeiten. Wie wäre es mit morgens (*nachdem* Ihre Prioritäten geplant sind!), mittags (wenn die Schwerkraft des Kantinen-Essens Sie ins Nirwana zieht) und abends, gemütlich zuhause auf dem Sofa mit dem klaren Ziel »Spaß-Surfen«.

WIE SOLL DAS GEHEN? Sie googeln doch inzwischen Ihren nächsten Gedanken? Alternative: Sie verpassen sich ein Surfzeit-Budget. Maximal zwei Stunden pro Tag. Falls Ihnen das zu wenig erscheint, rechnen Sie mal nach: Bei 16 wachen Tagesstunden kommen Sie damit immer noch auf 45 Tage, die Sie pro Jahr im Internet verbringen! Zeiterfassungstools wie http://toggl.com oder Web-Timer wie http://timelog-app.com helfen durch die Anfangsphase. Die App der Universität Bonn hilft, das Handy-surfen generell in den Griff zu bekommen: http://menthal.org.

2 WER ES EILIG HAT, SURFT LANGSAM

Lesen Sie noch, oder scannen Sie schon? Rasen Ihre Augen über Text wie auf Speed? Nehmen Sie ein Dutzend Dinge auf einmal wahr und sind sich deshalb nicht sicher, ob Sie alles richtig sehen?

ZEITLUPE SCHAFFT DURCHBLICK. Lenken Sie Ihre Augen nur auf das Wesentliche – bitte beachten Sie den Singular: DAS Wesentliche. Lassen Sie sich kurz von einem Warnsignal abschrecken. Es hat mich gewarnt und von dieser Regel überzeugt.

BIS 2010 WAR ICH DIE GRÖSSTE MULTITASKERIN auf den Schlachtfeldern der Startup-Arbeitswelt. Ich war stolz darauf, ein Dutzend brennende Ölfelder gleichzeitig löschen zu können. Wenn ich unter Hochdruck arbeitete, was ich freiwillig und mit großer Begeisterung 24/7/365 tat, wurde selbst einem Kraken schwindelig. Während ich eines Tages mehr als zehn Browser-Tabs offen habe, verzweifelt nach einer Erkenntnis stiere, parallel ein dringendes Projekt via Live-Chat retten will, schiele ich mit dem linken Auge auf Hiobs-E-Mails im prallvollen Posteingang und mit dem rechten »aufmerksam« auf mein Team. Das sitzt auf meinem Sofa und feuert Wortsalven in meine Richtung. Plötzlich platzt etwas in meinem Kopf. Ich sehe rot. Blutrot. Mein rechtes Auge verfärbt sich, die Anwesenden werden blass. Das Meeting ist beendet, die Diagnose flott gestellt: Es ist eine Ader geplatzt. Nur eine Ader im Auge. Die hätte auch eine Etage höher explodieren können – fataler Gedanke. Der Arzt sagt eine Stunde später, ich solle über meine Sehnerven nicht »so viel Druck« in meinem Hirn aufbauen. Beim Surfen »nicht in Lichtgeschwindigkeit alles abscannen« und »nicht zig Seiten auf einmal«. Langsamer lesen, langsamer denken und bei allem: den Blick bremsen und mich nur auf eine Sache konzentrieren. Eine! Guter Tipp, gern geteilt.

ZAPPEN IST FÜR DEPPEN

Ihr Betriebssystem ist Ihr Kopf. Behandeln Sie ihn klug. Wer auf jeden Klickköder reinfällt, verblödet. Wer seine geistige Festplatte ständig zumüllt, überfordert sich selbst.

RECHTS-KLICK, LINKS-KLICK, CHA-CHA-CHA: Wenn Sie Ihre Maus von der Leine lassen, tanzt sie Sie bei jedem Internet-Besuch direkt ins Nirwana. Und schwupp sind zwei Stunden Lebens- und Arbeitszeit dahin. Dabei wollten Sie doch eigentlich »nur mal kurz nachsehen, ob Google noch steht und ob YouTube noch funktioniert«.

NEHMEN SIE IHRE MAUS AN DIE KURZE LEINE. Geben Sie jedem Internet-Besuch ein klares Ziel. Zum Beispiel: »Drei Bilder für die Präsentation in brauchbarer Auflösung« finden. Oder »Drei Ferienwohnungen mit Dachterrasse bei Airbnb finden und in der Merkliste speichern«.

SIE SIND KEIN FASS OHNE BODEN. Auf Bürodeutsch: »There's no more Sushi in the sea!« Die theoretische Unendlichkeit relevanter Suchergebnisse verleitet nur dazu, auch dann nach einem »noch besseren Ergebnis« zu suchen, wenn Brauchbares längst gefunden ist. Vertrauen Sie in Ihre Entscheidungskompetenz. EIN gutes Ergebnis ist besser als 1.001 Optionen. Werden Sie klickgeizig.

KLICKKÖDER LINKS LIEGEN LASSEN: Sie haben ein qualitatives und quantitatives Recherche-Ziel? Gut. Jetzt verbieten Sie Ihrer Maus, sich weiter als drei Klicks von jedem Suchergebnis zu entfernen. Vorsicht, Falle: Weil niemand für Internet-Inhalte bezahlen will, legen die Seitenbetreiber immer mehr Klickköder aus, damit Sie klicken und mit den Zugriffen die Werbeeinnahmen steigen. Schärfen Sie Ihr Klickshit-Radar!

ALGORITHMEN RAUS, RELEVANZ REIN

Verlassen Sie die Filterblase der von Algorithmen selektierten Informationen. Befreien Sie sich von pseudorelevanter Werbung und Fremdbestimmung durch Google-Suchergebnisse.

NICHT NOCH MEHR VOM GLEICHEN! Personalisierung gehört zu den großen Internet-Lügen: Was als Nutzervorteil verkauft wird, ist großteils Werbung. Werbung stiehlt Zeit, auch wenn sie von Interesse ist. Wer entscheidet, was Sie interessiert? Algorithmen, und zwar ohne dass Sie das merken. Was soll das heißen? Das soll heißen, dass Sie auf jeder Seite mit Windelwerbung bombardiert werden, wenn der Algorithmus davon überzeugt ist, dass Sie einen akuten Windelbedarf haben. Wie kommt er auf diese Idee? Sie hatten doch gerade nur ein paar Namen für einen Erotikroman recherchiert und deshalb auf die »Beliebte Babynamen 2016«-Liste einer Elternkindseite geklickt? Das hat gereicht. Es reicht: Algorithmen raus, Relevanz rein!

FOLTERN SIE DIE FILTERBLASE:
— **KONFIGURIEREN SIE IHREN BROWSER:** Sehen Sie sich Datenschutz- und Privatsphäreeinstellungen an und wählen Sie durchgehend maximale Selbstbestimmung. Nach jedem Update: neu konfigurieren!
— **BANAL, ABER WIRKUNGSVOLL:** Überlegen Sie gut, welche Seite Ihre Startseite sein darf. Bitte keine Nachrichten- oder Social-Media-Seite, die rauben Unmengen Zeit. Meine Startseite ist: www.2min-off.com
— **GOOGLE:** Ändern Sie alle Grundeinstellungen in ihr Gegenteil. Alle. Und das immer wieder. Google fordert Sie ständig erneut dazu auf.
— **COOKIE- UND WERBEBLOCKER INSTALLIEREN:** Ihr Browser kann Sie vor Spionage warnen und das Schlimmste blocken, installieren Sie ein Plugin wie z. B. www.ghostery.com. Falls Sie hier nur Bahnhof verstehen: googeln und/oder Tutorial ansehen.

KLICK-
SHIT-
RADAR

»HAST DU BLAUE AUGEN?
DANN WIRD DICH DIESE
NACHRICHT UMHAUEN!«

Quelle: heftig.co

»TESTEN SIE IHRE KREATIVITÄT! WENN SIE
DAS TIER AUF ANHIEB ERKENNEN,
KOMBINIERT IHR HIRN BESONDERS GUT«

Quelle: focus.de

»FAST JEDER TUT ES
TÄGLICH UND SCHADET
DADURCH MASSIV
SEINER GESUNDHEIT «

Quelle: Huffingtonpost.com

Hier bitte NICHT klicken!
Schärfen Sie Ihr persönliches
Klickshit-Radar und widerstehen
Sie dem Drang, heiße Luft zu
klicken. Strafen Sie Klickköder-
Medien mit einem Klick – auf die
Angebote von Qualitätsmedien.

»DIESE VERIRRTE HÜNDIN WIRD ZWAR GEFUNDEN. DOCH WAS IHRE FAMILIE DANN MACHT, IST UNBEGREIFLICH«

Quelle: heftig.co

»DR. PIMPLEPOPPER: DIESE FRAU HAT EINEN WIDERLICHEN JOB UND MILLIONEN MENSCHEN SCHAUEN ZU«

Quelle: Stern.de

»ALS SIE AUF DER KAMERA SAH, WAS IHR VERLOBTER TAT, SAGTE SIE DIE HOCHZEIT AB«

Quelle: Focus.de

»UGANDA STELLT HOMOSEXUALITÄT UNTER STRAFE. IHR GLAUBT NICHT, WAS DIE WELTBANK DARAUFHIN GEMACHT HAT«

Quelle: Tweet der »heute«-Redaktion des ZDF

»FRAUEN SIND SICH EINIG: DIESE SACHE MACHT JEDEN MANN UNATTRAKTIV«

Quelle: Huffingtonpost.com

5 ERST RECHERCHIEREN, DANN APPLAUDIEREN

Wenn Bildungsbürgern nichts mehr einfällt, fällt ihnen Kant ein: »sapere aude« fordern sie. Leider doof: Die Menschen, die das nicht oder nicht mehr können, verstehen weder Latein noch Kant – wer kritisch denken kann, ist klar im Vorteil.

KRITISCHES DENKEN sollte Schulfach werden. Es ist lernbar. Es ist überlebenswichtig. Man kann und muss es vorleben. Heute mehr als je zuvor.

DAS WESENTLICHE IST FÜR DIE AUGEN SICHTBAR, Sie müssen nur hinsehen. Es ist sträflich unkritisch, wenn Sie sich in die Masse der Claqueure einreihen, die jede Nachricht goutiert oder teilt, nur weil sie auf den ersten Klick toll scheint. Wenn Sie das nächste Mal zutiefst beeindruckt (und neidisch) lesen, dass ein (in Ihren Augen gemeingefährlich dummer) Kollege sich auf Facebook mit seinem Wikipedia-Eintrag brüstet, denken Sie: erst recherchieren, dann applaudieren! In diesem Fall sehen Sie sich die Versionsgeschichte des Wikipedia-Eintrags an. Luftgitarrenverkäufer erkennen Sie daran, dass der veröffentlichte Eintrag nur aus drei Sätzen besteht, die ursprünglich eingereichte Version jedoch aus dreihundert. Warum hat die Wikipedia-Redaktion 98 Prozent gelöscht? Weil die gewollte Wahrheit nicht belegbar war. Für Sadisten: Die Kürzungskommentare der Redaktion sind teilweise jenseits von Gürtel und Linie. Ja, auch Wikipedia wird von Menschen gemacht. Männer ist richtiger: 84 Prozent der Wikipedia-Redakteure sind männlich[32]. Ob deshalb die augenscheinlich liebevoll geführte »Liste der Pornodarstellerinnen« wesentlich umfang- und detailreicher ist als die verwahrloste und verwaiste »Liste deutschsprachiger Lyrikerinnen«?

»HONI SOIT QUI MAL Y PENSE« würde ein Bildungsbürger seufzen und die Pornodarstellerinnen klicken – eine nach der anderen.

⑥ VERTRAUEN IST MUT, KONTROLLE IST BESSER

Warum bin ich so dumm? Google hat Millionen Antworten parat. Was war zuerst da: Die menschliche Dummheit oder das Web? Saudumme, aber wirkungsvolle Selbstschutzmaßnahmen.

NICHT IN DIE FALLE TABBEN: Screenshots sind smart, vorausgesetzt, sie zeigen nur, was man auf Ihrem Bildschirm sehen soll. Der Bürgermeister von Quickborn weiß das inzwischen. Bei Google ist er als der »Porno-Bürgermeister« findbar, seit er vergessen hatte, ein halbes Dutzend Sadomaso-Pornoseiten zu schließen, bevor er daneben Wikipedia öffnete, einen Screenshot machte und diesen auf Faceobok postete.

LIEBER LANGSAM, ABER MIT HIRN, ALS SCHNELL UND OHNE, ODER? Vorsicht vor der automatischen Synchronisierung. Wenn Sie z. B. auf Google etwas suchen, was nicht die ganze Familie wissen soll: Browser- und Suchverlauf löschen und sicherstellen, dass Lesezeichen nicht automatisch synchronisiert oder in der Cloud gespeichert werden. Ebenso fies: In der Apple-Welt gibt es den »Privat«-Surfen-Modus am Handybrowser. In diesem Modus wird kein Verlauf gespeichert – die Seiten bleiben dennoch offen, wenn Sie sie nach dem Surfen nicht schließen.

VERTRAUEN IST MUT, SELBSTKONTROLLE IST BESSER. Das gilt auch fürs Einkaufen. Hätten Sie einem Trendforscher geglaubt, der Ihnen 1999 folgenden Megatrend verkauft, Verzeihung, vorhergesagt hätte? »Ab 2007 werden Leute, deren höchster Schulabschluss die Fahrschule ist, Zeug filmen, das sie gerade gekauft haben. Diese Videos wird man »Haul« nennen (Englisch: Ausbeute), sie werden von Millionen angesehen werden. Dann wird ein Gegentrend entstehen: »Empty-Haul« – Videos, die zeigen, dass man die Produkte verbraucht hat. Was hilft? Wegsehen! Für Shopoholics: Verweigern Sie jegliche »1 Click«-Kaufeinstellung. Strikt.

Wer sucht denn sowas? Die Mehrheit.

Warum bin ich so dumm? Darum: Der Google-Algorithmus schlägt Ihnen automatisch vor, was die Mehrheit vor Ihnen gesucht hat, die dieselbe Buchstabenreihenfolge eingegeben hat.

Es ist deshalb durchaus wahrscheinlich, dass der Mensch, mit dem Sie Kinder zeugen möchten, die Jungmenschen, die unsere Rente zahlen sollen, oder der teuerste Mitarbeiter Ihrer Firma Teil dieser Mehrheit ist. Herzliches Beilike, Menschenverstand unser. Diese automatischen Google-Vorschläge haben eine weitere Nebenwirkung: Sie begrenzen unser Denken, weil wir nicht mehr frei wählen und nur noch pseudofrei entscheiden. Wenn Sie wissen möchten, was die Welt bewegt, machen Sie selbst mal den Zeitgeist-Test, aber stellen Sie Ihren Wecker auf zehn Minuten. Beliebte Abfragen, die jegliche Evolution infrage stellen:

WARUM ...
... bin ich so dumm?
... hat die Eule keinen Penis?

KANN MAN ...
... mit dem Pipimann auch AA machen?

WIE KANN ICH LÄNGER ...
... Sex haben
... schlafen
... wach sein

HERR, WIRF HIRN HERAB, DU WEISST, AUF WEN! Ergötzen Sie sich an Fragen, die der Internetgemeinde gestellt werden. Wenn Sie auf schlaue Antworten hoffen, hoffen Sie vergebens. So viel zum Thema Schwarmintelligenz.

SIND HÜHNER TIERE ODER VÖGEL?

Das ist kein Scherz oder so, nur Neugier. Ich weiß, sie haben Federn und so'n Zeug, also ähneln sie Vögeln. Aber sie können nicht fliegen, also können sie ja keine Vögel sein und sind wahrscheinlich eher Tiere. Kann mir jemand helfen?

Quelle: answers.yahoo.com   38 Antworten

WIRD MEIN LAPTOP SCHWERER, WENN ICH MEHR DATEIEN DRAUFLADE?

Mein MacBook Air wiegt 1 Kilo, wird es schwerer, wenn ich mehr Dateien runterlade? Und was ist, wenn ich Windows installiere?

Quelle: answers.yahoo.com   14 Antworten

KANN MAN SEINE GEBÄRMUTTER AUF EBAY VERKAUFEN?

Quelle: answers.yahoo.com   3 Antworten

GIBT ES AUTOGRAMME VON JESUS CHRISTUS?

Ich weiß, dass es Autogramme von John Lennon und George Washington gibt. Und gibt es denn auch welche von Jesus Christus, bei Ebay oder bei irgendwem zuhause?

Quelle: answers.yahoo.com   55 Antworten

HARVARD
FÜR ZUHAUSE

Hören Sie auf, Ihr Denken an Suchmaschinen zu delegieren. Im Web können Sie viel lernen. Das macht Spaß. Ausprobieren.

JEDEN TAG GIBT ES NEUE SEITEN. Was gestern sinnvoll schien, wird morgen von Facebook gekauft oder kostenpflichtig – was dasselbe ist. Dennoch ein paar Tipps, die das tägliche Surfen sinnvoller gestalten – können.

— **SPICKEN ERLAUBT:** Um die Google-Suche maximal auszubeuten, geben Sie »Google-Spickzettel« ein. Dann drucken Sie die Suchtipps aus, die Sie erhalten, und wenden Sie sie an.

— **SMARTER SUCHEN, SCHNELLER FINDEN:** Wenn Sie Fachwissen recherchieren, starten Sie Ihre Suche auf www.worldwidescience.org.

— **VON DER WIEGE AUF DIE BAHRE.** Google fixt uns schon in der Schule an: http://scholar.google.com hilft bei der Recherche für Schul- und Semesterarbeiten.

— **LERNEN SIE EIN INSTRUMENT:** Auf YouTube gibt es fast nichts, was man nicht lernen kann. Die Klavierstunden von www.klavier-lernen.de finden Sie z. B. im YouTube-Kanal von »Lypur«.

— **STRICKEN STATT SMARTPHONE:** Wer diesem Silicon-Valley-Trend nacheifern will, kann das z. B. auf www.nadelspiel.com.

— **PARLEZ-VOUS …?** Sprachen lernen oder verbessern? Meine Favoriten sind www.busuu.de und www.babbel.com.

— **WERDEN SIE OFFICE-CRACK!** Selbst Steuerberater können selten mehr als 15 Prozent von dem, was Excel ermöglicht. Was hilft? Video-Tutorials im Web!

— **#EDUCATION:** Das ist der YouTube-Kanal mit allen Bildungsangeboten.

— **HARVARD FÜR ZUHAUSE:** www.opencourseworld.de oder www.iversity.org, www.youtube.com/user/MIT.

— **TED TALKS:** www.ted.com – Ideen, die es wert sind, geteilt zu werden.

 DAS BESTE ODER NICHTS

Was ist wirklich wichtig? Für Ihren Job? Für Ihr Leben? Meine Antwort ist schlicht: Das Beste oder nichts.

ALLE FRAGEN, DIE ICH IHNEN STELLE, habe ich mir auch selbst gestellt. Was ist wirklich wichtig für mich? Nicht viel und es wird mit jedem Lebensjahr weniger. Früher war ich Newsjunkie. Heute lese ich nur noch das, was mir mein persönlicher Nachrichtenfilter einmal die Woche liefert. Per Post. Diesen Service können Sie nirgends kaufen oder runterladen.

MEIN NACHRICHTENFILTER IST MEINE MAMA, JAHRGANG 1938. Ich habe ihr die »taz« und die »Zeit« abonniert und ihr erklärt, welche Themen für meine Vorträge und Bücher relevant sind. Was mich privat interessiert, weiß sie. Das Ganze ist eine doppelt und dreifache Win-win-Situation: Die Lektüre hält Mama fit, hilft dem Qualitätsjournalismus, führt zu spannenden Muttertochtergesprächen und bringt mich in den Genuss einer handverlesenen Informationsauswahl. Wenn ich die klug und liebevoll beschriftete Presseselektion im Flieger ausbreite, ernte ich neidische Blicke. Vieles, was Sie in diesem Buch lesen, ist auf die Filterarbeit meiner Mama zurückzuführen. Selbstverständlich bunkere ich die relevantesten Inhalte später in einer digitalen Rechercheliste. Nachrichtenportale besuche ich nur bei Großkatastrophen. Der tägliche Vollalarm interessiert mich nicht mehr.

AUCH PRIVAT FINDE ICH DAS BESTE NICHT IM NETZ. Verstehen Sie mich richtig: Ich will mir mein Leben ohne Internet- und Videotelefonie nicht mehr vorstellen, aber meine Lieblingsmenschen treffe ich am liebsten in der echten Welt. Deshalb optimiere ich heute nicht mehr meine Effizienz und meine Produktivität, sondern nur noch meine Lebenszeit.

ZWEI MINUTEN

AUSZEIT

WWW.2MIN-OFF.COM

DIESE SEITE IST UNBEZAHLBAR UND HAT STARTSEITENPOTENZIAL. Verabschieden Sie sich mehrmals täglich für zwei wertvolle Minuten vom Brausen des Webs!

Z
Z
Z
Z
Z
Z

Meeting-Malaria & Präsentations-Pest

[PAUPER POINTUS MALEDICTUS]

MEETING-MALARIA & PRÄSENTATIONS-PEST

[Pauper Pointus Maledictus]

Das Duo mortale gilt als größter Arbeits- und Lebenszeit-vernichter neben der Schlafkrankheit, ist u. a. auch als »Sitzende Söldner-Seuche« bekannt und als »Hock-Starre« gefürchtet. Alarmierend: 99,9 Prozent aller Wissensarbeiter sind betroffen. Die restlichen 0,1 Prozent leiden an der Schlafkrankheit und wecken sich und andere Besprechungsteilnehmer regelmäßig mit dem Ausruf »Ich schnarche nicht, ich bin wach!« aus dem albtraum-haften Wachkoma des täglichen Meetingmarathons.

Ein Teufelskreis: Weil Bürokrieger so viel Zeit in Meetings absitzen, haben sie keine Zeit mehr, diese vorzubereiten. Aus Angst vor dem gesenkten Daumen des Obermuckels, der regelmäßig zum Powerpoint-Vortanzen einlädt, zieht der gemeine Söldner mit einer aufmerksamkeitsvernich-tenden Waffe in den Folienkrieg: Die per se unparteiische Software PowerPoint wird als Massenvernichtungsmittel für Produktivität missbraucht. Wie das? Der Vortragende liest Bulletpoint für Bulletpoint vor, was auf seinen Folien steht (#betreuteslesen). Vorlesen, was andere lesen – diese Kombination wirkt schlimmer als Valium 10. Fatal: Weil kollektiver Meetingschlaf nicht als Karrieretugend gilt, greifen die von sinnentleerten Folienschlachten gepei-nigten Teilnehmer zu ihren Dienstwaffen (#firmenhandy) und frönen profitvernichtenden Krankheiten wie E-Mail-Wahnsinn und Sinnlos-Surf-Syndrom.

HÄRTEFÄLLE leiden unter einer Sprachstörung. Sie müssen ständig überall »Expertenwissen reintriggern« und sprechen zwanghaft Denglisch (#bullshitbingo).

MEETING-MALARIA & PRÄSENTATIONS-PEST WURD FRÜHER AUCH ALS »Jour fixe«, »Projektmanagement«, »Weiterbildung«, »Besprechung«, »arbeiten« oder »Konferenz« bezeichnet.

GRATIS!
Dieses Kapitel
runterladen:
www.anitra-eggler.com/
folienhaeschen

Gratis ist auch in diesem Fall selbstverständlich nicht umsonst. Oder vielleicht doch? Ausprobieren!

Social-Media-Inkontinenz

[TYRANNUS ZUCKERBERGUS ASOCIALIS]

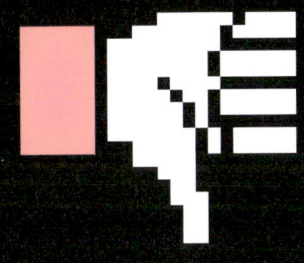

SOCIAL-MEDIA-INKONTINENZ
[Tyrannus Zuckerbergus Asocialis]

Unerklärliche Notwendigkeit, die Chronik des eigenen Lebens in allen schwachmatischen Details »ganz privat« mit der Weböffentlichkeit zu teilen. In kürzester Zeit übernimmt der digitale Doppelgänger auch die Kontrolle über das analoge Leben. Die Folgen? Unwiderstehlicher Drang, das Banale und Blöde, das Peinliche und Peinigende, das Einsame und Egomanische im Minutentakt zu posten, zu konsumieren, zu kommentieren und zu reproduzieren (#selfbefriedigung). Unkontrollierbare Dauererregung (über sich selbst) und Empörung (über andere). Zustimmungsheischende Hashtag-Hysterie (#ich#ich#ich). Selfiezwang. Neurotischer Film- und Fotografier-Reflex bei Gewahrwerden von Spiegelbild, Essen, Sonnenuntergang, Regenbogen und Ereignissen, die auch nur im entferntesten Like-, Herzchen-, Sternchen- oder Retweet-Potenzial haben. Betroffene entwickeln eine Filterneurose und hübschen ihren digitalen Doppelgänger so lange mit Fotoeffekten (#nofilter) auf, bis er ihnen nicht mehr ähnlich sieht. Fortan versuchen sie, dem digitalen Abziehbild immer ähnlicher zu werden (#generationfake).

HÄRTEFÄLLE entwickeln eine »Posting-Phobie« – sie posten nichts mehr aus Sorge, keine oder zu wenig Zustimmung zu bekommen. Bei Köchen entsteht eine Foodporn-Depression. Auslöser? Gäste, die ihr Essen essen, statt es zu fotografieren (#netzkonservativ).

SOCIAL-MEDIA-INKONTINENZ WURDE FRÜHER AUCH ALS menschliche Dummheit, Voyeurismus, innere Stimme und Privatleben bezeichnet.

There are useful idioes. Look around.

Twitter-Begrüßungstext des brillanten Netz-Ketzers Evgeny Morozov.

Quelle: www.twitter.com/evgenymorozov

»Mein Facebook-Ich ist wichtiger als ich selbst«

Michaela (37) ist Designerin. Seit sie ihren Mann beim digitalen Fremdgehen erwischt hat, ist sie alleinerziehend. Sie stalkt ihren Ex online und bestraft ihn mit Kinderfotos, die sie auf Facebook veröffentlicht. Im echten Leben hat sie das Sorgerecht – und Papa Besuchsverbot.

Ich lebe für Facebook. Und manchmal habe ich sogar das Gefühl: Facebook lebt für mich. Ich weiß, dass das krank klingt, aber es ist so. Ich kann mir nicht mehr vorstellen, wie es anders sein könnte. Dabei müsste ich es besser wissen: Facebook hat meine Ehe ruiniert. Mein Mann ist fremdgegangen, da war unsere Kleine gerade zwei geworden. Ich war damals total im »Mega erfolgreiche Designerin und trotzdem total entspannte Übermutter«-Stress und nur darauf konzentriert, diese Rolle(n) zu erfüllen. Wenn mein Mann bis in die Morgenstunden vor seinen Bildschirmen saß, dachte ich, wir beide geben alles für unser Familienglück. Eines Nachts ist er auf der Tastatur eingeschlafen. So habe ich ihn gefunden und auch den Grund für seine »Nachtarbeit«:

Live-Chats mit »Strip on demand«-Schlampen und einen Nachrichtenverkehr mit einer Kollegin, der dem Wort »Verkehr« gerecht wurde. Er sagte, das sei »alles nur Spaß« gewesen. Ich habe die Scheidung eingereicht. Er hat sich handgreiflich gewehrt. Jetzt habe ich das Sorgerecht und er: Besuchsverbot. Er ist inzwischen mit seiner Kollegin zusammen und ich: mit Facebook. Und mit unserer Tochter natürlich.

Mit Facebook beginnt und endet mein Tag. Ich sage meinen Facebook-Freunden »Guten Morgen« und »Gute Nacht«. Mein Profilbild wechsle ich so häufig wie mein Outfit. Alles, was ich denke, tue und erlebe, verwandelt mein Facebook-Ich sofort in ein Posting. Es ist wie ein Reflex. Bevor ich poste, stelle ich mir die Likes vor. Wenn zu wenig kommen, fühle ich mich ungeliebt und würde mein Posting am liebsten wieder löschen. Manchmal unternehme ich nur was, damit ich darüber berichten kann. Ich gehe aus, obwohl ich gar keinen Bock habe. Mein Facebook-Ich ist wichtiger als ich selbst. Ich will meinem Ex zeigen, wie glücklich ich ohne ihn bin. Ich will, dass es ihm leid tut. Ich stalke ihn täglich. Weil er mich blockiert hat, aber noch mit meinem Hund »Rambo« befreundet ist (der Idiot), logge ich mich halt als »Rambo« ein.

Ich hasse es, Zeugin seines Facebook-Lebensglücks zu sein, aber ich kann nicht anders. Es ist eine Sucht. Jede seiner Statusmeldungen analysiere ich, bis es wehtut. Jede neue »Freundin« google ich. Und dann räche ich mich mit süßen Fotos von unserer kleinen Tochter, die ich auf dem Profil von »Rambo« poste. Diese Bilder bringen immer sehr viele Likes. Manchmal bin ich sogar ein bisschen neidisch, weil die Kleine mehr Likes bekommt als meine Selfies, an denen ich oft stundenlang rumtüftle. Albern, oder?

Auch mein Hund hat bereits 372 Freunde und es werden stetig mehr. Die meisten seiner Fans sind männlich und zwischen 25 und 40 – das brauche ich nirgends nachgucken, das weiß ich selbst. Falls Sie es noch nicht wussten: Ein süßer Hund verwandelt Facebook in die perfekte Flirtmaschine – auch für alleinerziehende Mütter. »Rambo« hat inzwischen Visitenkarten, die ich an attraktive Gassigang-Bekanntschaften verteile. Viele von den Typen sind in einer Beziehung. Das kann eine unfreiwillige Profi-Stalkerin wie mich nicht schrecken. Glauben Sie mir: Sobald die offizielle Freundin die Postings des Partners nie oder fast nie likt, ist die Beziehung so gut wie vorbei. //

»Mein Ex sieht seine Tochter nur noch auf Facebook – geschieht ihm recht!«

Zahlen.

Zahl der in Russland gesperrten Facebook-Inhalte — 29

Zahl der in Deutschland gesperrten Facebook-Inhalte — 34

Zahl der Lösch-Anträge für Tweets in der zweiten Jahreshälfte 2014
im Auftrag deutscher Behörden und Gerichte — 43

Zahl der Lösch-Anträge für Tweets in der zweiten Jahreshälfte 2014
im Auftrag russischer Behörden und Gerichte — 91

Zahl der Lösch-Anträge für Tweets in der ersten Jahreshälfte 2015 — 1003

Zahl der Lösch-Anträge für Tweets in der ersten Jahreshälfte 2015
im Auftrag türkischer Behörden und Gerichte — 718

Platz von Baden-Württembergs Ministerpräsident Winfried Kretschmann
im ZDF-Politbarometer »wichtigste Politiker Deutschlands« am 08.04.2016 — 1

Facebook-Fans von Winfried Kretschmann am 08.04.2016, in Tausend — 24

Facebook-Fans des rechtspopulistischen HC Strache am 08.04.2016, in Tausend — 333

Facebook-Fans der rechtspopulistischen AFD am 08.04.2016, in Tausend — 260

Umsatz von Facebook im Jahr 2015, in Milliarden US-Dollar — 17,9

Umsatz der BMW Group im Jahr 2015, in Milliarden US-Dollar — 104,7

Markenwert von Facebook im Jahr 2015, in Milliarden US-Dollar — 71,1

Markenwert der BMW Group im Jahr 2015, in Milliarden US-Dollar — 26,3

Männer, die das »Interesse an den Profilen von Freunden und Bekannten«
als Hauptgrund für ihre Social-Media-Nutzung nennen, in Prozent — 45

Frauen, die das »Interesse an den Profilen von Freunden und Bekannten«
als Hauptgrund für ihre Social-Media-Nutzung nennen, in Prozent — 61

Abonnenten des YouTube-Kanals »Bibis Beauty Palace« am 03.04.2016, in Millionen — 3

Zahl der Aufrufe des von Bibi am 10.11.2013 publizierten Videos
»10 Arten von Pärchen« zum Stichtag 03.04.2016, in Millionen — 9,8

Zuschauer des »Tatort« am 03.04.2016, in Millionen	**9,1**
14- bis 49-Jährige, die den »Tatort« am 03.04.2016 angesehen haben, in Millionen	**2,7**
Anteil, den Menschen im persönlichen Gespräch über sich selbst reden, in Prozent	**35**
Anteil, den Menschen online über sich selbst reden, in Prozent	**80**
Beiträge mit dem Hashtag #me auf Instagram am 04.04.2016, in Millionen	**336**
Beiträge mit dem Hashtag #hair auf Instagram am 04.04.2016, in Millionen	**108**
Beiträge mit dem Hashtag #foodporn auf Instagram am 04.04.2016, in Millionen	**86**
Beiträge mit dem Hashtag #drunk auf Instagram am 04.04.2016, in Millionen	**18**
Beiträge mit dem Hashtag #prayforparis auf Instagram am 04.04.2016, in Millionen	**6,8**
Beiträge mit dem Hashtag #refugeeswelcome am 04.04.2016, in Millionen	**0,2**
Selfie-Studie 2015: »Ich kann Selfie-Selbstdarsteller nicht verstehen«, in Prozent	**32**
Selfie-Studie 2015: »Ich stehe Selfies gleichgültig gegenüber«, in Prozent	**37**
Selfie-Studie 2015: »Ich finde Selfies ansprechend, bin aber selbst zurückhaltend«, in Prozent	**35,3**
Selfie-Studie 2015: »Selfies sind super, ich fotografiere mich oft selbst und poste die Bilder im Anschluss«, in Prozent	**4,5**
Beiträge mit dem Hashtag #selfie auf Instagram am 04.04.2016, in Millionen	**281**
Beiträge mit den Hashtags #schmusen #katze auf Instagram 2015	**1171**
Beiträge mit den Hashtags #schmusen #baby auf Instagram 2015	**655**
Beiträge mit den Hashtags #schmusen #hund auf Instagram 2015	**376**

Inspiriert von »brandeins«; Einzelnachweise[33]

Nationaler Notstand 2.0: Wenn Facebook ausfällt, rufen Amerikaner die zentrale Notrufnummer 115 an. Was ist schlimmer: Die Tatsache, dass – oder die Beschwerden überforderter Polizeibeamter auf Twitter?

Dauererregt durch sich selbst: Prozac fürs »Ich«

Social Media sind die perfekte Egodroge. Stasi auf freiwilliger Basis. Showroom und Vergleichsbühne für einen oftmals bis zur individuellen Unkenntlichkeit geschönten digitalen Doppelgänger. Der ist zwangsneurotisch supergeil drauf, aber auch allzeit bereit, zu hassen und zu hetzen. Warum ist das so?

Weil Social Media Menschen mit dem anfixen, was der Mensch am liebsten hat: Aufmerksamkeit. So schlicht, so potent. Diese Egodroge funktioniert alters-, klassen- und intelligenzübergreifend. Sie fixt jeden an: Junge, Alte, Schlaue, Dumme, Sie, mich. Ein soziologischer Erklärungsversuch: Einzigartig will der Mensch sein und anerkannt. Er sehnt sich nach Freunden, nach Wissen, Macht und Abenteuern. Nach Hoffnung, Gnade und der Erlösung von Schmerzen. Facebook, Instagram, WhatsApp: Mark Zuckerberg ist kein Soziologe, dennoch scheinen alle Medien seines Milliarden Menschen bannenden Firmennetzwerks genau diese Grundbedürfnisse zu befriedigen. Und zwar auf eine derart einseitige Art und Weise, dass unsere Inhalte nur eines bezeugen: Wir unterscheiden uns nur durch unsere Ähnlichkeit. Social Media spült unseren Menschenverstand weich und macht uns gleich. Auf Facebook werden wir austauschbar, banalisiert, betört von der Pseudo-Intimität medialisierter Freundschaftspflege, angefixt von der Egodroge Aufmerksamkeit, pathologisch durch den triebhaften Bekenntniszwang eines »Mein Leben ist eine Reise auf dem sonnigsten Club-Schiff der Welt«-Selbst, das sich zwangsneurotisch zur Schau stellen muss.

Gute Laune heißt das Social-Media-Programm. Es macht jeden Nutzer vordergründig glücklich, ist durch Schein Valium für das Sein oder Nichts-Sein. Hoffnung ist ein Posting-Prinzip, die Erwartung der nicht vorhersehbaren Reaktionen löst den »Thriller-Effekt« aus. Der triggert das Belohnungszentrum so stark, dass man von einem Like-Sabbern sprechen kann, das jeden Poster antörnt – gleich ob die Belohnung ein

Like, ein Retweet, ein Herzchen, ein Sternchen oder einfach nur die Antwort auf eine WhatsApp-Nachricht ist. Auch wenn Mark Zuckerberg sich gerne Silicon-Valley-typisch sozial zeigt und Milliardenbeträge spendet, sein Flaggschiff-Medium Facebook kennt keine Gnade mit den Versuchskaninchen, die sich mit Nutzern verwechseln und mit der Zahl ihrer Freunde und Fans brüsten, als sei das die neue Währung für »es im Leben zu etwas gebracht haben«.

Facebook manipuliert die Menschen, die seinen Aktienkurs mit jedem Klick füttern. Im Juni 2014 wurde bekannt, dass das Netzwerk bereits 2012 in Zusammenarbeit mit Psychologen ein Experiment mit über dreihunderttausend unwissenden Nutzern durchgeführt hatte. Der Facebook-Algorithmus, der filtert, welche Nachrichten ein Nutzer in seinem pseudoindividuellen Newsfeed sieht und welche nicht, wurde zu diesem Zweck manipuliert: Ein Teil der Nutzer bekam überwiegend positive Nachrichten zu sehen, der andere Teil überwiegend negative. Das Ergebnis? Menschen bleiben Menschen, auch oder gerade wenn man sie manipuliert: Die positiv beeinflussten Facebooker posteten in Folge eher Positives, die negativ beeinflussten Negatives. Das Publikwerden dieser Manipulation löste einen Shitstorm aus, der so absurd anmutete wie die Fülle der Dauererregung im digitalen Raum: User beschimpften Facebook, reklamierten den Missbrauch ihrer Privatsphäre und forderten besseren Datenschutz (was so erfolgversprechend ist wie die Forderung, Billigburgerketten mögen in Zukunft nur noch handmassierte heimische Bio-Rinder zu Hackfleisch verarbeiten). Der ganze Protest fand natürlich im Medium des Misstrauens statt. Von dem man sich auch einfach hätte abmelden können – wenn das nicht so kompliziert wäre, dass man fast zu faul ist, Schritt für Schritt zu googeln. Ein Konto »vorübergehend zu deaktivieren« geht einfach. Für immer abmelden wird einem schwer gemacht, da kennen weder Facebook noch Instagram Gnade.

Gnade zeigen soziale Netzwerke nur durch die Nicht-Einführung des »Dislike«-Buttons. Die Facebook-Emoticons, die seit 2016 sogar weinen können, sind nur Placebos für den Affektkontrollverlust der User und hässlich obendrein. Negative Energie ist Sand im Getriebe der »Ich poste, also bin ich (wahnsinnig erfolgreich, glücklich, der supergeile Oberhammer)«–Kommunikationsmaschinen, zu denen wir uns in diversen Social Media selbst und freiwillig degradieren. Wir sind am liebsten pausenlos gut drauf, und wenn das gerade nicht angesagt ist, weil irgend so ein »scheißfundamentalisitischer Terrorfreak« gerade mal wieder dachte, er müsse sich ins Paradies sprengen, dann werden wir so radikal wie diese Tat und giften von null auf Massenmord gegen alles, was sich nicht solidarisiert mit unserem Hass, unserer Trauer, unserer kollektiven Schein-Solidarität, unserer spontanen Verzweiflung und – ja, auch mit unserer Ohnmacht. Unser Internet-Ich mutiert aufgrund von 130 Toten zum Eiffelturm-Profilbild. Wenn Hunderttausende in Afrika verhungern oder im Syrienkrieg sterben, ändern wir unser Profilbild nicht. In was auch, kennen Sie ein Wahrzeichen von Damaskus? Liegt doch alles in Schutt und Asche.

Das ist makaber. Verzeihen Sie. Ich möchte nur deutlich machen, dass Revolutionen nicht mit Klicks oder Fingerbewegungen vom Sofa aus gemacht werden. Auch der vielgepriesene und auf unzähligen Internetkonferenzen zur Social-Media-Revolution verklärte »Arabische Frühling« wurde nicht von Facebook gemacht, sondern von Menschen, die ihr Leben bei Demonstrationen auf der Straße des echten Lebens riskiert haben.

Tod und Verderben sind so populär wie unpopulär in sozialen Netzwerken. Der Grad zwischen Solidarisierung oder Steinigung ist ein Pixel schmal, deshalb dominiert der Gute-Laune-Bär die Stimmung. Unsere digitalen Doppelgänger sind unersättliche Konsumenten von Happy-Peppy-Nachrichten aus der Schönerscheinwelt. Hast du einen Beauty-Tipp für mich, Hübsche? Oh ja! Love youuuuu!

Als Handy-Reporter sind Social-Media-Nutzer ständig auf der Suche nach den Drolligkeiten des Alltags, die sie reflexartig filmen und fotografieren. Doch Vorsicht, der Showroom des Internet-Ichs ist eine Vergleichsbühne: Spieglein, Spieglein, wer hat den – genau. Deshalb sammelt der Netzwerknutzer Post-wendend Beweise dafür, dass das eigene Leben noch interessanter und intakter ist als jenes der Freunde oder sonstigen Neider. Das Internet-Ich ist stets supergeil drauf. Mit den restlichen Emotionen kokettiert es, solange es dafür Zustimmung erhält. Tod, Krankheit, Verzweiflung – jeder Bruch im Lebenslauf, der im Echtleben entscheidend zur Menschwerdung führt und zu Reife beiträgt, muss draußen bleiben, sofern er sich nicht in Likes konvertieren lässt.

Schweigen empfinden Netzwerkbetreiber als Verrat, dabei wäre eine Social-Network-Schweigeminute eine Maßnahme für den aussterbenden Qualitätsjournalismus. Schweigen ist unerwünscht. Deshalb ködern die Netzwerke ihre Nutzer mit Präventivmaßnahmen. Der Kommunikationsdruck, der durch subtil formulierte Geburtstagshinweise wie »XY hat heute Geburtstag, zeige ihm, dass du an ihn denkst« (wenn du ihm nicht gratulierst, wird er den Eindruck haben, dass du nicht an ihn denkst) entsteht, ist so groß, dass die Mehrheit reflexhaft und dementsprechend pseudoempathisch »HBD« (Happy Birthday) auf die Chronik des Geburtstagskindes rotzt. Dieselbe Wirkung haben Hinweise auf unwichtige, von Facebook zum Jubiläum stilisierte Ereignisse, wie die Info, was man vor vier Jahren gepostet hat oder mit wem man seit drei Jahren befreundet ist, jeweils mit der Aufforderung das Großereignis würdigend zu kommentieren. So entsteht nichts Neues mehr. Als wäre die Selektion des Facebook-Algorithmus nicht schon Filterdiktatur genug, kopieren wir uns immer häufiger nur noch selbst. Und das, wo 80 Prozent der Social-Media-Nutzer sowieso nur über sich selbst sprechen. Wir reproduzieren unsere Banalität, unsere gunstheischende Nabelschau. So verblöden wir kollektiv. Immer mehr vom Gleichen. Hauptsache Brot, Hauptsache Spiele. Alles gratis. Kostet nur Daten und Lebenszeit. Greifen Sie zu. Teilen Sie mit anderen. Gefällt Ihnen das? Facebook ist Stasi auf freiwilliger Basis. Es weckt den Spanner im Menschen. Die Mehrheit aller Big-Brother-Verteufler macht sich heute nackiger auf Facebook, Instagram oder Youtube als die schlimmsten TV-Narzissten vor der Live-Kamera. Zugeben will und wird das niemand. Es hat ja auch nie jemand Big Brother angesehen. Und auch zur Sendezeit des Dschungelcamps sind immer alle auf »Arte«, was sich leider nicht mit Zuschauerzahlen beweisen lässt. Heute unterwerfen sich Milliarden Menschen freiwillig einer sozialen Kontrolle, die härter richtet als eine sizilianische Dorfgemeinschaft. Das Internet-Ich ist deshalb zu Recht paranoid und exponiert sich mehr und mehr. Gefallsüchtig und gunstheischend, manisch auf der Suche nach Erlösung, die es im Internet (noch) nicht gibt.

Ein Teufelskreis? Ja. Bis Sie ihn brechen.

VOM MENSCH ...

LIKE-HUNTER. 2009: Endlich, die Facebook-App ist da! Jetzt können Sie sich eine Egodusche gönnen, wann immer Ihnen danach ist – ständig. Sie werden gierig, Ihre Postings gunstheischend. Während Sie auf Likes warten, kaufen Sie Farmville-Traktoren.

KINDERGARTEN. Die Schul- und Studienfreunde haben Sie durch. Die Arbeitskollegen auch. Sogar mit Ihrem Chef sind Sie jetzt befreundet. Fühlt sich gut an. Knapp 100 Freunde. Wer fehlt? Die Kindergartenkumpels. Sofort befreunden!

SAMMLER. Ihr Dutzend echte Freunde haben Sie bereits auf Ihrer Liste. Jetzt wollen Sie mehr. Mehr Facebook-Freunde heißt: mehr Zustimmung. Und die fordert Ihr Ego inzwischen täglich.

LEMMING IST ... HEUTE FACEBOOK BEIGETRETEN. Mit diesem Satz beginnt Ihre Chronik. Sie schreiben über sich fortan in der dritten Person. Ihren Freunden »gefällt das«, und das gefällt Ihnen. Ihr Ego ist angefixt.

MITLÄUFER. Die vielen Einladungen nerven. Sie geben dem Gruppendruck schließlich nach und melden sich an. Einfach so, so einfach. Nur mal gucken, was es auf sich hat mit diesem Facebook. Vor dem ersten Posting beobachten Sie, was die anderen Lemminge posten, und tun es ihnen gleich.

GESICHTSBUCH? 2008: Die deutsche Facebook-Version ist da. Die ersten Hipster verlassen MySpace. Skeptiker gründen Protestgruppen auf Xing. Alle anderen halten Facebook für einen Trend, der vergehen wird, weil ihn niemand braucht. Digitales Tagebuch? Lächerlich.

LIVE-TICKER. Smartphone und Facebook-App ermöglichen Ihnen die Dauerdokumentation Ihres Lebens. Doch das soziale Klick-Gericht wird immer härter. Sie berichten rund um die Uhr von den Drolligkeiten Ihres Lebens. Doch: Je mehr Sie posten, desto weniger Likes erhalten Sie. Das fühlt sich nicht gut an. Sie brauchen noch mehr Freunde!

RUDELBUMS. Sie befreunden Freunde von Freunden. Einzige Auswahlkriterien: Hauptsache attraktiv und viele Freunde, die Sie inzwischen »Multiplikatoren« nennen.

BINGO <3! Unter den Freunden Ihrer Freunde finden Sie Ihre neue Liebe. Sie ändern Ihren Beziehungsstatus auf »in einer Beziehung mit ...« und posten ein Dutzend frischverliebte Bussi-Fotos. Statt sich danach zu lieben, warten Sie auf Likes – und streiten zum ersten Mal.

BLOCKIERT. WTF?!? Tags darauf können Sie Ihren Ex-Partner nicht mehr im Stundentakt stalken. Das Profil ist weg. Menno! Das war doch immer so unterhaltsam, Ex-Partner-Stalken im Büro. Nach einer Google-Recherche begreifen Sie, dass Sie blockiert wurden. Warum nur?

PANIK. Ihr neuer Beziehungsstatus hat dazu geführt, dass einige »Freunde« Sie entfreundet haben. Das fühlt sich wie Körperverletzung an. Sie leiden. Ihr Partner versteht das nicht. Auf der Suche nach Trost posten Sie kryptische Lebensweisheiten und düstere Songtexte. Statt der ersehnten Likes ernten Sie – Beziehungskrach.

DUMM WIE BROT. Gedankenlos haben Sie die Seite »Mein Chef ist dümmer als Toastbrot« gelikt, live aus dem Krankenbett, in dem Sie mit »Sehnenscheidenentzündung an beiden Armen« lagen. Ihr »Freund«, Ihr Chef, hat es gesehen. Es gefiel ihm nicht. Gar nicht.

ARBEITSLOS. Facebook hat Sie den Job gekostet. Aber wofür haben Sie Freunde? Sie posten Hilfegesuche. Ihr Partner findet das uncool. Seine »Ich bin so erfolgreich«-Postings quälen Sie. Moment mal, was soll das? Ihr Beziehungsstatus ist weg! ER/SIE hat ihn geändert! Sie posten das »Hurt«-Video von Johnny Cash und betrinken sich fürchterlich.

1, 2, ICH HAB POLIZEI. Als die Beamten klingeln, schlafen Sie. Als die Tür aufgebrochen wird, erinnern Sie sich, dass Sie vor dem Komaschlaf »Wir sehen uns in einer besseren Welt!« gepostet hatten. Das war dumm – und wurde teuer.

MASSENSELFIE. Sie laden Ihre Facebook-Freunde zu einer Auferstehungsparty ein. OMG! Sie haben die gesamte Facebook-Nutzerschaft eingeladen. Massenselfie! Die Tageszeitungen berichten, die ganze Stadt lacht.

DAS IST SOCIAL-MEDIA-INKONTINENZ. Besser, Sie zwangsverordnen sich Erwachsenenwindeln.

... ZUM SELFIE.

Wie viel Social-Media-Inkontinenz steckt in Ihnen?

KOMMT IHNEN BEKANNT VOR? TRIFFT AUF SIE ZU?
MACHEN SIE IHR KREUZ!

Ein Tag ohne Social Media?
Da verzichten Sie lieber auf Sex.

Warum haben Sie diesen Beitrag gerade geteilt?
Welchen Beitrag? Sie erinnern sich nicht mehr.

Ihre besten Freunde sehen Sie häufiger
auf Facebook als im echten Leben.

Sobald einer Ihrer 67 Lieblings-YouTuber ein neues Video
veröffentlicht, klicken Sie hin – und lange nicht mehr weg.

Sie veröffentlichen drollige Bilder ohne das Wissen und das
Einverständnis Ihrer darauf abgebildeten minderjährigen Kinder.

Sie wechseln Ihr Profilbild mehrmals wöchentlich.

○

Als einer der Ersten haben Sie das Foto eines Terroristen geteilt. Als Sie erfahren, dass es eine Fotomontage ist, schämen Sie sich – kurz.

○

Ein Ex hat einen neuen Partner. Sie befreunden ihn/sie, um zu stalken.

○

Ihr Profilbild zeigt nicht Sie, sondern Ihr Kind oder ein Haustier.

○

Sie sind mit Ihrem Chef »befreundet«, obwohl Sie ihn verachten.

○

Sie hassen das Facebook-Leben der anderen und liken es neidvoll.

○

98 Prozent Ihrer Twitter-Verfolger würden Sie
auf der Straße nicht erkennen – und umgekehrt.

○

Wenn Sie jemanden sexuell attraktiv finden,
liken Sie alles von ihm binnen Nanosekunden.

○

Sie facebooken beim Duschen und beim Sex.

○

Sie haben sich in vielen Punkten
wiedererkannt und posten jetzt diesen Test.

☞ ZUR AUF- UND ERLÖSUNG BITTE UMBLÄTTERN.

Achtung,
jetzt macht es »pieks«!

0

VERWEIGERN SIE FACEBOOK?
Das geht als Therapie-Maßnahme durch. Es sei denn, Sie sind stattdessen als Hashtag-hysterisch auf Twitter bekannt. Und bei Google+ warten Sie ungeduldig darauf, dass Sie außer den Nerds aus der Android-Fraktion endlich mal die wirklich interessanten Leute einkreisen können. Da können Sie so lange warten, bis Google Facebook, Instagram und WhatsApp kauft. In der Zwischenzeit lesen Sie weiter.

1–3

SIND SIE EIN SOCIAL-MEDIA-BUDDHA? Dann teilen Sie Ihr entspanntes Social-Media-Verhältnis mit anderen! Posten Sie als Statusmeldung diesen Satz: »Heute startet meine Social-Media-freie Woche. Jeder, der mitmacht, ist herzlich eingeladen, mit mir auf das echte Leben anzustoßen. Terminwünsche bitte persönlich oder via Brieftaube. PS: Sollte ich rückfällig werden, erteile ich hiermit allen Ex-Partnern die Erlaubnis, jugendunfreie Bilder von mir zu taggen!«

4–15

SIE SIND MARK ZUCKERBERG! Nein, diesen Satz können Sie hier nicht liken. Hören Sie bitte auf, auf diese wehrlose Seite zu klicken! Nutzen Sie diesen Moment, um kurz nachzudenken. Hilfshinweis: Das macht man mit dem Hirn, nicht mit dem Finger. Geht noch, oder? Gut! Like! Sie haben erkannt: Sie sind nicht Mark Zuckerberg. Aber: Sie sind sein bester Kunde. Wissen Sie, womit Sie den Facebook-Börsenkurs und die Werbeindustrie füttern? Mit Ihren intimsten Daten. Plus: Mit Ihrer Lebenszeit und Ihrer Lebensqualität. Zeit, das zu ändern?

FOMO

Akronym für »Fear of missing out«, neudeutsch für die gute alte Angst, etwas zu verpassen. FOMO ist der Lebensgefährte des Homo Digitalis und Grund für sein »sich im Sekundentakt vergewissern müssen, dass Facebook (Twitter, WhatsApp, Instagram, Google ...) noch steht«. FOMO ist Grund für den »last login« vor dem Schlafengehen, den »just to check«-Login mitten in der Nacht und den »first login«, sobald morgens ein Auge halboffen ist. Paradox: FOMO führt dazu, dass das Einzige verpasst wird, was man im Leben verpassen kann: das Leben.

Social Media Inkontinenz

[TYRANNUS ZUCKERBERGUS ASOCIALIS]

BLITZ-THERAPIE x 11

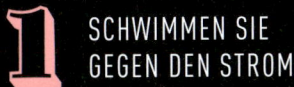 SCHWIMMEN SIE
GEGEN DEN STROM

 NETZWERKEN
≠ GRATISBERATUNG

 WENIGER IST
MEHR DENN JE

 MÜLL RAUS,
RELEVANZ REIN

 PROFILBILD ODER
PROFIL BLÖD?

 DUMM KLICKT
GUT

 LIKT MICH
DOCH AM ...!

 OFFLINE IST
DER NEUE LUXUS

 HERZLICHES
BEILIKE!

 WERFEN SIE NICHT
DEN ERSTEN STEIN

 HÄRTETEST FÜR
ECHTE FREUNDE

1 SCHWIMMEN SIE GEGEN DEN STROM

Sie sind eine Insel. Ihre Aufmerksamkeit ist der Strand. Dort branden Nachrichtenwellen an Land. In Social-Media-Gezeiten gibt es keine Ebbe, es gibt nur Flut. Lassen Sie sich nicht mitreißen.

DAS KOSTBARSTE IST IHRE LEBENSZEIT, verschwenden Sie sie sparsam. Social Media sind fiese Zeitdiebe. Geizen Sie mit Ihrer Aufmerksamkeit. Widerstehen Sie der Flut. Schwimmen Sie gegen den Strom. Nur, wie? Kaum haben Sie verstanden, wie Twitter funktioniert, erhalten Sie eine Anfrage für Pinterest, kurz darauf folgt Instagram und kennen Sie schon Periscope? Sie melden sich bei allen an und sehen: Bilder und Videos. Was bringt Ihnen Pinterest? Kaufanreize. Instagram: Mekka of Selfies. Oberflächlicher und scheinheiliger als alle Yellowpress-Heftchen, die Sie je versehentlich beim Frisör gelesen, ach was, angeglotzt haben. Periscope: selbstbeweihräuchernde Videos für Leute mit ausgeprägtem Big-Brother- und Spanner-Gen. Für alle Plattformen gilt: Was müssen Sie investieren? Zeit, Daten, Geld (Synonym für Daten). Kosten-Nutzen-Rechnung: Wenn es sich dabei um Ihre Arbeitszeit handelt, zahlen Sie drauf – in Form von Überstunden und der Notwendigkeit einer Gehaltserhöhung (Kaufanreize), die in weite Ferne rückt, wenn Sie Ihre Schaffenskraft weiterhin mit Sinnlos-Surfen vergeuden. Wenn es sich um Ihr Privatleben handelt, bezahlen Sie mit Lebenszeit. Nur weil andere Pisa-Opfer auf jeder Trendwelle surfen und Sie mit Einladungen fluten, um zu zeigen, wie »Avantgarde« sie selbst sind, brauchen Sie nicht mitschwimmen. Mainstreamschwimmen ist kein Wettbewerbsvorteil.

FOLGEN SIE NICHT DEN LEMMINGEN. Folgen Sie Ihrem Verstand. Melden Sie sich nie wieder bei einer Beta-Version an. Es sei denn, es handelt sich um das Angebot eines Mitbewerbers. Lassen Sie andere testen, ob aus »Beta« »Alpha« werden kann.

2 WENIGER IST MEHR DENN JE: BESSER BLEIBT BESSER

Werden Sie Großkapitalist in Sachen Lebenszeit. Qualität sticht Quantität. Welche Netzwerke bringen Ihnen echten Nutzen? Rechnen Sie nur mit Ihrem Vorteil. Das tun die Betreiber auch.

DENN SIE WISSEN NICHT, WAS SIE TUN: Firmen scheitern im Web, wenn sie ohne Strategie aktiv werden. Privatiers werden inhaltlich inkontinent, weil alle anderen es bereits sind. Im ersten Fall wird Geld verbrannt, im zweiten Lebenszeit vergeudet.

WAS HILFT? ANTWORTEN AUF DIESE FRAGEN:
1. Warum möchten Sie sich anmelden?
2. Welchen Nutzen erwarten Sie sich: inhaltlich, sozial, emotional?
3. Erhoffen Sie sich berufliche Vorteile? Welche?
4. Wie viel Zeit möchten Sie täglich investieren?
5. Was erwarten Sie sich im Gegenzug für die investierte Zeit?
6. Was bekommen Sie in Realität zurück? Woran messen Sie das?
7. Sehen Sie sich die Inhalte anderer Nutzer an: Welche sind unverzichtbar für a) Ihr Lebensglück, b) Ihre Karriere, c) Ihr emotionales Gleichgewicht? Welche nicht?
8. Cross-Check mit Facebook. Röntgen Sie Ihre letzten zehn Postings: Was haben sie zum Leben, zur Karriere und zum emotionalen Gleichgewicht Ihrer Freunde beigetragen?
9. Und was hat Sie zum Posten bzw. Teilen dieser Inhalte animiert?
a) Langeweile, b) Einsamkeit, c) Aufmerksamkeitsdefizit, d) fehlendes Tagebuch, e) Ihr Chef, f) Ihre Marketing- und PR-Strategie, g) Gedankenlosigkeit, h) der unerklärliche Drang, jede Flatulenz Ihres Lebens mitzuteilen, i) Sex-Mangel, j) Liebes-Mangel, k) Hirn-Mangel, l) keine Ahnung: Sie leiden unter Post-Posting-Amnesie.
10. Möchten Sie das optimieren? Dann tun Sie es. Jetzt.

Und täglich grüßt der Lebenszeitdiebstahl

Wer wissen möchte, worauf er verzichten kann, braucht nur ein paar Sekunden surfen, bis er auf Social-Media-Inkontinenz stößt. Liken, disliken oder ignorieren. Treffen Sie Ihre Wahl.

LIKE

DISLIKE

WHO CARES?

DER HASHTAG-HYSTERIKER

»#fashionweekbackstage#me#heidiklum#leidergeil#yolo#selfieporn«
MERKMALE: Meister der Selfbefriedigung. Profilbild mit Promi. Trägt gerne kecke Kopfbedeckungen. Hysterischer Einsatz von Hashtags nach dem Motto: mehr ist mehr. Veröffentlicht selbstverliebte Videos mit Titeln wie »My lonely Cabrio-Nights«. Hält Pickel für das größte Problem der Menschheit. Hat über 100.000 Fans.

DIE ZWITTER

»Ich liebe uns genauso wie vor 13 Monaten, 7 Tagen und 26 Stunden!«
MERKMALE: Unendlich glückliches Liebespaar auf »Facebook-Zeit«. Die Verliebten lassen sich so viel »Freiraum«, dass sie ein gemeinsames Profil haben. Titel- und Profilbild zeigen die »Liebenden« bei einem Bussi-Selfie – beide blicken aufgrund der Genickverdrehung gequält, aber betont glücklich in die Kamera. Beziehungsstatus: versklavt.

DER PROFIL-PARANOIKER

»Hiermit widerspreche ich den neuen AGB von Facebook!!!«
MERKMALE: Ist auf Facebook, fürchtet aber um seine Privatsphäre. Verbreitet ständig Gefahrenmeldungen, hält sich für Robin Good. Schon mal darüber nachgedacht, statt den AGB der AfD zu widersprechen?

DER CLAQUEUR

»Wer heute keinen Bock auf Büro hat, antwortet mit einem Like!«

MERKMALE: Ihm gefällt alles. Jedes Like auf seine Like-heischenden Beiträge kommentiert er – mit einem Like. Likt täglich stundenlang und fühlt sich dabei sehr gelikt.

DER EGOSHOOTER

»Schönsten Liker werden markiert!!! LIKE!!!«

MERKMALE: Für ihn ist täglich Selfie-Sonntag. Er postet nur Selfies und davon viele. Likt seine eigenen Bilder, bevor das andere tun können. Bedankt sich durch das Posten von hundert Emojis pro Kommentar für jedes Like oder qualitative Beiträge wie z. B. »Hübsche!«, »SCHÖNER!!!«, »OMG«, »Bjutiful!«.

DIE UNTERMUTTER

»Verdammt! Kotzendes Kind! Ich kotze auch gleich! Wer weiß Rat?«

MERKMALE: Würde man ihre Postings ans Jugendamt senden, kämen die doch glatt ganz analog vorbei. Wenn das Kind groß ist, wird es sich rächen und drollige Mutti-Fotos posten »Schaut mal, wie herzig dement die Mutti heute wieder dreinschaut und wie süß sie sabbert!«

DER STALKER

»… … … … … …«

MERKMALE: Er sieht alles, aber ihm gefällt nichts. Er ist unsichtbar, aber immer da. Er ist scharf auf Sie, doch das würde er nie zugeben. Treffen Sie ihn live, kennt er die letzten Klickbewegungen Ihres Internet-Ichs besser als Sie selbst.

DIE ZITATE-SCHLEUDER

»Wenn du mal an Boden bist dann denk am 1 Löbenzahn denn wenn keiner mehr mit ihn rechnet beist er sich durch Betong und blüht einfach«

MERKMALE: Drückt die gesamte Verzweiflung ihres Internet-Ichs mit den Worten anderer aus. Veröffentlicht täglich Zitate, deren Bart bis in die Arktis reicht. So erheiternd wie deprimierend: Der Dativ ist dem Genitiv der Zitate-Schleuder sein Tod. Oder: Witz ist, wenn man trotzdem lacht.

3 PROFILBILD ODER PROFIL BLÖD?

Manche Profilbilder machen blind. Blind vor Blödheit, vor der Blödheit der anderen. Fremdschämen Hilfswort. Damit sind nicht primär Bikini- oder Bierbauchbilder gemeint. Es beginnt bei Xing.

»WER SCHEINEN WILL, WIRD NICHT ERLEUCHTET«, sagte Laotse. Richtig. Wissen nur zu wenige. Sehen Sie sich mal bei Xing oder Linkedin um, wenn Sie internationaler sein möchten, Sie denglischer Trendsetter, Sie ... Ist Ihnen schon mal aufgefallen, wie viele Menschen auf ihrem Profilbild mit einem Mikrofon abgebildet sind? Ich spreche hier nicht von Vortragsrednern oder Menschen, die mit einem seriösen Bühnenberuf ihr Brot verdienen. Ich spreche von Menschen, die jedes Powerpoint-Vortanzen gewinnen, weil sie ihr Nichtszusagenhaben so hervorragend in Folien kleiden können – dieser Software-Missbrauch wird von den meisten Großkonzernen gewollt und gefördert. Powerpoint ist nicht Schuld an dem, was der Mensch aus Powerpoint macht ... Also, sehen Sie sich bitte mal um: Jeder Kopierschorsch präsentiert sich heute schon mit Mikro bei Xing oder postet ein grusliges Bild im Lichtstrahl des Beamers in einem unromantischen Besprechungsraum stehend und kommentiert das mit »Back on stage!!!«. Ebenso uncool sind Manager mit ernstzunehmendem Jahresgehalt und solche, die glauben, da kämen sie schneller hin, wenn die Online-Reputation – auf neudeutsch das »Impression Management« – stimmt: alle mit Mikro, am liebsten mit Headset.

Bei vielen sieht das Mikro wie eine Warze aus und das Foto ist von mieser Qualität, weil es von unten geschossen wurde und das Doppelkinn betont oder weil rechts und links andere Powerpointkaraoke-Darsteller weggeschnitten wurden oder der Zoom vergewaltigt wurde im Versuch als Bühnenstar rüberzukommen. Sind wir nicht alle Rockstars? Rocken wir nicht alle täglich die Bühne des Bürokriegs? Blödsinn. Wir sind Menschen. Wer als echter Mensch wahrgenommen wird, hat die besten Karten in der digitalisierten Zeit. Herz und Hirn kann man sehen. Echt.

PROFIL-IRREN SIE SICH NICHT: Missbrauchen Sie Ihr Profil- oder Titelbild nie als »Spiegelbild Ihres aktuellen Seelenzustands« oder Ihrer Wunschkarriere und dem klischeehaften Bild, das Sie davon haben. Stichwort: Wer gefragt ist, hält ein Handy ans Ohr (Sklave!), wer was zu sagen hat, spricht in ein Mikro (Powerpoint-Opfer!).

— **KONSISTENZ STATT INKONTINENZ ODER KOEXISTENZ.** Geben Sie Ihrem Internet-Ich ein Gesicht, nicht tausende. Ändern Sie Ihr Profilbild nicht parallel zu Ihrer Tagesverfassung. Damit zeigen Sie nur, dass Sie nicht wissen, wer Sie sind.

— **FILTERN SIE IHRE FOTOS NICHT ZU TODE.** Vergewaltigen Sie Ihr Gesicht nicht mit Photoshop und Faltenweg-Filtern. Das macht nicht schöner, das macht unkenntlich und zombiesk. Und: Es fällt auf. Ihnen nicht mehr, aber den Menschen, die Sie live sehen, denen schon.

— **POSTEN SIE KEINE FOTOS,** die Sie morgen nicht bei Google finden möchten. Nie. Wenn Sie – warum auch immer – Ihre äußeren Geschlechtsmerkmale ablichten möchten, tun Sie das, aber bitte: OHNE Kopf. So viel zum Thema Gesichtserkennung.

— **NIE VERGESSEN:** Die Bildschirmfotofalle! Jedes Bild kann binnen Sekunden durch einen Screenshot verewigt, vervielfältigt und anderorts veröffentlicht werden.

— **TOTE SIND TABU!** Bitte respektieren Sie Verstorbene und respektieren Sie etwas, was man einst Totenruhe genannt hat. Auch wenn gerade ein Lieblingsmensch verstorben ist und Sie vor Verlustschmerz in alle Stücke bersten: Einen Toten als Profilbild zu verwenden, bringt ihn nicht zurück, wirft aber ein sehr pietätloses Licht auf Sie. Bitte exhumieren Sie Verstorbene (Haustiere inklusive) auch nicht zu Jahrestagen. Können wir nicht – Stichwort Totenruhe – still gedenken, muss selbst Trauer ein Ereignis sein? Gruseligst wird es, wenn einen das Gesicht eines Toten unverhofft auf WhatsApp anspringt. Was soll das? Übernehmen Hinterbliebene die Schein-Identität des Vorausgegangenen? Das ist pervers. Dasselbe gilt für:

— **KINDER!** Wer sind Sie? Sie sind Sie! Auch wenn von Ihrer Ehe nur noch gefühlt die Kinder übrig sind und Sie sich ganz in deren Dienst stellen – müssen Sie deshalb das Konterfei Ihres Kindes als Ihr eignes Profilbild zweckentfremden? Bitte. Nicht.

LIKT MICH DOCH AM ...!

Diese Einstellung schützt vor Seelenpein. Hier ein Mini-Crashkurs »Stressresistenz für Ihr Ego in Zeiten von SM – Sadomaso-Media«.

WELCHEN WERT HAT EIN LIKE? Was bedeutet ein »Gefällt mir«, ein Herzchen oder ein Retweet für Ihr Selbstbewusstsein? Haben Xing-Geburtstagswünsche einen emotionalen Mehrwert? Das entscheiden Sie – nur Sie. Wie beliebt sind Sie? Sind Sie beliebter als Justin Bieber oder Taylor Swift? Das können Sie ganz einfach ausrechnen. Wie viele Likes erhalten Ihre Beiträge im Schnitt? Teilen Sie diese Zahl durch die Zahl Ihrer Freunde, Fans oder Verfolger und stellen Sie dieselbe Rechnung bei den Promis an – schon haben Sie Ihren Beliebtheitskoeffizienten.

UND WAS FANGEN SIE DAMIT AN? WIE WÄRE ES MIT: NICHTS? Sie glauben nicht ernsthaft, dass Zahlen irgendetwas über Ihren Wert als Mensch oder über Ihre Beliebtheit aussagen? Im Marketingkontext müssen Sie mit diesen Zahlen rechnen und sie so emotionslos betrachten wie ein Sniper sein Ziel. Aber als Mensch sollten Sie aufhören, die Zahl von Freunden und Klicks höher zu bewerten als die menschliche Qualität Ihrer Beziehungen. Machen Sie einen Selbst-Test.

ÄNDERN SIE IHR GEBURTSDATUM. Die Queen feiert zweimal im Jahr, Sie feiern fortan zweimal im Monat. Was wird passieren? Sie werden im 14-Tage-Rhythmus die »allerherzlichsten« Glückwünsche erhalten. »Happy B-Day«, »HBD«, »Lass krachen« und »Alles Gute!« werden Ihre Profile in Bedenkstätten der Oberflächlichkeit und Unpersönlichkeit von digitaler Pseudo-Empathie verwandeln. Was haben Sie davon, außer Lebenszeitverlust – schließlich werden Sie jetzt alle 14 Tage ein Jahr älter? Nichts. Und wissen Sie was? Diese Erkenntnis ist unbezahlbar.

You like?

WAS IHNEN »FREUNDE« SAGEN WOLLEN, WENN SIE »GEFÄLLT MIR« KLICKEN

Hab ich jetzt auf »Gefällt mir« geklickt? Scheiß Smartphone!

Chef-Posting! Der faule Sack ist wieder golfen. Gefällt mir! Ich klick mich hoch.

Revanche-Like! Likst du meinen Scheiß, like ich deinen und dislike mich heimlich dafür.

369 Likes? Neid! Bitch! Sieht man doch, dass das Selfie total bearbeitet ist. Schleimig, wie die Typen in der Likeschlange Kommentare sabbern. Kann ich genauso gut: »HÜBSCHE!!!!« LIKE!

Was du postest, ist mir egal, ich bin scharf auf dich!

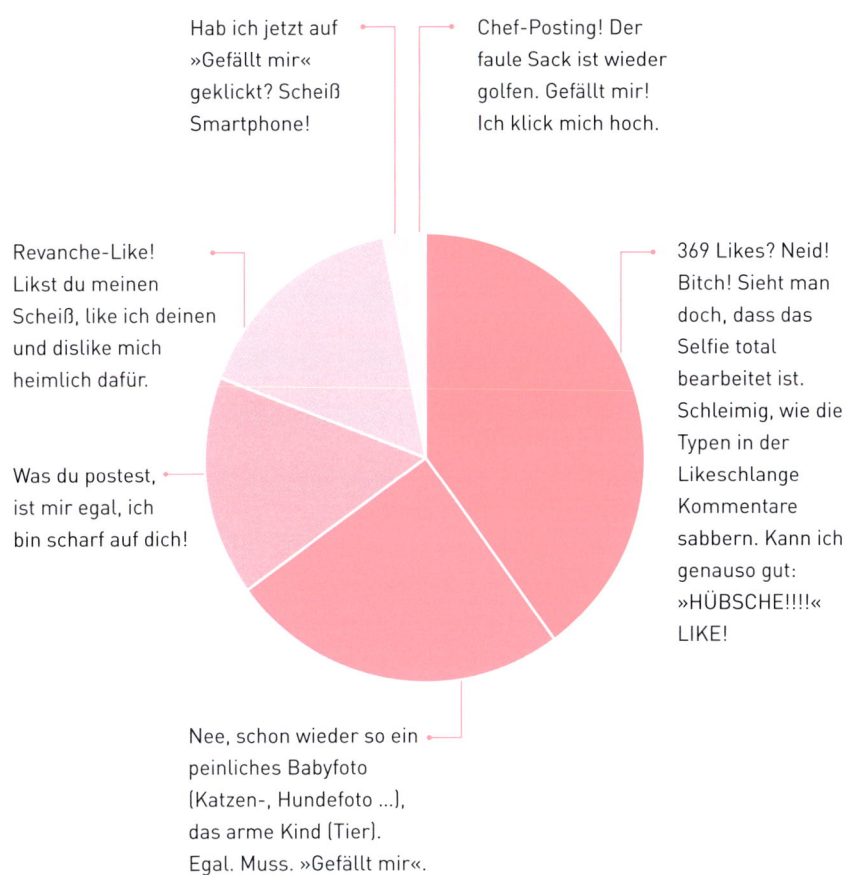

Nee, schon wieder so ein peinliches Babyfoto (Katzen-, Hundefoto ...), das arme Kind (Tier). Egal. Muss. »Gefällt mir«.

 HERZLICHES BEILIKE!

Es gibt keine falschen Freunde, nur falsche Erwartungen. Die Spreu trennt sich an dem Tag vom Weizen, den Sie als Ihren Geburtstag veröffentlicht haben. Im voraus: herzliches Beilike!

SIE HABEN GEBURTSTAG. Als Sie nach Hause kommen, sind alle schon da: Ihre Facebook-Freunde, Ihre Twitter-Follower und Ihre Instagram-Fans! Ach ja, und die Freunde von Freunden aus diversen WhatsApp-Gruppen sind auch auf Gutklick vorbeigekommen. Die Busse vor Ihrem Hauseingang waren Ihnen aufgefallen, aber nie im Leben hätten Sie gedacht ... Herzliches Beilike! So schnell kann das gehen, wenn man sein Geburts-datum allzu freigebig rausposaunt ins Web. Das hat Folgen. Weil ich auf Xing mein Geburtsdatum nicht »nicht angeben« kann (was so viel heißt, wie: ich muss ein Datum eingeben – ein Fluch für Nutzer der ersten Stunde), habe ich alternativlos den 01.01.1900 gewählt, in der Hoffnung, dass das sofort als »falsch« auffällt. Tut es nicht. Ich bin inzwischen be-reits 116 Jahre jung, sehe aus wie 40 und bekomme jedes Jahr zu Zeiten, an denen ich ein neues Jahr feiere und seine ersten Stunden tiefenent-spannt ganz privatissimo genieße, eine digitale Glückwunschwelle ab. Manche schreiben launig: »Hast dich aber gut gehalten!« oder einfach nur ganz persönlich und individuell »HBD!« – kein Wunder, dass solche »Menschen« Neujahr mit Xing verbringen müssen, oder?

IDEEN FÜR KREATIVE DIGITALE GLÜCKWÜNSCHE: Gedicht vorlesen, aufnehmen! Sonne filmen, einfangen, versenden. Ein Mantra fürs neue Lebensjahr malen, fotografieren, verschicken. Eine kleine Geburtstagsansprache filmen und versenden. Am besten einen Tag später, als Gruß zum ers-ten Tag im neuen Lebensjahr, dann ist das Geburtstagskind nicht mehr genervt von der Nachrichtenflut. Auch wichtig: Antworten Sie mit Herz. Wer einen kreativen digitalen Gruß mit einem Emoji beantwortet, kam zum ersten und zum letzten Mal in den Genuss.

You dislike?

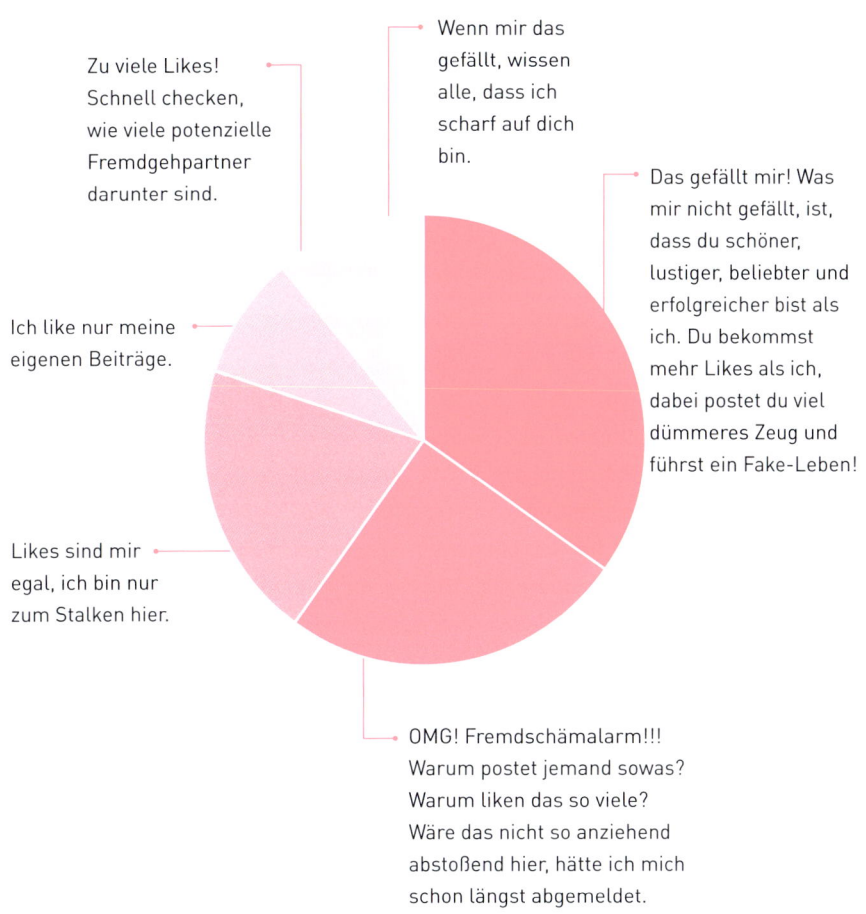

Zu viele Likes! Schnell checken, wie viele potenzielle Fremdgehpartner darunter sind.

Wenn mir das gefällt, wissen alle, dass ich scharf auf dich bin.

Das gefällt mir! Was mir nicht gefällt, ist, dass du schöner, lustiger, beliebter und erfolgreicher bist als ich. Du bekommst mehr Likes als ich, dabei postet du viel dümmeres Zeug und führst ein Fake-Leben!

Ich like nur meine eigenen Beiträge.

Likes sind mir egal, ich bin nur zum Stalken hier.

OMG! Fremdschämalarm!!! Warum postet jemand sowas? Warum liken das so viele? Wäre das nicht so anziehend abstoßend hier, hätte ich mich schon längst abgemeldet.

HÄRTETEST FÜR ECHTE FREUNDE

Gute Freunde kann das Internet trennen. Wie viele Ihrer Internet-»Freunde« werden Ihnen Geld leihen, Ihren Seitensprung decken und mit Ihnen eine Leiche entsorgen? Machen Sie den Test!

Der Test geht schneller, als Sie denken: Senden Sie diese drei Hilferufe an verschiedene Internet-»Freunde«. An ihrer Reaktion werden Sie sofort erkennen, wer in Ihre neue »Falsche Freunde«-Liste wandert.

BETR. »GELD LEIHEN«

Hallo [Name],
ich weiß nicht, was mir peinlicher ist 😬😬😬😬😬😬😬😬 – mein Notstand oder dieser Hilferuf 😔 ! Ich stecke tief in der Scheiße 😖 !!! Ich war gestern auf einem Junggesellenabschied. Das Einzige, woran ich mich nach 22 Uhr erinnere, ist, dass es unbeschreiblich lustig war. Wir hatten soooooo viel Spaß 😜😜😜
Meine Kreditkarte brannte und ich brannte ab ... Das Peinliche ist, dass ich ohne Geldbeutel aufgewacht bin. Ich bin gerade dabei, alles zu sperren. Leider hilft mir das nicht weiter. Ich habe da so eine Art »Stundung« laufen, die ich nur bar begleichen kann. Die »Vollstrecker« (die wirklich fies drauf sind) werden in dreißig Minuten bei mir klingeln und 500 Euro wollen. Ich bin blank, orientierungslos, verkatert und habe Schiss. 😬😬😬 Hilfst du mir? Ruf mich an!!!!!!!!!!!!!!!!!!!
Danke, mein lieber Freund!

BETR. »SEITENSPRUNG DECKEN«

Hallo [Name],
ich weiß nicht, wen ich sonst fragen soll, deshalb wende ich mich heute mit einer pi-
kanten Bitte an dich! Meine Beziehung läuft gerade etwas mau und braucht dringend
einen neuen Kick. Das kennst du ja sicher ... kommt in den besten Familien vor. 😄 *Eine*
Ex-Flamme von mir ist in der Stadt und ich würde gerne das alte Fieber lodern lassen.
Bist du mein Alibi? Wir könnten uns um 23 Uhr kurz treffen, ein Foto machen, es pos-
ten und taggen. Es kann sein, dass [Name des aktuellen Partners] dich mit einem Kon-
trollanruf belästigt, 😊 *du müsstest dann ein bisschen improvisieren. Bist du dabei?*
Danke, mein lieber Freund! 😇

BETR. »LEICHE ENTSORGEN«

Hallo [Name],
ich bin so paranoid, 😵 *dass ich mich nicht traue, dich anzurufen. Ich finde auch*
gerade deine Handynummer nicht. Verdammt! Zur Sache: Ich habe im Vollrausch
die Katze von [Name eines geliebten Menschen] überfahren. Es war ein Unfall! Oder
besser gesagt: Suizid! Das Fellbiest hat sich todessehnsüchtig unter mein Auto
geworfen, als ich versuchte, mit gefühlten zwei Promille einzuparken. Als ich den
Widerstand merkte, war es schon zu spät. Ich kann weder Blut noch Leichen sehen
und habe meinen Mageninhalt bereits mehrfach dem Bordstein gespendet. 🤢 🤢
🤢 *Kannst du vorbeikommen und mir helfen, die Leiche zu entsorgen? Es muss so*
aussehen, als wäre die Katze verschwunden. Bring Putzmittel und einen blickdichten
Müllsack mit! DANKE!!!

TROCKENÜBUNG: Welcher Facebook-Freund ist eine echte Briefmarke wert? Nehmen Sie sich Zeit. Denken Sie in Ruhe nach. Digitaliker öffnen daraufhin eine Postkarten-App, Nostalgiker versenden eine Postkarte. In beiden Fällen schreiben Sie etwas, was man nicht oft genug schreiben und sagen kann: **DANKE. DANKE, DASS ES DICH GIBT!**

NETZWERKEN ≠ GRATISBERATUNG

Digital naiv oder dreist? Unter dem Deckmantel des Netzwerkens versuchen immer mehr Menschen, Denkfaulheit und Arbeitsscheu zu delegieren. Das neue Anbiedermeier ist zum Kotzen. Sorry ;).

ICH DACHTE, ICH HÄTTE HORNHAUT AUF DEN NERVEN. Seit fast zwanzig Jahren arbeite ich an der digitalen Front. Da glaubt man, dass man bereits alles erlitten hat, wozu Menschen im Namen des Webs fähig sind. Aber nein, auch hier gibt es Upgrades! Ich habe mich lange geweigert, der »Generation Fake« pauschal das Hirn abzusprechen, es ist nur leider so, dass immer mehr Beweise bei mir eintreffen. Kein Trost: Die »Generation Internet-Ignoranz« verhält sich nicht minder hirnbefreit.

VERSTEHEN SIE MICH RICHTIG: Ich bin so fehlbar wie jeder von uns, gleich welcher Generation. Aber eines kann und wird man mir nie nachsagen können: Dass ich zu faul war, selbst zu denken, dass ich Menschen Lebenszeit gestohlen habe, weil ich eine Abkürzung oder eine Gebrauchsanleitung gesucht habe für etwas, was man nur durch arbeiten lernen kann: arbeiten. Das ist wie mit dem Leben. Das lernt man auch nur durch leben. Ich bekomme zig Anfragen zum Thema: »Kann man Ihr Erfolgsgeheimnis klonen? Wie machen Sie das? Ich will so werden wie du! Kannst du mir die 134 Fragen meines Experten-Interviews bis morgen beantworten?« Besonders erheitern mich Xing-Nachrichten, die so beginnen: »Wir machen dasselbe, wir könnten Synergien bilden, ich hätte da mal ein paar Fragen ….«. Oder: »Ich bin noch ganz am Anfang, jetzt müssen mir Leute helfen, die schon erfolgreich sind«. Echt? Und warum? Ich helfe echt gerne. Aber jedem Wildfremden? Mein Favorit 2016 ist: »Gemeinsamer Kontakt X hat mir deine Adresse gegeben. Kannst du mir deinen PR-Verteiler geben? Am besten, wir treffen uns heute noch kurz, dann kannst du mir erklären, wie Pressearbeit erfolgreich funktioniert. Wenn du keine Zeit hast, mail mir den Verteiler!«. Ist das Netzwerken?

MÜLL RAUS, RELEVANZ REIN

Damit fällt und steigt Ihr Social-Media-Mehrwert: Was teilen Sie? Was teilen andere? Welchen Nutzen ziehen beide Seiten daraus?

NETZWERK-BETREIBER WÜNSCHEN SICH, dass Sie das Netzwerk wie ein Tagebuch nützen. Je mehr Sie von sich und Ihrem Leben preisgeben, desto wertvoller wird Ihr Profil für Werbekunden und desto höher wird der Gewinn des Netzwerks.

DREHEN SIE DEN SPIESS UM: Statt das Informationsbedürfnis des Netzwerks zu befriedigen, befriedigen Sie fortan Ihr eigenes.

— **FACEBOOK:** Nehmen Sie sich Ihren Nachrichtenfeed vor. Gehen Sie jedes Posting durch und fragen Sie sich: Bereichert DAS mein Leben? Falls Sie Zweifel hegen, sofort auf »Beitrag verbergen« klicken, das führt dazu, dass Sie in Zukunft »weniger Beiträge dieser Art« erhalten – was immer der Algorithmus darunter versteht. Noch besser: »Username nicht mehr abonnieren« auswählen oder »Alles von Username verbergen« anklicken.

— **DIE STALKER-KONFIGURATION:** Sie können sich von Facebook informieren lassen, sobald ein bestimmter Freund etwas postet. Das Häkchen bei »Als Erstes anzeigen« ist das Lieblingsfeature aller Stalker – und der größte Zeitdieb. Gewähren Sie maximal einem Prozent Ihrer Freunde diese ganz besondere Aufmerksamkeit.

— **DOUBLETTEN RAUS:** Vergleichen Sie Ihre diversen Social-Media-Konten. Müssen Sie wirklich jedem auf Facebook und Twitter und YouTube und Instagram folgen? Müssen Sie überhaupt auf allen vier Plattformen aktiv sein? Wer liefert inhaltliche Doubletten? Weniger ist mehr!

— **EXPERTEN-MODUS FÜR ALLE NETZWERKE:** Bereichern Sie Ihren Informationsmix durch Medien, Experten, Gruppen und Seiten, die Wissen teilen, das Sie weiterbringt. Qualität vor Quantität.

 # DUMM KLICKT GUT

Erst denken, dann klicken. Es gibt eine Facebook-Seite[34], die so heißt und jedes Like wert ist. Oberstes Social-Media-Gebot: erst recherchieren, dann blamieren. Sonst kommt der Kundendienst und zerlegt Dummheit in Stücke.

VOLKSVERBLÖDUNG IST HEUTE LEICHTER ALS JE ZUVOR: Die Medien bieten mehr Möglichkeiten, die Menschen sind so unkritisch wie nie. Ein realsatirisches Beispiel ist der Facebook-Nutzer namens »Kundendienst«. Sein Profilbild ist eine servil lächelnde Callcenter-Agentin mit Headset.

MÄRZ 2016: HILFEAKTION FÜR EINEN ERZÜRNTEN KUNDEN VON »ALDI SÜD«[35]
Alle Rechtschreib- und Interpunktionsfehler sind ein Tribut an die Originalität des Originals.

JÖRG XXXXXXXXXXX > ALDI SÜD *hallo! Habe ihre Werbung gesehen mit Ostern eiern und so. WARUM muss es eigentlich immer auf Sex abspielen? EIER EIER EIER! Hauptsache Man(n) ist glücklich. Schweinerei wirklich! und die Kinder lernen dann schon früh, die Eier zu suchen und das es toll ist wenn man möglichst viele und große hat. BRAVOUR bzgl. Aufklärung ehrlich ich kann nicht darüber lachen!!!!!!*

KUNDENDIENST *Guten Tag,*
wie Sie treffend festgestellt haben, sind einige bekannte Geschichten voller zweideutiger Inhalte. Denken Sie an den Weihnachtsmann mit seinem dicken Sack, wie er damit tief in den Schornstein eindringt. Oder an Halloween, wo jeder vom anderen beglückt werden will, sonst gibt es »Saures«. Wir passen uns also nur der Gesellschaft an und bedauern sehr, wenn Sie kein Teil davon sein wollen.
Ich hoffe, ich konnte Ihnen weiterhelfen

JÖRG XXXXXXXXXXX *BAH! SIE SCHWEINE und jetzt auch noch öffentlich stehen dazu. nächstes Jahr raucht der Osterhase dann auch noch?*

KUNDENDIENST *Guten Tag,*

würde doch gut ins Thema passen. Wir machen aus dem Osterhasen eine Osterhäsin und lassen sie genüsslich an einem langen Stängel ziehen. Vielen Dank für diese innovative Marketing-Idee :-).

Ich hoffe, ich konnte Ihnen weiterhelfen.

JÖRG XXXXXXXXXX *JETZT REICHT ES, ZUFÄLLIG KENNE ICH EINEN SEHR GUTEN MEDIEN ANWALT!!!!!!!! der wird sich freuen über euch! saftiges gehalt plus Knast für euch ihr ekel!!!!!!!*

#NoAninalAbuse!!!

KUNDENDIENST *Guten Tag,*

wir kennen zufällig den Weihnachtsmann und wenn der davon Wind bekommt, sieht es aber schlecht aus mit den Geschenken am Heiligen Abend! Benehmen Sie sich, sonst weht hier ein ganz anderer Wind!

Ich hoffe, ich konnte Ihnen weiterhelfen.

DAS IST KEIN EINZELFALL. Als besonders besorgniserregend empfinde ich, dass man anhand der Wortwahl und Interpunktion von Jörg erkennt, dass dieser Mann keinesfalls einfach nur unbewaffnet zur Welt gekommen und in diesem Zustand verharrt ist. Nein, nein, er setzt sogar einige Kommata richtig und verwendet Wörter wie BRAVOUR mit Bravour. Ei, ei, ei, das macht mir Angst, denn: Ein Klick auf das Profil von »Kundendienst«[36] hätte gereicht, um zu erkennen, dass sich hinter »Kundendienst« und der freundlichen Callcenter-Agentin mit Headset eine Unterhaltungsseite im Namen der Realsatire verbirgt.

Auch wenn die Kundendienst-Seite die Klarnamen ihrer, sagen wir mal, Kunden unkenntlich macht, sobald die Dialoge veröffentlicht werden – die Dialoge haben in aller Weböffentlichkeit stattgefunden. Deshalb: erst recherchieren, dann blamieren. Zur Abschreckung empfehle ich den Besuch von http://fb-kundendienst.de.

Ich hoffe, ich konnte Ihnen weiterhelfen.

10 OFFLINE IST DER NEUE LUXUS

Sie kennen das. Gerade noch war die Unterhaltung voll im Gange, die Freunde diskutierten und lachten, der Abend war supergeil. Doch dann sagte einer: »Warte, ich poste das mal ganz kurz«.

HANDY RAUS, LEBEN AUS: Sofort sind alle Smombies erwacht und halten sich am Handy fest wie am letzten Drink vor Sperrstunde. Alternativen:

— **STATT MUSIK-VIDEOS AUF FACEBOOK ANSEHEN:** Jeder bringt seine »Fünf besten Songs – EVER« mit und erzählt, warum ihm diese Musikstücke so viel bedeuten.

— **STATT ESSEN FOTOGRAFIEREN UND POSTEN:** Kaufen Sie sich ein neues Kochbuch (z. B. Jamie Oliver: »Kochen für Freunde: Neue geniale Rezepte« oder Johann Lafer: »Kochen für Freunde« – gleicher Titel, anderer Inhalt), zelebrieren Sie das Zubereiten und genießen Sie das Essen handyfrei mit Ihren Liebsten. Falls Sie nicht kochen können oder wollen, buchen Sie einen »Kochen mit einem Chefkoch«-Abend.

— **STATT MAFIA WARS:** Machen Sie Ihren Freunden ein Angebot, das diese nicht ablehnen können! Laden Sie sie zu einem Triple Feature von »Der Pate« ein. Danach bitten Sie sie um »einen kleinen Gefallen« ...

— **STATT ZITATE POSTEN:** Laden Sie Ihre Freunde zu einem Lieblingsbuch-Abend ein. Jeder bringt ein Buch mit, das sein Leben verändert hat, und liest die richtungsweisendsten Passagen vor.

— **STATT ANSTUPSEN:** Besuchen Sie einen Abend bei »Dialog im Dunkeln«. Das schärft Ihre Sinne für alles, was wesentlich ist.

— **TODESANZEIGEN LESEN:** Laut vorlesen, das weckt die Lebenslust.

— **MALBÜCHER FÜR ERWACHSENE AUSMALEN:** Vorsicht, macht süchtig!

— **SPOTIFY-KARAOKE KURZ VOR ZAPFENSTREICH:** Wenn es nicht mehr ohne geht, lassen Sie Spotify kreisen und die Gäste einfach mitgrölen.

11 WERFEN SIE NICHT DEN ERSTEN STEIN

Shitstorm ist digitale Steinigung. Social Media, ein Rückschritt ins Mittelalter? Entscheiden Sie selbst. Menschen bleiben Menschen. Schwarmdumm und schwarmgefährlich.

ASOZIAL MEDIA: TEILEN IST ZUM RASENDEN REFLEX VERKOMMEN und wird dabei oftmals auch noch als sozialer Akt empfunden. An den Pranger! Erst klicken, dann denken. Und wehe, jemand mahnt oder meckert, dann aber, von 0 auf 100.000, sofort zurückschießen und dabei alles ignorieren, was man im Deutschunterricht gelernt hat. Mit Vollgas in die Volksdummheit. Klicken, klicken, klicken. Schnell werden Schuldige für alles Übel pseudoidentifiziert, ihre Fotos entwendet, verbreitet, verfremdet, Falschmeldungen kopiert und hysterisiert, Menschen vorverurteilt und mit Hassklicks abgeschossen.

WIE BRANDGEFÄHRLICH DIESE KOMBINATION aus Geschwindigkeit, Masse und Reichweite für unsere Demokratie ist, zeigen die rassistischen Reaktionen der gottlosen Netzgemeinde auf alles, was die Empörungsmaschine zum Rasen bringt und den Mob an die Tasten peitscht. Das Prinzip der digitalen Menschenjagd nennen wir Shitstorm, was wesentlich harmloser klingt als Steinigung, aber nicht harmloser ist. Menschen, die öffentlich an den Asozial-Media-Pranger gestellt werden, empfinden das als Körperverletzung. Die Mechanik ist immer die gleiche: Einer fängt an, alle machen mit. Alle Seiten, alle Religionen, alle Hautfarben eint ein gemeinsamer Konsens: Schuld sind immer die anderen! Das Web ist ein ideales Medium für Hasser und Hetzer. Schuld ist nicht das Medium, sondern der Mensch, der es instrumentalisiert und mit der fehlenden Affektkontrolle der menschenjagdgeilen Meute rechnen kann. Sagen Sie nein zu Hass und Hetze! Falls Ihnen die Worte fehlen, Konstantin Wecker hat sie: http://www.facebook.com/Konstantin-Wecker-111564412194266.

DARKNESS
CANNOT DRIVE
OUT DARKNESS:

ONLY LIGHT
CAN DO THAT.

HATE
CANNOT DRIVE
OUT HATE:

ONLY LOVE
CAN DO THAT.

Martin Luther King

Tinderitis

[LIBIDO DIGITALIS]

TINDERITIS
[Libido Digitalis]

Diese Krankheit hat so viele Facetten wie die menschliche Lust, die Sehnsucht nach Liebe und das Blau der Ozeane. Idealistische Betroffene investieren maßlos Lebenszeit, Selfies, Fitnessbudenbeiträge, Buchstaben, Emojis, Alkohol und Geld in die Suche nach der großen Liebe.

Libidinös fokussierte Tinderitiker leiden paradoxerweise an einer ausgeprägten Berührungsphobie – sie berühren lieber Bildschirme als Menschen aus Fleisch und Blut (#selfbefriedigung). In Interaktion treten sie bevorzugt mit ihrer Kamera (#gofuckyourselfie). Videotelefonie, Chat- und Telefonsex werden kurzfristig als Erleichterung empfunden (#betreuterbeischlaf) und im Treue-Kontext »Mausrutscher«genannt. Weil sie es nicht mit sich selbst aushalten, leiden Betroffene an großer Angst vor dem Alleinsein. Tragisch: Weil sie es mit sich selbst nicht aushalten, halten es andere auch nicht mit ihnen aus. Aus lauter Angst vor Ablehnung oder »Stress« (#kletten) blockieren Betroffene andere und dadurch sich selbst.

HÄRTEFÄLLE leiden unter einem Wisch- und Weg-Syndrom, das crossmedial auftritt und zu Aufruhr und öffentlichem Ärgernis führen kann. Warum das? Tinderitiker versuchen Menschen, die ihnen nicht gefallen, z. B. das Blinddate, den Sitznachbarn im Bus oder auch – besonders gefähr- lich – den cholerischen Chef durch auffällige Handgesten und Wischbewegungen zum Verschwinden zu bringen.

TINDERITIS WURDE FRÜHER AUCH ALS Beziehungsunfähigkeit, Fremdgehen und Verantwortungslosigkeit bezeichnet. Hoffnungslose Romantiker (#wirhabenschlossgemacht) behaupten, Tinderitis sei früher auch als Liebe bezeichnet worden. Als die große wahre romantische heiße leiden- schaftliche Liebe. Die ewige Liebe. Ewig? Wisch, und weg!

Mit einem Wisch ist alles weg

Slogan für Zewa-Haushaltstücher aus dem Jahr 1981. »Der smarte Helfer bei vielen Missgeschicken« geht im 21. Jahrhundert auch einsam sextingenden Smombies zur Hand.

»Tinder ist wie eine F**kmaschine«

Carl (34) heißt nicht Carl. So heißt er nur im Netz. In der echten Welt heißt er Thorsten. Sein Hobby? One-Night-Stands. Tagsüber arbeitet Thorsten in einer Bank, nachts kommt er, und geht – für immer. Ghosting nennt er das.

Ich kenne Frauen, die finden Tinder romantisch. Süß. Ich mag kurzsichtige Frauen ohne Brille, die haben immer so einen hilflosen Blick. Ich weiß, das klingt abstoßend, aber es ist ehrlich: Für mich ist Tinder die beste Internet-Idee nach Gratis-Porno. Tinder ist meine F**kmaschine. Alles kostenlos und nicht umsonst: Meine Flachlegequote liegt bei 87 Prozent. Sie werden es nicht glauben, ich führe ein Paarungstagebuch in Excel! Ist das jetzt Gütesiegel oder Killerkriterium? Für mich ist es die Motivation für Online-Dating. Speedsex auf ein paar Klicks.

Frauen sind so billig zu haben im Netz. Ist echt krass, wie schnell die dir Nacktfotos und heiße Videos schicken, sobald du einen auf »Hilfe, habe ich dich angeklickt? Sorry, war nicht meine Absicht! Ich bin nur hier, weil ich für eine total geheime Startup-Idee recherchiere« machst, in Folge dann emotionale Zitate von Menschen, die schlauer sind, als du sendest, sie immer fragst, wie IHR Tag war, wie es IHR geht und ob SIE jetzt Sehnsucht nach einem in Kerzenscheinbad und einer Ölmassage hat – du hast da in Indien ein karitatives Projekt betreut und nebenbei ein paar Ayurvedahandgriffe gelernt. Dazu noch Herzchen und Bussis schicken und als Vorschuss ein sexy Waschbrettbauchfoto – das du vorher irgendwo aus dem Netz geklaut hast. Dann schreibst du »Mir ist jetzt so kalt ohne Shirt, hast du nicht was zum Aufwärmen? 😊« und ich schwöre, Mann bekommt, was Mann will. Nach dem One-Night-Stand nervt mich der Rest total, deshalb blockiere ich die Frau. Für immer.

Nur eine wurde mir bisher gefährlich. Sie hieß Marie, war

26 und eigenen Angaben zufolge Krankenschwester auf einer Intensiv-station. Ja, ich weiß, das klingt voll nach Klischee. Ich hatte auch von Anfang an das Gefühl, die nimmt mich nicht ernst. Die hat irgendwie dasselbe Spiel gespielt wie ich. Wir haben fast drei Monate lang immer wieder gechattet und dabei alles augetauscht, was Mann und Frau halt so im Chat austauschen können.

[Dieser Absatz wurde aus Jugendschutzgründen zensiert]

Marie schien fast zu perfekt. Ich hab mich oft gefragt: Ist die echt oder ist das ein Real-Fake? Unser Date hat sie dreimal mit dummen Ausreden per WhatsApp abgesagt. Ich war mir fast sicher, dass sie ein Fake ist. Gerade als ich begann, mir Marie als 45-jährige MILF – Mother I'd like to f**k – vorzustellen (sorry, aber sagen Sie mal meiner Fantasie, sie solle jugendfrei träumen), hat sie ein Treffen fixiert und ist gekommen.

Als wir uns getroffen haben, war ich überwältigt. Marie hat mich umgehauen! Sie war echter als echt und heißer als heiß. »Heißt du wirklich Carl?«, hat sie mich beim Abendessen gefragt. Ich hatte ein Kerzenscheinrestaurant gewählt. Romantikfaktor gefühlte 100.000 Lum. Klar, habe ich gesagt, Carl mit C, findest du das sexy? Ja. Fand sie sexy. Und dann hat sie mir eröffnet, dass sie gar keine Krankenschwester sei, sondern Managerin einer Internetfirma. Sei inhaltlich dasselbe wie Krankenschwester auf der Intensivstation, hat sie gesagt. Und dass sie nur einen »Schwanz für eine Nacht« suchen würde, oder »ne lange Schul-ter zum kurz mal Kuscheln«. Ich solle mir was aussuchen.

Ich habe mir was ausgesucht und hätte gerne mehr davon ge-habt. Am nächsten Tag hatte sie mich auf allen Kanälen blockiert. Ich habe nie wieder was von ihr gehört. Eines Tages habe ich Carla, 26, Intensiv-Krankenschwester, auf Tinder entdeckt. Sie sah Marie ähnlich. It was a match! Sie hat meine Nachricht gesehen, aber nie beantwortet. //

»Liebe? Opfer wird, wer sich zum Opfer macht«

Zahlen.

Anteil der Deutschen, die ihrem Partner seltener als einmal am Tag sagen, dass sie ihn lieben, in Prozent	58
Anteil der Männer, die einer neu kennengelernten Frau schon am ersten Tag sagen würden, dass sie sie lieben, in Prozent	42
Anteil der Frauen, die einem neu kennengelernten Mann schon am ersten Tag sagen würden, dass sie ihn lieben, in Prozent	23
Anteil der Nutzer der Dating-App Tinder, die in einer Beziehung sind, in Prozent	42
Schweizer, die angeben, bei Tinder »oft« an Fake-Profile zu geraten, in Prozent	40
Schweizerinnen, die angeben, bei Tinder »oft« an Fake-Profile zu geraten, in Prozent	14
Anzahl der Deutschen, die ihrem Partner nicht sagen würden,	
... dass sie heimlich an seinem Handy stöbern, in Prozent	67
... dass sie vorbestraft sind, in Prozent	21
Anteil der amerikanischen Blackberry-Nutzer, die schon mal mit ihrem Partner per E-Mail oder SMS Schluss gemacht haben, in Prozent	22
Anteil der amerikanischen iPhone-Nutzer, die schon mal mit ihrem Partner per E-Mail oder SMS Schluss gemacht haben, in Prozent	33
Deutsche, die der Aussage »Das Smartphone erleichtert es mir, eine Beziehung zu beenden« zustimmen, in Prozent	42
Deutsche, die der Aussage »Mobiles Dating hat meine Art und Weise der Partnersuche stark verändert« zustimmen, in Prozent	51
Anteil der US-Amerikaner, die getrennt von ihrem Handy schlafen, in Prozent	13
Anteil der über 55-jährigen US-Amerikaner, die räumlich getrennt von ihrem Partner schlafen, in Prozent	16
Anteil der Deutschen an der Weltbevölkerung, in Prozent	1
Anteil der US-Amerikaner an der Weltbevölkerung, in Prozent	4,4
Anteil der Websites mit pornografischen Inhalten aus Deutschland, in Prozent	1
Anteil der Websites mit pornografischen Inhalten aus den USA, in Prozent	60

Österreicher, die ...

... »Anonymität« als Hauptvorteil von Cybersex nennen, in Prozent	51
... »muss nicht verhüten« als Vorteil von Cybersex nennen, in Prozent	42
... »hat keine Konsequenzen« als Vorteil von Cybersex nennen, in Prozent	36

Zeitraum, in dem sich laut Parship ein Single über Parship verliebt, in Minuten, alle	11
Zeitraum, um den sich ein Parship-Jahres-Abonnement automatisch verlängert, wenn es nicht 12 Wochen vor Ablauf gekündigt wird, in Monaten	12
Zahl der Lächeln, die pro Woche über Parship verschickt werden, in Tausend	250
Zahl der Komplimente, die pro Woche über Parship verschickt werden, in Tausend	150
Zahl der Singles, die sich in 15 Jahren über Parship verliebt haben, in Tausend	558
Zahl der Babys, die Parship-Nutzer bis 2013 gezeugt haben, in Tausend	83

Geschätzte Zahl der Wörter, die ein Handynutzer in seinem Leben durchschnittlich per SMS verschickt, in Millionen	2
Zahl der Wörter in der Bibel, in Millionen	0,7

Tage, die der durchschnittliche Deutsche im Jahr mit seinem Handy verbringt	38
Tage, die der durchschnittliche Deutsche im Jahr mit Sex verbringt	1

Anteil der Singles auf match.com, die 2014 Sex hatten ...

... und gerne Emojis verschicken, in Prozent	54
... und keine Emojis verschicken, in Prozent	31

500 ♥ ♥ Mio.

Über 500 Millionen Mal wird das Herz täglich auf Twitter verschickt. Mit über einer Milliarde Tweets am Tag ist jedoch 😂 das beliebteste Emoji.[38]

Inspiriert von »brandeins«; Einzelnachweise[37]

Diesen Partner in den Warenkorb legen?

»Die Liebe kann man nicht in den Warenkorb legen. Man kann sie nicht suchen, aber man kann sie finden«, sagt sie und sieht den Homo Digitalis vorwurfsvoll an. Sie muss es wissen, sie ist die Liebe. Ein offener Beschwerdebrief.

»Ich liebe dich mehr, als Haie das Blut lieben!« Wann haben Sie zum letzten Mal so eine Liebeserklärung gehört? Gestern, auf Netflix? Kenne ich nicht. Ist Netflix liebenswert? Hat Netflix eine schöne Seele? Ich verstehe nicht. Was soll das heißen, Sie haben gestern die ganze Nacht »House of Cards« geschaut? Das ist doch nicht möglich. Habe ich mich im Herz geirrt? Sie suchen doch die große Liebe, oder? Na also. Sehen Sie mich an, wenn ich mit Ihnen rede!

Hallo?! Liebe an Homo Digitalis! Muss ich erst einen Klingelton imitieren, damit Sie mich beachten? Das darf doch wohl nicht ... jetzt legen Sie doch mal das Handy weg! Danke. Ja, schenken Sie sich ruhig noch ein großes Glas Kummerwein ein. Schlummerwein, ja, ich weiß. Ich kenne Ihre abendlichen Rituale. »Schade, dass man Wein nicht streicheln kann«, gell? Das ist nicht von mir. Das ist von Kurt Tucholsky. Nein, den können Sie nicht daten, der ist schon tot. Nicht traurig werden jetzt. Heben Sie sich Ihre Tränen für das auf, was Sie einschlafen nennen. Wachbleiben! Wir müssen über gestern reden.

Es war Mai. Es war Samstag. Es war Flipflop-Wetter! Der Frühling hatte sich so hübsch gemacht, und Sie? Wie jeden Samstag ... Sie halten sich für boheme und sind einfach nur biedermeier! Gegen die routinierte Eintönigkeit Ihres Alltags ist ein Monat im Gipsbett eine Abenteuerreise. Tut mir leid, ich weiß, dass das kein schöner Vergleich ist, aber wie soll ich Ihre Aufmerksamkeit gewinnen, wenn Sie schon wieder auf Ihr Handy starren, als sei Ihnen da gerade der Geist von Tucholsky nackt erschienen? Lassen Sie mich doch auch mal einen Witz machen. Das ist jetzt nicht Ihr Ernst, oder? Es ist doch noch vor den Abendnachrichten ... Das ist doch Ihr Firmenhandy! Hören Sie auf, sich solche Sachen anzusehen! Das macht alles nur schlimmer. Ich möchte da nicht zusehen, das hat mit Liebe nichts zu tun, wirklich nicht. Sind Sie jetzt völlig …? Sie laden sich Tinder wieder runter? Bitte keinen Wein mehr heute! Wie oft haben Sie diese liebestötende Dating-App jetzt schon gelöscht? Dreimal? Viermal? Und ich dachte jedes Mal, Sie hätten es endlich kapiert, Sie seien schlauer, weiser, ja, vielleicht sogar liebesfähiger geworden. Wobei mir langsam Zweifel kommen, ob Sie überhaupt liebesfähig sind.

Sie haben doch gar keine Zeit für die Liebe. Sie reklamieren sie nur. Dafür nehmen Sie sich Zeit, aber für den Rest? So was von busy. Busy statt Bussi – das ist Ihr Schicksal, und Sie haben es selbst gewählt.

Gestern zum Beispiel, an diesem wonnigen Maitag: Während andere Menschen ihre Wohnung verlassen, um beim Morgensport-Beweisfoto zumindest den Bruchteil einer Chance zu haben, vor lauter Bildschirmblindheit von einem Traumpartner überfahren, sorry, angefahren zu werden, fotografieren Sie sich vor Ihrem Spiegel. Sie. Fotografieren. Sich. Vor. Dem. Spiegel. Das tun Sie hundertmal am Tag. Haben Sie auch nur ein einziges Mal darüber nachgedacht, wie es Ihrem Spiegel dabei geht? Nein, natürlich nicht. Hauptsache, Sie bekommen Ihr Ego-Update, während Ihr Spiegel stumm leidet, weil er glaubt, er sei schuld an Ihrer schizophrenen Selbstwahrnehmungsstörung, die Sie Selfie nennen.

Selfie. Selbstoptimierung. Ich, ich, ich. Ihr narzisstisches Hashtag-Ich ist ein Grund dafür, warum Sie jeden Sonntagabend weinerlich auf Ihrem Designersofa gammeln. Sie haben die Pizza fast ohne zu kauen geschluckt und sich dann eine ganze Tafel handgeschöpfte Bio-Schokolade reingezogen. Fairtrade? Das ist Ersatzbefriedigung! Darin sind Sie Weltmeister. Sie sind so fake wie Ihre Selfies! Wie Sie jetzt schon wieder manisch in der Gegend rumtindern und ein freundliches 08/15-Gesicht nach dem anderen wegwischen. Ekelerregend. Sie kotzen mich an!

Manchmal frage ich mich, warum Sie überhaupt diese Sehnsucht nach der großen Liebe haben. Wenn ich Sie mir so ansehe, wie Sie jeden Morgen Ihre alberne Fitness-App starten und sich in Ihrem Wohnzimmer verrenken, als hätten Sie starke Schmerzen … Da vergeht mir echt die Lust, Ihnen die Liebe zu zeigen. An guten Tagen stelle ich mir vor, Sie vollführen einen Fruchtbarkeitstanz. Dann lächelt mein Herz und ich strenge mich wieder an für Ihr Liebsglück. Stopp. Ist das das Missverständnis? Liebe ist kein Glück. Liebe ist … hach, wenn ich das selbst so genau wüsste! Ich spreche nicht gerne über mich. Ich bin nicht egoistisch. Ich bin … Genau: Ich bin! »Liebe wird nicht, Liebe ist …« Das hat die Nena mal für mich gesungen. Profane Romantik ist besser als gar keine Romantik, finden Sie nicht? Warum sind Sie so unromantisch geworden? Sie waren doch früher nicht so. Früher haben Sie Liebesbriefe geschrieben und Mixtapes aufgenommen. Ja, das war voriges Jahrhundert. Aber später ging es auch noch, sogar per E-Mail! So schöne Liebesmails haben Sie verschickt, dass ich anfangs ein großer Fan der Digitalisierung war, weil dank ihr die Menschen unkomplizierter ihre Liebe übermitteln konnten. Grenzübergreifend. Zeitüberwindend. Statt Mixtapes kam dann die CD, heute kann man Listen machen und Lieder teilen. Das tun Sie aber nicht mehr. Sie posten und verschicken nur noch Fotos von sich selbst und manchmal auch von ganz gewissen Körperteilen in Großaufnahme. Da schäme ich mich dann immer sehr für Sie.

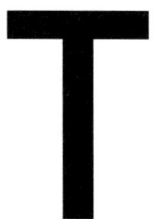

TINDERELLA, TINDERELLO

Arme Cinderella. Als Tinderella/o bezeichnet man Menschen, die das Internet exzessiv zur Paarungssuche nützen. Tinderella stand zur Wahl als Jugendwort 2015. Und das, obwohl damit oft Schlampe oder – mit Tinderello – das männliche Pendant gemeint ist.

Wenn ich Liebe versenden könnte, dann würde ich das Liebesthema aus »Ben Hur« senden oder die Tristan-Ouvertüre in Herzschmerzstunden. Kennen Sie nicht, ich weiß. Lassen wir das, sonst werde ich noch weggewischt. Ist Liebe altmodisch? Dann wundert es mich nicht, dass Sie sie nicht finden. Sie versuchen doch täglich, postdigitaler als andere zu sein. Sehen Sie nicht, dass Sie sich selbst hinterherlaufen? So werden Sie nie bei sich selbst ankommen. Schlimmer noch: Eines Tages verrecken Sie in Ihrem Hamsterrad. Alleine. Ich will das Gestern nicht verklären. Jede Zeit ist eine gute Zeit, wenn man sie lebt, wenn man sie liebt. Jetzt ist immer der beste Zeitpunkt. Auch für die Liebe. Während ich diese Zeilen schreibe, haben Sie schon 119 potenzielle Partner weggewischt. Wenn ich nachzähle, wie viele Menschen Sie in diesem Monat schon »blockiert« haben, aus Angst, dass Sie selbst blockiert werden, mache ich mir Sorgen. Es ist so schwer, Ihnen zu helfen, wenn Sie sich nicht selbst helfen! Gestern haben Sie auch wieder diese Spotify-Liste »Pumping Iron« gehört, während Sie sich im Wohnzimmer verrenkten. Ich meine es wirklich gut mit Ihnen, aber langsam werden Sie zu einem liebesunfähigen Schwergewicht. Ich habe gestern die Vögel für Sie singen lassen. Ein ganzes Aufgebot hatte ich bestellt. Bumm, bumm, bumm kam es aus Ihrem Wohnzimmer! Finden Sie solche Musik passend für den Tag, an dem Sie theoretisch endlich Ihre große Liebe finden könnten? Ich hatte alles arrangiert. Sogar bei Spotify. Ich habe genau gesehen, dass Ihnen auch die Wiedergabeliste »Frühlingsgefühle« angeboten wurde. Und Sie? »Pumping Iron« – als ob davon Ihre Weizenwampe verschwinden würde, wenn Sie sie jeden Abend mit Frustpizza und Rotwein nähren. Endlich legen Sie das Handy aus der Hand. Jetzt ist Zapping angesagt, was? Wenn das so weitergeht, plaudern wir noch wie ein altes Ehepaar miteinander. Ich vergaß, Sie hören mich ja nicht. Sie glauben nicht mal mehr an mich. Sie wollen mich einfach nur haben, damit Sie mich auf Ihrer doppelseitigen Lebenscheckliste abhaken können.

»Ich liebe sie mehr, als Haie das Blut lieben!« Echt? Wer spricht da? Frank Underwood? Wer ist das? Ist er liebenswert? Hat er eine schöne Seele? Der Hauptdarsteller von »House of Cards«? Was soll das heißen, Frank ist Präsident der Vereinigten Staaten und führt eine offene Beziehung mit Claire? Sie sind lustig! Wenn das der amerikanische Präsident ist, bin ich Ihre große Liebe. Nein, das war kein Scherz. Sehen Sie, genau das ist Ihr Problem: Sie versuchen einen Handel mit mir einzugehen. Sie können die Liebe nicht ökonomisieren. Das funktioniert genauso wenig wie Ihre manische Selbstoptimierung. Das widerspricht der Natur – und der Natur der Liebe. Muss man Ihnen wirklich alles buchstabieren? Sorry, mir sind die Emojis ausgegangen. Haben Sie in 34 Lebensjahren nichts gelernt? Liebe ist unbestechlich, alles andere ist Angst vor dem Alter oder dem Alleinsein, was eines Tages ein und dasselbe sein wird. Sie sind eingeschlafen? Träumen Sie schön, aber bitte nicht mehr von mir.

VOM SINGLE ...

VERÖFFENTLICHUNGSZWANG: Sie wechseln Ihr Profilbild so häufig wie Ihre Chatpartner. Sie werden freizügiger. Ihre Sexyness kommt ganz subtil rüber. Sicher?

EMOJIS ALS VALIUM. So viele Flirtkontakte. Sie senden allen dasselbe und pro Buchstabe drei Emojis.

BETREUTER BEISCHLAF. Diese vielen First Dates sind anstrengend. Sexting ist bequemer. Viel bequemer ...

DATE MY DOG: Schon als Kind wollten Sie einen Hund und bekamen einen Goldfisch. Sie kaufen einen Rassewelpen und melden sich bei der Dating-App für Hundehalter an.

SCHUMMEL-ICH. Sie sind Mitte 30, das retuschieren Sie genauso wie Ihre Körpergröße und Ihre Kilos.

PROFILBILD STATT BRAUTSCHAU. Gesichtskontrolle. Wisch und weg. Wichs und Weg. Uuuuups. Sie sind Ihrer Zeit voraus.

DARWINISTISCHE SELEKTION. Sie versuchen es jetzt ernsthaft und haben sich für viel Geld bei einer Partnerbörse angemeldet.

MINGLE. Sie daten Ihre Jugendlieben und werden »friends with benefits«. Anfassen auf Abruf. Keine Verpflichtungen. Mixed Single – Mingle.

SPIONAGE, GEGENSPIONAGE. Ertappt! Ihr Partner hat einen pikanten Chat in Ihren Online-Spuren gefunden. Sie sind jetzt ... Single.

SEHEN, OHNE GESEHEN ZU WERDEN. Social Media! Sie stalken jetzt auch Ihre Ex-Partner.

WIE ICH MIR, SO DU DIR. Das Internet, eine Flirtmaschine! Sie beginnen, jede Online-Bewegung Ihres Partners zu kontrollieren – nur zur Sicherheit.

IMAGINÄRER SEITENSPRUNG. Sie flirten mit allem, was vor dem @-Zeichen steht. Nicht, dass Sie im echten Leben fremdgehen wurden, aber der ein oder andere Mailflirt versüßt Ihren Arbeitstag.

UND ES HAT »PLING« GEMACHT! 1998 beweisen Meg Ryan und Tom Hanks in »E-Mail für dich«: Digital kommt, die Himmelsmacht bleibt.

MATRATZENSPORT. 2014 – Tinder wird gesellschaftsfähig. »Ich kann es nicht erwarten, im olympischen Dorf zu tindern«, sagt die Snowboarderin Rebecca Torr. Die Veranstalter verteilten 150.000 Kondome.

GRINDER. Die homoerotische Dating-App »Grinder« crasht, als die ersten Athleten in das olympische Dorf ziehen.

IT'S A MATCH! Nach 117 erfolglosen Dates haben Sie endlich (!!!) erkannt, dass Sie nicht für die Liebe gemacht sind. Keine Zeit für das Geplänkel. Bekommt man nur Krankheiten und Herzweh von. Sie löschen Ihre Profile. Alle? Fast ...

ALLEIN. Sie sind in psychologischer Behandlung. Nach den ersten Tagen im Schweigekloster hatten Sie versucht, sich an einem Rosenkranz zu erhängen, das war doof, hat aber Millionen Klicks auf YouTube erzielt.

LOSLASSEN. Erst wenn Sie sich selbst akzeptieren, werden andere Sie akzeptieren. Erst wenn Sie sich selbst lieben, werden andere Sie lieben. Mantras trösten. Bald werden Sie 40. Sie denken über die Gründung einer Sekte nach.

LOVE YOURSELF. Fast hätten Sie sich verliebt. Beim Stalken potenzieller Sektenmitglieder haben Sie auf Ihr eigenes Profil geklickt! Fast hätten Sie sich nicht erkannt. Zu Ihrer homoerotischen Zeit hatten Sie sich überall doppelt angemeldet. Komisch oder tragisch? Tragikomisch.

FOREVER. Ihre Ex-Partner. Wie sollen Sie die jemals wieder loswerden? Sie sind immer nur einen Klick weit entfernt. Und alle immer superglücklich. Da wird man doch neidisch. Das tut doch weh. Na, wer schreibt Ihnen denn da? Das ist doch Ihre Jugendliebe! Ein bisschen großgeworden und in die Tiefe gewachsen. Aber irgendwie immer noch total ...!

LIEBESDREAM? LIEBES-STREAM! Sie haben mit Ihrer Jugendliebe eine Tantra-Sekte gegründet. Online. Sie streamen Ihr Leben. So echt hat sich Liebe noch nie angefühlt!

ALLEIN, ALLEINER, SIE. Das mit der offenen Beziehung hat nicht geklappt. Vielleicht sollten Sie sich einen Partner mit Kindern suchen? Der Markt ist voll von denen. Leichte Beute, Altersversicherung inklusive. Sie daten den Ersten, der klickt.

... ZUM SINGLE.

HAPPY ENDING

Wie viel Tinderitis steckt in Ihnen?

KOMMT IHNEN BEKANNT VOR? TRIFFT AUF SIE ZU? MACHEN SIE IHR KREUZ!

◯

Bevor Sie jemanden kennenlernen,
googeln Sie ihn von Alpha nach Omega.

◯

Sie stalken Ex-Partner sowie deren Partner und Ex-Partner.

◯

Sobald Sie kein Interesse mehr an jemandem haben, blockieren Sie ihn
auf allen Plattformen und sperren die Nummer an Ihrem Handy.

◯

Sie sind eifersüchtig auf das Handy Ihres Partners.

◯

Sie haben bereits digital betrogen. Wieso betrogen? Das war ohne
Anfassen. Schuldig. Zum Schluss zählt nur, was dabei rauskommt.

◯

Würde Ihr Partner Ihre WhatsApp-Nachrichten mitlesen können,
wäre er nicht mehr Ihr Partner.

Entweder Sie zahlen 1.000 Euro, oder Ihr Partner erfährt,
was Sie die vergangenen 12 Monate gegoogelt haben.
Sie zahlen zur Sicherheit 2.000 Euro!

Vorteil von Sexting: Man(n) kann danach ratzfatz ein paar Emojis
versenden und wortlos im eigenen Bett einschlafen.

Wenn Sie jemanden im echten Leben sehen, der Ihnen nicht gefällt,
würden Sie ihn am liebsten mit rechts nach links wischen.

Früher fanden Sie Skype-Sex eklig, heute finden Sie Videosex
einfach nur bequem und verhüten muss auch keiner.

Wann Sie das letzte Mal »Ich liebe dich« live gesagt haben? Keine
Ahnung. Sie sind eher so der Herzen- und Emoji-Versender-Typ.

Sie nutzen die Tinder-App, auch wenn Sie in einer Beziehung sind.

Ihre Online-Profile sind so geschönt wie Ihre Profilfotos.
Wahrheits- und Aktualitätsgehalt: maximal 50 Prozent.

Von Ihnen und Ihrer großen Liebe gibt es kein Foto-Posting, auf dem
Sie sich in die Augen sehen – Sie blicken beide stets in die Kamera.

☞ ZUR AUF- UND ERLÖSUNG BITTE UMBLÄTTERN.

Achtung, jetzt macht es »pieks«!

0

SIE SIND DIE LIEBE. Scherz. Sie sind ein gefährlicher Seitenspringer. So gut, wie Sie schummeln, sind Sie als Partner ein Albtraum. Die Liebe ist nicht analog, auch wenn dieser Teil eine romantische Komponente birgt, die man in der heutigen Zeit gar nicht genug wertschätzen kann. Die Liebe im digitalen Zeitalter ist wie das echte Leben – idealerweise ein Mix aus dem Besten, was die analoge Welt und die digitale Welt zu bieten hat. Das ist unmöglich, sagt die Vernunft. Es ist, wie es ist, sagt die Liebe. Wie es ist, fragen Sie am besten mal Erich Fried.

1–3

ALLES LIEBE! Liebe in Zeiten der Dauerablenkung ist nicht einfach. Sie haben Ihre Liebe selbst gefunden und das ohne Algorithmus geschafft? Bravo!
Zur weiteren Motivation ein Gedicht, das Lust auf Liebe macht. Christian Morgenstern hat es 1908 geschrieben, es heißt: Es ist Nacht. Wer liebt, schläft nicht …
»Es ist Nacht und mein Herz kommt zu dir, hält's nicht aus, hält's nicht aus mehr bei mir.
Legt sich dir auf die Brust, wie ein Stein, sinkt hinein, zu dem deinen hinein. Dort erst, dort erst kommt es zur Ruh, liegt am Grund seines ewigen Du.« Mit diesen Worten können Sie gleich einen Liebesbrief beginnen!

4–14

SIE SIND SINGLE. Zu Recht. Wenn Sie so weitermachen, werden Sie eines Tages sogar von Ihrem Handy verlassen. Smart, gell? Am besten, Sie suchen jetzt »Only you« auf Spotify und singen das Lied eine Runde für sich selbst. Klar, vor dem Spiegel. Nein, besser Sie filmen sich nicht dabei. Und nein: nicht posten! Mensch! Verschränken Sie die Arme einmal zwangsjackenartig vor Ihrer Brust und herzen Sie sich selbst. Dann lesen Sie einfach ganz gelassen weiter.

S

SEENZONED

Synonym für: »Warum schweigst du so laut?« Seenzoned kommt direkt aus der Handy-Hölle. Es beschreibt ein grässliches Phänomen unserer Kontrollfreakgesellschaft und war früher als »Schweigen« oder »jemanden ignorieren« bekannt. Eine Nachricht ist »seenzoned«, sobald etwas verrät, dass sie der Empfänger zur Kenntnis genommen hat. Blaue Häkchen bei WhatsApp oder die Information »gesehen um 00:07 Uhr« sind solche Indikatoren, die einem das Herz herausreißen können, wenn man seenzoned bleibt und keine Antwort erhält. Oder schlimmer noch, die Häkchen nicht blau werden und man blockiert wurde oder der andere spontan verstorben ist? Digitales Schweigen ist Faulheit, Feigheit und eine neue Art von Notwehr. Alles 2.0.

Tinderitis

[LIBIDO DIGITALIS]

BLITZ-
THERAPIE

 BEZIEHUNG IST
KEINE STATUSZEILE

 GO FUCK YOUR
#SELFIE

 FACEBOOK IST
SCHLECHT IM BETT

 EHRLICH LIEBT
AM LÄNGSTEN

 BITTE MIT HIRN,
ABER OHNE KOPF

 ES IST AUS –
ES WAR NIE AN

 KILOBYTE KOSTEN
KUSSBILANZ

1 BEZIEHUNG IST KEINE STATUSZEILE

Liebe und Tipps sind wie Lottogewinn und Astrologie. Ich kann Ihnen nicht sagen, wie die Liebe funktioniert. Ich kann Ihnen aber sagen, wie sie nicht und wie sie hoffentlich besser funktioniert.

KLARE REGELN, GUTE FREUNDSCHAFT. Das gilt auch für die Liebe 2016 plus: klare Ansagen, weniger Aua. Liebe in Zeiten von Dauerablenkung, mit Dopamin dealenden Handys und anderen Handfeuerwaffen, Liebe in Zeiten von Zeitlosigkeit, von algorithmisch befeuerten Paarungsmaschinen und dem ewigen Stalken der (Ex-)Partner ... Unromantische, aber wirkungsvolle Regeln für mehr Glück und weniger Aua. Versprochen.

1. Sie googeln sich nicht vor dem Kennenlernen und auch nicht danach.
2. Sie akzeptieren das Internet-Ich des Partners und stalken es nicht.
3. Sie behalten Ihren Beziehungsstatus für sich. Warum? Ihr Partner ist keine Trophäe, Status ist keine Zeile und ewig ist – zumindest im irdischen Leben – eine Illusion.
4. Behalten Sie Ihr Glück für sich! Klar, es ist verlockend, der Welt zu zeigen, wie #happy Sie sind und was für ein wunderschönes Traumpaar Sie abgeben #inlove ... SELFIE! Besser nicht: Selfies inszenieren und mumifizieren die Liebe – und sie schüren Neid. Denken Sie nur an die ganzen Ex-Partner, die innerlich Amok laufen, wenn Sie die digitale Welt mit frischverliebten Selfies fluten, und die feixen, wenn Sie Ihren Beziehungsstatus wieder in Single ändern ...
5. Kamera aus, Liebe an! Genießen Sie Ihre Zeit, sie kehrt nicht wieder.
6. Was Sie Ihrem Partner nicht ins Gesicht sagen können, sagen Sie auch nicht per Textnachricht und schon gar nicht mit Emojis, ok?
7. Statt Bussi-Emoji: Küssen Sie Ihren Partner täglich. Mit Zunge.
8. Sprechen statt chatten. Chatten kostet zig mal so viel Lebenszeit!
9. Was passiert mit Ihrer digitalen Liebesgeschichte, falls Sie sich trennen? Wer löscht, was war, wer teilt das digitale Vermögen auf? Besser, Sie besprechen das, bevor Sie sich nur noch in der Seenzone treffen.

2 FACEBOOK IST SCHLECHT IM BETT

Halten Sie alles, was Liebe ist, von Anfang an so strikt Sie können Social-Media-frei. Erteilen Sie allen Digitalika Bettverbot. Warum? Haben Sie die Überschrift nicht gelesen?

ROUTINE TÖTET LIEBE. Besser, Sie lassen sie gar nicht erst entstehen. Kämpfen Sie von Anfang an für Aufmerksamkeit in Ihrer Beziehung und eliminieren Sie die üblichen Ablenkungsfaktoren. Handy aus, Liebe an. Tipps für weniger Leid.

1. Sind Sie ein Freak? Na also! Beziehung rein, Kontrollfunktionen raus!
2. Sie suchen noch? Nehmen Sie sich Zeit für ein aussagekräftiges Profil. Aussagekräftig ist, was authentisch ist und sich von der Masse abhebt. Versuchen Sie keine einzige Frage so zu beantworten wie die Masse, es sei denn, Sie sind total angepasst und wünschen sich auch einen total austauschbaren Partner. Achtung, das gilt nicht für Psychotests, sondern für Ihre Außendarstellung.
3. Partnerbörsen-Statistik ist aufschlussreich: Frauen mit Ganzkörperfoto = +200 % Anfragen; Männer mit Emojis im Profiltext = +200 % Kontaktanfragen. Männer mit den Hobbys Yoga, Joggen, Lesen und Klavier = + 500 % Dates. Achtung, widerstehen Sie der Versuchung: Lügen haben kurze Beine und auf Google kann die jeder sehen.
4. Stalken ist Selbstwertverletzung. Stalken macht hässlich. Stalken ist eine Illusion. Jeder Ex-Partner sieht, wenn Sie ihn auf Twitter, Facebook, Instagram, Spotify oder WhatsApp klicken, natürlich nur, um seine Selfies, seinen Beziehungsstatus und seine meistgehörten Songs zu checken, was so viel heißt wie fehlzuinterpretieren.
5. Sie dachten bislang, der andere sieht nicht, dass Sie ihn stalken?
6. Sorry. Sie sind wirklich digital naiv. Besser, Sie lassen das in Zukunft.
7. Witz ist, wenn man trotzdem lacht. Na, kommen Sie schon!
8. 😂😂😂😂😂😂😂😂😂😂😂😂😂😂😂😂😂😂😂😂😂

3 BITTE MIT HIRN, ABER OHNE KOPF

Flirten heißt heute Texting und Sexting ist Synonym für betreute Selbstbefriedigung. Nehmen Sie sich, so viel Ihnen guttut. Nur ein Tipp: Verlieren Sie nicht Ihren Kopf. NIEMALS.

DIE WÜRDE DES HOMO DIGITALIS IST UNANTASTBAR. Wäre schön, wenn das ein Gesetz wäre, ist es aber nicht. Glauben Sie, es wird eines Tages ein Grundrecht auf Ihre Nacktfotos geben? Fotos, die Sie selbst freiwillig in alle Welt geschickt haben? Wieso in alle Welt, Sie haben das doch nur ...? Stopp, stopp, stopp! Genau das ist der grobe Denkfehler!

WENN SIE EIN NACKTFOTO VERSENDEN oder ein Video oder was auch immer Sie nicht als Suchergebnis sehen möchten, wenn Ihr Chef oder Ihr Kind Sie googelt – moralisch ist das ok, soll doch jeder seinen Körper prostituieren, wie er will. Finde ich nicht verwerflich, im Gegenteil: Bildhafter Brandbeschleuniger spart vielleicht Heizkosten und verringert Ihren ökologischen Fußabdruck. Um Partnerbörsensprech zu zitieren: »Ich würde nie ... nie sagen.« Allerdings: Gleich, ob Sie Bilder über WhatsApp oder Snapchat oder per Mail senden – Sie machen sie dadurch öffentlich.

HABEN SIE SCHON MAL GETRÄUMT, Sie säßen zahnlos in einer TV-Show oder würden von einer sizilianischen Dorfgemeinschaft nackt durch enge Gassen getrieben? Genau das passiert mit all den nackten Akten, die Sie dem alzheimerfreien Web liefern, im übertragenen Sinn. Digital vergisst nichts. Vielleicht haben auch Sie schon festgestellt, dass die Liebe nicht immer für immer ist. Wussten Sie, dass es im Netz immer wieder Rache-seiten wie You-got-posted.com gibt? Dort veröffentlichten rachsüchtige Verlassene Nacktbilder ihrer Ex-Partner. Im Fall von You-got-posted.com versuchte der Seitenbetreiber, die Opfer zu erpressen, und forderte Löschgeld für die Bilder. Löschgeld ist das neue Lösegeld – so weit muss es nicht kommen. Der Mann sitzt jetzt im Knast, die Seite ist offline.

Mir ist so kalt, schick mir doch was zum Aufwärmen 😊😊😊😊😊😊 😊😊😊😊😊♡♡♡♡♡♡ ♡♡♡♡♡♡

23:54

Vorsicht, Feueralarm: Ist das zu heiß, bist du zu kalt 😈😈😈😈 😈😈😈😈😈😈😈😈

23:55 ✔✔

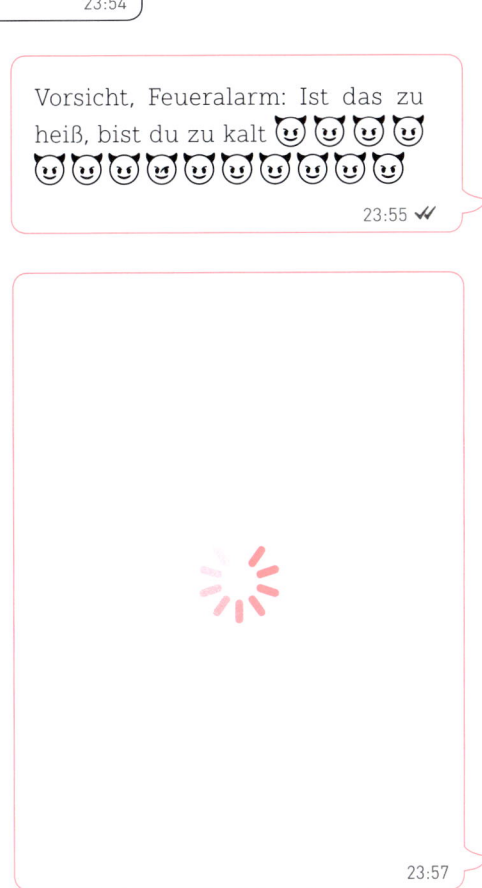

23:57

GENIAL EINFACH, EINFACH GENIAL: Wenn jemand Sie um heißes Material anschnorrt, senden Sie einfach mal das Foto eines ewigen Ladevorgangs!

KILOBYTE KOSTEN KUSSBILANZ

»Echt ... 😂😂😂 « – Was will ER Ihnen damit sagen? Nichts. Alles, was da steht. Warum es keinen Sinn ergibt, zwischen Männerzeilen lesen zu wollen, und warum das Bussi-Emoji sterben muss.

MÄNNER SCHREIBEN OHNE DOPPELTEN BODEN. Wenn sie überhaupt noch schreiben. Vor lauter Geliebtwerdenwollen haben wir Frauen es den Männern in den vergangenen Jahren sehr leicht und infolge der WhatsAppisierung und der damit einhergehenden Emojisierung immer leichter gemacht. Wie das? Wir lassen uns von Emojis ruhigstellen. Besser, Sie erkennen das, bevor Ihnen der 100. Bussi-Emoji des Tages vorgaukelt, dass Sie geliebt, geschätzt und begehrt werden. Sorry, fast vergessen: geküsst! Das Bussi-Emoji soll ja einen Kuss überbringen. Kuss? Ein Küsschen, ein Bussi halt. Und weil Mann so busy ist, kann Mann nur noch dieses Bussi-Emoji versenden, das aussieht, als habe es gerade einen schweren Schlaganfall erlitten? Schön blöd: Wir Frauen machen mit und fordern Emoji-Quantität statt Liebesqualität. Ich habe nichts gegen Emojis. Ich finde sie putzig und intelligent eingesetzt durchaus akzeptabel. Aber! Wenn Emojis den Raum füllen, der der Wortlosigkeit zweier Menschen vorbehalten ist, die sich nichts zu sagen haben, dann sind Emojis Valium, Verpackung für nichts, pseudoputziges Gewand für Lebenszeitdiebstahl, Lebenszeittotschlag und Liebesbetrug.

WER WAS ZU SAGEN HAT, BRAUCHT KEINE EMOJIS. Ich stalke gerne die Handydisplays von Flugreisenden und bin immer wieder entsetzt darüber, wie viele optisch und sicher auch intellektuell ernstzunehmende Menschen auf dem Weg zum Gepäckband nichts Besseres zu tun haben, als mit zittrigen Fingern Heerscharen von Emojis in den Äther der digitalen Lieb- und Bedeutungslosigkeit zu tippen. Erinnern Sie sich an die miese Kussbilanz des Homo Digitalis? Kilobyte kosten Kussbilanz. Besser: KB = Kussbilanz. Küssen Sie Ihren Partner täglich. Lange und live.

5 GO FUCK YOUR #SELFIE

»Selfies sind elektronische Masturbation«, sagt Karl Lagerfeld. Selfies stehen in Zusammenhang mit dem Sinken der Geburtenrate und dem Anstieg der Kinderpatienten in der Psychiatrie.

KAMERA AUS, L(I)EBEN AN! Neulich hat mich ein Kinderpsychologe aufgeklärt. Wir haben über Selbstporträts philosophiert. Das Gespräch fand in einer Klinik statt, deren Kinder- und Jugendpsychiatrie genauso groß ist wie die für die Erwachsenen, die verhindern sollten, dass Kinder dort landen. »Wissen Sie, wie Kinder heutzutage erstmals mit ihrem Selbst konfrontiert werden und sich zum ersten Mal selbst sehen«, fragte mich der Mann in Weiß. Ich hatte Lust auf Schattenboxen. Also antwortete ich: »Durch ihr Spiegelbild?« Ich ahnte, was kommen würde, war dann aber trotzdem schockiert. »Nein«, sagte er milde und ein bissche müde, »durch die Selfies, die ihre Eltern von sich und dem Kind machen.« Ich habe dann lange nichts mehr gesagt. Zeit für eine Schweigeminute für Ihr ungefiltertes Selbst?

ZUM NACHDENKEN: Möchten Sie alt sein und so unnatürlich aussehen wie Ihr gefiltertes Selfie-Ich? Oder möchten Sie alt sein und glücklich aussehen? Bedenken Sie, bevor Sie Ihr digitales Selbstbild weiterhin beschönigen: Wir beginnen danach zu streben, unseren Selfies ähnlicher zu werden und nicht mehr uns selbst. Das sagte mir der Mann in Weiß zum Abschied. Wenn unser Selfie mit unserem Selbst nichts mehr zu tun hat, ist das das Ende von allem, was uns liebenswert macht als echte Menschen mit Fehlern und Falten. Und ja, da besteht dann ein kausaler Zusammenhang zur sinkenden Geburtenrate.

HERZEN SIE IHRE KINDER, statt sie in eine Kamera zu halten. Und investieren Sie lieber Lebenszeit in Ihre Kussbilanz als in die unmögliche Faltenfreiheit Ihrer Oberlippe für das perfekte Duckface.

Profiltext-Röntgen

bedeutet in Wahrheit

ER, UNTERNEHMER, 47, 1,78 – ERFOLGREICH, SPONTAN, ZIELSTREBIG, WELTOFFEN

SO WÜRDE ICH MEIN ÄUSSERES BESCHREIBEN …

… ein gestandenes Mannsbild ;-))))))))))))))))

ICH WÜRDE NIE …

… nie sagen ;-)))))))))))

ICH WÜNSCHTE, ICH KÖNNTE …

… fliegen

EIN ORT, AN DEM ICH MICH BESONDERS WOHLFÜHLE …

… in der Frau, die ich liebe ;-))))) und: in mir.

ZWEI SACHEN, VON DENEN ICH MICH NIE TRENNEN KÖNNTE …

… von meinem Glauben an die große Liebe :-)

DARÜBER KANN ICH LACHEN …

… über mich selbst ;-)))))))))))))))))))))) … … …

SIE, BÖRSENMAKLERIN, 29, 1,78 – FAMILIÄR, ZUVERLÄSSIG, ROMANTISCH

SO WÜRDE ICH MEIN ÄUSSERES BESCHREIBEN

… schlank, stilbewusst, naturblond, azurblaue Augen

ICH WÜRDE NIE …

… meine Fellnasen weggeben

ICH WÜNSCHTE, ICH KÖNNTE …

… gedankenlesen

EIN ORT, AN DEM ICH MICH BESONDERS WOHLFÜHLE …

… bei meinen Fellnasen

ZWEI SACHEN, VON DENEN ICH MICH NIE TRENNEN KÖNNTE …

… Familie, Freunde und meine Fellnasen

DARÜBER KANN ICH LACHEN …

… gerne auch über mich selbst :)

bedeutet in Wahrheit

ER, ARBEITSLOS, 51, 1,69 – PLEITE, PLANLOS, DREI KINDER VON ZWEI FRAUEN
SO WÜRDE ICH MEIN ÄUSSERES BESCHREIBEN …

… zehn Jahre älter und zehn Kilo fetter als auf den Fotos hahaha.
ICH WÜRDE NIE …

… Haustiere tolerieren, ich habe schon drei Kinder!
ICH WÜNSCHTE, ICH KÖNNTE …

… mir diese Antworten ersparen und bald ne geile 20-Jährige flachlegen!
EIN ORT, AN DEM ICH MICH BESONDERS WOHLFÜHLE

… mal sehen, ob darauf eine eingeht! Dann aber: bungabunga!
ZWEI SACHEN, VON DENEN ICH MICH NIE TRENNEN KÖNNTE …

… ich habe mich von zwei Ehefrauen getrennt, von meinen drei Kindern
aber nicht. Das schreibe ich nicht, sonst bekomme ich keine mehr ab.
DARÜBER KANN ICH LACHEN …

… wenn die wüsste, dass das der eigentliche Witz ist! Und darüber, dass
Profile mit Emojis 200 % bessere Dating-Chancen haben ;-)))))))))))))))))))))

SIE, BÖRSENMAKLERIN, 34, 1,84 – OVERWORKED & UNDERFUCKED, KINDERWUNSCH (!!!)
SO WÜRDE ICH MEIN ÄUSSERES BESCHREIBEN …

… flachbrüstig, dicker Po, XXXL-Becken, zu groß (Ballerinaträgerin)
ICH WÜRDE NIE …

… meine Fellnasen hergeben. Und wenn du keine Katzen magst oder
nicht lieb zu meinen Fellnasen bist, bist du tot
ICH WÜNSCHTE, ICH KÖNNTE …

… gedankenlesen. Dann müsste ich mir nicht immer so den Kopf
zerbrechen, wenn ich wissen will, was Männer sagen wollen, wenn sie
meine Frage nach einem Wiedersehen mit »Hey Große. Gerade alles total
stressig … ;-)))))))))))))))« beantworten.
EIN ORT, AN DEM ICH MICH BESONDERS WOHLFÜHLE …

… bei meinen Fellnasen
ZWEI SACHEN, VON DENEN ICH MICH NIE TRENNEN KÖNNTE …

… von meinen drei Katzen, die schlafen in meinem Bett. Und von
meinem Ex. Der ist inzwischen mein allerbester Freund. Echt wahr!
DARÜBER KANN ICH LACHEN …

… wenn der wüsste, dass das der eigentliche Witz ist!

Blinddate am Nebentisch

VERHÖRPROTOKOLL EINES VERKAUFSGESPRÄCHS AUS WEIBLICHER SICHT.

19:03
Wieso ist eine Frau wie du noch auf der Suche?

19:04
Verstehe. Ja, mein Job ist mir auch total wichtig. Ha, ha, stimmt: Urlaub wird definitiv überbewertet.

19:07
Ohne meine Dachterrasse würde ich es in der Innenstadt auch nicht aushalten. Ja, ist gemietet, also von nem Freund. Männer-WG auf Zeit.

19:14
Steile Karriere! Welche Aktien kannst du empfehlen? Online anmelden? Ok. Done. Echt, Malediven jedes Jahr an Weihnachten? Brauchst du einen Kofferträger?

19:15
Und ich so? Ja, auch total happy mit meinem Job. Hab da grad so ein Projekt laufen. Was mit Internet. Ist noch streng geheim. Mache ich zusammen mit meinen Berliner Jungs. Wenn das abhebt, dann ist bei mir auch Malediven-Alarm. Noch einen Prosecco?

19:16
Prost! Ich bin auch Flexitarier. Total! Wenn wir heute durchfeiern, isst du später noch ne Bockwurst?

19:16
Äh? Ähm, sorry, sorry, sorry, Zwinkersmiley ;)))))

19:16

Hey, ich mach auch Charity für Flüchtlinge! Also, noch nicht konkret, bin noch am sondieren ...

19:19

Toll, was du alles auf die Kette kriegst! Powerfrau, was? Noch Prosecco? Nein, ich habe keine Tiere. Aber ja, Tiere finde ich super. Fellnasen! Süüüüß!

19:20

Nein, nur ein bisschen allergisch, also, falls die immer im Bett schlafen oder so. Fotos? Gerne!

19:32

Die sind echt süß deine Katzen. Voll sexy, wie die mit dir im Bett kuscheln. Nein, nein, das macht mir nichts aus. Schick mir das Bild. Ja gleich, danke!

19:46

Echt, beste Freunde? Ich habe nicht so ein gutes Verhältnis zu meiner Ex. Nee, verheiratet nie! Bin ein freier Mann! Kinder, nee, also nicht direkt. Die sind noch so klein, kann man fast nicht Kinder nennen. Wie alt? 3 Monate, 2 Jahre und dreieinhalb.

19:46

Wie, geplant? Ist kompliziert. Ja, verstehe ich, ich muss morgen auch früh raus. War total nett! Bist du mit dem Auto da? Ich spare grad auf den Porsche. Nee, kein Problem, ich hab ne Monatskarte. Ja, würde mich freuen. Meld dich mal! Ciao!

19:47 – Sie, WhatsApp an die beste Freundin
Loser!!! Gelöscht, blockiert. Nächstes Date: 20 Uhr.

 EHRLICH LIEBT AM LÄNGSTEN

Wenn Sie digitale Medien als Umwegkommunikation zu Ihrem Partner missbrauchen, weil Sie ihm persönlich nicht mehr alles sagen können, ist Ihre Beziehung in Gefahr. Typische Warnsignale.

DIGITAL MACHT UNS IM SCHLIMMSTEN FALL ZUM KONTROLLFREAK und zum Stalker. So was ruiniert jede Liebe und foltert den, der etwas mehr geliebt hat, noch lange nach dem Ende einer Beziehung. Im besten Fall hilft uns die selbstkritische Analyse unseres digitalen Verhaltens, rechtzeitig zu erkennen, wenn die Liebe in Gefahr ist. Das sind typische Warnsignale.

— Sie ertappen sich dabei, dass Sie Dinge posten, von denen Sie hoffen, dass sie nicht als Hilferuf verstanden, Verzeihung, fehlinterpretiert werden, aber doch die Aufmerksamkeit des Partners erregen. Sie posten täglich kryptische Zitate wie: »Die reinste Form des Wahnsinns ist, alles beim Alten zu lassen und gleichzeitig zu hoffen, dass sich alles ändert.«

— Ihr Partner likt Ihre Beiträge nicht mehr. Auch das Pärchen-Selfie aus Ihrer Kennenlernzeit, das auf Anhieb über 50 Likes bekommen hat, ignoriert er. Likt er Sie nicht mehr? Fragen Sie ihn doch einfach!

— Sie versuchen durch Ihren WhatsApp-Status Stimmungen zu kommunizieren oder Neugierde zu wecken und schreiben Dinge wie »Can't talk, WhatsApp only«. Ihr Partner ignoriert auch das.

— Sie erhöhen Ihren Selfie-Ausstoß und sind enttäuscht, dass Ihr Partner nicht angemessen begeistert reagiert.

— Sie senden sich nur nur noch Emojis. Haben Sie sich nichts mehr zu sagen? Tipp: Sagen Sie was!

Spätestens jetzt ist es Zeit, miteinander zu reden. Persönlich. Reden. Sorry, Männer.

ES IST AUS –
ES WAR NIE AN

Einer von zweien liebt immer etwas mehr ... Die Größe einer Liebe erkennt man immer erst an ihrem Ende. Bockmist. Die Größe eines Menschen erkennt man daran, wie er eine Beziehung beendet.

SO ERKENNEN SIE DIGITALEN (SELBST-)BETRUG.

— Der Partner verbringt plötzlich (noch) mehr Zeit mit seinen digitalen Spielsachen und Sie dürfen nicht mitspielen.

— Der Partner erhöht seine digitalen Sicherheitsstufen – plötzlich mit Passwort oder mit neuem Passwort. Er gibt Ihnen zusätzlich durch paranoides »Schau mir nicht auf mein Display«-Verhalten das Gefühl, dass Sie die potenzielle Bedrohung sind.

— Typischer Endzeit-Dialog: »Was machst du da? Nichts! Und warum ist dann deine Hose offen?« Zurück zum Ernst. Das war Ernst.

— Ihr Partner ändert täglich sein Profilbild. Was in seinem Leben passiert, erfahren Sie im Web. Wie er sich fühlt, können Sie nur erraten, wenn Sie seine Postings interpretieren.

— Er lässt sein Handy nicht aus den Augen, nicht mal im Schlaf.

— Wenn Sie ihn darauf ansprechen, streitet er alles ab und macht dicht.

WIE DIE LIEBE DICH KRÖNT, KREUZIGT SIE DICH. Für jedes Ende gilt: persönlich! Das mindeste ist ein ehrlicher Text, das Beste ein ehrliches Gespräch. Und danach? Entfreunden und blockieren Sie sich einvernehmlich aus Stalking-Selbstschutzgründen. Herzschmerz? Trösten Sie sich mit diesen Zeilen zur Unvergänglichkeit von allem, was man unendlich liebt:

 Stehe nicht weinend an meinem Grab, ich liege nicht dort in tiefem Schlaf! Ich bin der Wind auf tosender See, ich bin der Schimmer auf frischem Schnee. Ich bin das Sonnenlicht auf reifem Feld, ich bin der Regen, der vom Himmel fällt. Weine nicht an meinem Grab, denn ich bin nicht dort. Ich bin nicht tot, ich bin nicht fort.[39]

EINATMEN,

Nehmen Sie sich 15 Sekunden. Lassen Sie die Zeit stillstehen.

AUFATMEN

Atmen Sie ein, atmen Sie auf:
1 – 2 – 3 – 4 – 5 – 6 – 7 – 8 – 9 – 10 – 11 – 12 – 13 – 14 – 15.

15 sec ◖FF

15-Sekunden-Videos zum Auftanken und Abschalten:
www.anitra-eggler.com/15sec-off

Manchmal steh' ich auf,

mitten in der Nacht und lass' die Uhren alle stehen.

Aus: »Der Rosenkavalier« von
Hugo von Hofmannsthal, 1911

Heute für immer

Mit meinem ersten Lippenstift habe ich »Carpe Diem« an die Fenster meines Zimmers gemalt. Ich war 12 und voller Lebensgier. Diesen Text schreibe ich 30 Sommer später. Die Gier ist Genuss und Gelassenheit gewichen, mein Credo ist geblieben: Heute für immer.

Warum teile ich das mit Ihnen? Weil mir der Genuss und das Verdichten des Moments der wirkungsvollste Weg scheint, dem rasenden Stillstand des digitalen Hamsterrads etwas entgegenzusetzen, was Wert hat, von Bestand ist und voller Leben.

Tick. Tack. Hören Sie das? Das Ticken wird immer lauter, die Einschläge kommen näher. Wofür leben Sie und wie lange noch? Mit diesen Fragen habe ich mich früh beschäftigt. Das Ticken der Uhr habe ich schon mit 12 gehört. Ich sang im Kinderchor der Oper und auf der Bühne starben die Helden in Serie. Beim »Rosenkavalier« starb niemand, aber ein Satz der Feldmarschallin ist mir zum hedonistischen Ritual geworden: »Manchmal steh' ich auf, mitten in der Nacht und lass' die Uhren alle stehen.« Die Zeit stillstehen lassen können ist eine Gabe und eine Garantie für Lebensglück. Vor lauter Getöse in uns und um uns herum hören viele Menschen ihre innere Uhr nicht mehr. Meine tickt jedes Jahr lauter.

Ich habe keine Angst vor dem Alter. Im Gegenteil. Ich liebe die zunehmende Gelassenheit, die auch einen so quirligen Geist wie den meinen beseelt. Sterben scheint mir keine Frage des Alters. Ja, ich weiß, statistisch betrachtet werde ich 82 Jahre und 10 Monate alt. Realistisch betrachtet kann es vorbei sein, bevor ich diesen Satz beende. Hurra, ich lebe noch! Lebensversicherungen gehen inzwischen von über hundertjährigen Frauen aus. In meinem Bekanntenkreis reißt es immer mehr Menschen zwischen 35 und 60 aus dem Leben. Krebs, Freitod, Infarkt oder Unfall – in dieser Reihenfolge.

Ich habe keine Angst vor dem Tod. Mit 16 war ich felsenfest überzeugt, dass ich die 30 nicht erreichen würde. Ich wurde 30. Zweieinhalb Monate später starb mein Vater. Zwischen seiner Krebsdiagnose und seiner Abreise in die Unendlichkeit lagen nur drei Monate. Seither feiere ich jeden Geburtstag als ein geschenktes Jahr im Bewusstsein, dass jeder von uns jederzeit sterben kann. Deshalb versuche ich jeden Tag zu genießen als sei es mein letzter: Heute für immer. Das gelingt mir nicht täglich, aber jedes Jahr konsequenter.

Der Gedanke, dass heute mein letzter Tag sein kann, stresst mich nicht, er feuert mich an. Er hilft mir, Prioritäten zu setzen. Er motiviert mich, zu leben und zu lieben und mit meiner Zeit zu geizen. Meine Not2do-Liste ist inzwischen wichtiger als meine 2do-Liste. »Heute für immer« heißt auch, dass morgen keine Alternative ist. Klar, morgen wäre das Wetter vielleicht passender für die Weltrevolution, die digitale Entgiftung oder die so überfällige Trennung. Und wenn erst die Kinder im Kindergarten (in der Schule, aus der Pubertät raus, ausgezogen ...) sind, wird alles – wie es nie war und deshalb nie sein wird! Morgen ist keine Option, morgen ist Selbstbetrug. Ich habe eine sehr kompromisslose Einstellung zum Glücklichsein: Glücklich wird man nicht, man ist es. Das ist kein Weg, es ist eine Wahl. Entweder Sie sind jetzt glücklich, weil Sie am Leben sind, warmes Wasser und Strom haben, oder Sie werden es nie. Morgen ist es zu spät.

Das ist wie on- und offline. Es geht nicht darum, weniger online und mehr offline zu sein. Es geht darum, besser online und besser offline zu sein, um in Summe mehr vom Leben zu haben. Dazu gehört auch eine Arbeit, die einen erfüllt, fördert und fordert. Warnhinweis: Besser hat nichts mit Selbstoptimierung, fördern und fordern nichts mit turbokapitalistischer Effizienzgetriebenheit zu tun. Früher war ich selbst in diesem Hamsterrad unterwegs. Dann habe ich erkannt, dass sich weder der Homo Oeconomicus noch der Homo Digitalis mit dem vertragen, was ich unter Leben verstehe oder auf meinem Grabstein lesen will. Ich habe gelernt, dass die Freiheit, nein zu sagen, unbezahlbar ist. Ich habe gelernt, dass das schönste Kompliment ist, das Handy auszuschalten und ganz da zu sein. Für andere. Für einen selbst. Einfach sein. Einssein.

Als mir 2009 bewusst wurde, dass ich bereits vier Jahre mit Mailen und Surfen verbracht hatte, habe ich mein Leben und Arbeiten radikal verändert. Heute verschwende ich meine Zeit sparsam und bin maßlos – glücklich.

Ihr Lebenszeitrechner

Einmal im Jahr erleben Sie Ihren Todestag. Stellen Sie sich vor, es ist so weit: Als Einlassfrage in den Himmel müssen Sie beantworten, was Sie jedes Jahr an diesem Tag getrieben haben. Möchten Sie: »Ich habe meinen Todestag immer und immer wieder mit meinem Handy im Web verbracht« antworten?

Diese Antwort birgt die Gefahr, dass der Türsteher denkt: »Des Menschen Wille sei sein Himmelreich!« Und schwupp landen Sie für immer im Internet! Wenn Sie Pech haben, reinkarnieren Sie als »Page not found«-Seite eines Pornoportals und werden von allen Besuchern gehasst. Damit das nicht passiert, sollten Sie heute schon Bilanz ziehen und Ihre Lebenszeit optimieren. Eine Online-Version dieses Rechners finden Sie hier: **www.anitra-eggler.com/lebenszeitrechner.**

INTERNETSTUNDEN

Wie viele Stunden sind Sie täglich online?

_____	Stunden
× 365	Tage
+ 100 h	Selbstbetrug
= _____	INTERNET-STUNDEN/JAHR
÷ 24	
= _____	INTERNETTAGE/JAHR

HANDYSTUNDEN

Wie viel Zeit verbringen Sie täglich mit Ihrem Handy?

_____	Stunden
× 365	Tage
+ 50 h	Selbstbetrug
= _____	HANDY-STUNDEN/JAHR
÷ 24	
= _____	HANDYTAGE/JAHR

KUSSMINUTEN

Auf wie viele Kussminuten kommen Sie pro Woche? Kinder, Haus- und Kuscheltiere inklusive.

_____	Minuten
× 52	Wochen
– ___ min	Wunschdenken
= ___	KUSS-MINUTEN/JAHR
÷ 1.440	
= ___	KUSSTAGE/JAHR

SEXSTUNDEN

Wie viele Stunden Sex haben Sie pro Woche im echten Leben?

_____	Stunden
× 52	Wochen
– ___ h	Sexträume während Besprechungen
= ___	SEX-STUNDEN/JAHR
÷ 24	
= ___	SEXTAGE/JAHR

IHRE LEBENSZEITBILANZ

_____	INTERNETTAGE/JAHR
_____	HANDYTAGE/JAHR
_____	KUSSTAGE/JAHR
_____	SEXTAGE/JAHR

LEBENSAUFGABE: Reduzieren Sie Internet- und Handyzeit um die Hälfte, investieren Sie diese Zeit in alles, was Sie lieben. Motivation: Das heutige Datum könnte Ihren Grabstein zieren.

Liebe Leserin,
lieber Leser,

ich hoffe, Sie haben jetzt eine neue Portion Motivation und Inspiration, um das Beste aus Ihrer Lebenszeit zu machen. »Das Beste« klingt stressig. Soll es nicht. Ich habe mich früher immer mega gestresst, weil ich überall die Beste sein wollte. Im Sport, im Chor, im Feiern bis ins Morgengrauen. Der Witz war, das hat niemand von mir gefordert – außer ich selbst. Das Kompetitive ist Teil meiner DNA. Im Job konnte ich das so richtig ausleben: Ich wollte die schnellste und beste Journalistin und später die effizienteste und erfolgreichste Internetmanagerin sein. Deshalb habe ich rund um die Uhr gearbeitet, gleichzeitig versucht, die liebevollste und aufregendste Beziehung aller Zeiten zu führen und selbstverständlich wollte ich auch die coolste Hausfrau der Welt sein und jede Nacht ein selbstgekochtes leckeres Essen auf den Tisch bringen. Das ist mir einige Jahre sogar gelungen.

Aber es war eine Zerreißprobe. Ich kenne inzwischen zu viele Menschen, die es zerreißt. In meinem Bekanntenkreis gibt es mehr Burnout-Diagnosen als glückliche Ehen. Muss das sein? Nein. Wenn man robust ist und die Arbeit einen derart begeistert, dass man sie als Berufung empfindet, hält man das so lange durch wie ich. Mehr noch: Man wähnt sich glücklich, auch weil man gar keine Zeit hat, über das Gegenteil nachzudenken. Wobei, es ist nicht so, dass man keine Zeit hat. Man nimmt sie sich nicht. Genau genommen ist das das eigentliche Verbrechen an der eigenen Lebenszeit. Während der Arbeit an diesem Buch dachte ich plötzlich: »Ich will keinen Bestseller schreiben, sondern einfach nur das beste Buch, zu dem ich fähig bin.«

Diese Gelassenheit macht mich glücklich, aber ich habe sie hart erkämpft und nur gewinnen können, weil ich gelernt habe, komplett abzuschalten vom digitalen Getöse und mich frei zu machen von meinem selbstverordneten Bestleistungsdruck. Der Dauerstress, dem wir uns oftmals freiwillig hingeben, hat mächtige Verbündete. Einen davon hat der einstige FAZ-Herausgeber Frank Schirrmacher maximal treffend klassifiziert: »Multitasking ist Körperverletzung«, schrieb er in »Payback«, dem ersten Ketzerbuch, das die bis dato willfährig naive Internetgemeinde 2009 zu spalten begann. In Sachen digitales Voraus- und Kritischdenken war Schirrmacher ein Lichtschwert. Ich habe ihn am 31. März 2014 kennengelernt, ihm genau das gesagt und mich für sein Querdenken bedankt. Zweieinhalb Monate später starb er an einem Herzinfarkt. Er wurde nur 54 Jahre und 1.888 Tweets alt. Auf Twitter lebt Frank Schirrmacher weiter und hat auch im Jahr 2016 noch über 37.000 Verfolger. An seinem Todestag, dem 12. Juni 2014, schrieb ihm @dichter: »@fr_schirrmacher ich habe gehört, Sie seien verstorben. Meinen aufrichtigen Beileid, Sie werden mir fehlen. :-(« Kürzlich fragte ein Weltverschwörungstheoretiker @fr_schirrmacher, warum derselbe »ermordet worden« sei. Das sagt alles, oder? Der folgende Dreizeiler des iranischen Autors Parviz Owsia hätte Schirrmacher gefallen, er ist Mahnmal und Denksport in einem:

»MORGEN WURDE ICH GEBOREN.
HEUTE LEBE ICH.
GESTERN HAT MICH UMGEBRACHT.«

»Ich wäre am liebsten wiederauferstanden!«

Ben wurde 43 Jahre und 16 Tage alt. Seine letzte WhatsApp-Nachricht kam nicht mehr an. Er starb mit seinem Handy auf der Gegenfahrbahn. Doch er lebte weiter: auf Facebook. Hätte der Unternehmensberater gewusst, was mit seinem Internet-Ich nach seinem Tod passiert – er wäre wiederauferstanden.

Ich hatte gerade meinen letzten Atemzug getan, da ging es schon los: Die Nachricht von meinem Tod hat meine Facebook-Freunde schneller erreicht, als ich Richtung »Game over« gerast war. Der Unfall war meine Schuld. Texten und fahren ist tödlich. Leider kommt meine Erkenntnis zu spät. Ich bin tot und habe mich selbst überlebt. Klingt das irre? Ist in Zeiten eines digitalen Doppelgängers ganz normaler Wahnsinn. Kaum war ich Materie, kamen die ersten Postings von den Frauen, die ich geliebt habe, und von Frauen, die mich geliebt hatten – was per se keine Schnittmenge bildet. In dieser Hinsicht, war ich heilfroh, dass mein Handy beim Unfall draufgegangen war. Was meine »Lieben« dort gefunden hätten, hätte viele Rosenkriege ausgelöst. Peinlich war, dass meine zwei aktuellen »Erstfrauen« ihren Schmerz und meinen Verlust so offensiv auf meiner Facebook-Chronik beklagten, dass jedem aufgefallen sein muss, dass mit beiden etwas gelaufen war.

»Du warst für mich die ganze Welt«, postete die eine. Die andere legte sofort nach und ließ mich *(Mich! Der soeben verstorben war!)* einen »Brief aus dem Himmel« schreiben, in dem ich *(Ich!)* berichtete, ich sei »gut angekommen«, sie solle »nicht traurig sein«, sondern »glücklich«, weil ich jetzt »mit unendlicher Liebe« über sie wache. Eine meiner Facebook-Stalkerinnen postete ein Bild von mir und schrieb: »In meinem Herzen strahlst du ewig weiter.«

Der Kondolenz-Terror artete aus: Ein Internet-Bekannter, den ich als potenziellen Kunden via Xing attackiert hatte, beschrieb unsere »Freundschaft« aufs Allerpeinlichste: »Ich habe Ben auf Xing kennengelernt. Erst dachte ich, sein Interesse sei rein geschäftlich. Dann befreundete er mich auf Facebook, ich folgte ihm auf Twitter. Gemeinsam lachten wir über die lustigen YouTube-Videos, die er immer postete, wenn er anderen eine Freude bereiten wollte. Den Link zu dem ›Two Girls, one Cup‹-Video hat er mir ganz privat geschickt. Das war der Beginn unserer Freundschaft. Nächste Woche wäre das neue Jahresbudget fixiert worden. Im Anschluss wollten wir uns endlich im richtigen Leben treffen. Jetzt wird es nicht mehr dazu kommen. Gute Reise, Ben! Du warst ein großer Menschenfreund. Du fehlst mir!«

Zum Schluss wurde es bizarr. Meine Assistentin übernahm meinen Account. Wir ... also ... sie ..., lassen wir das. Fakt ist, sie hatte mein Passwort, weil wir Facebook geschäftlich benutzt haben. Und was tut sie? Sie akzeptiert Tage nach meinem Tod neue Freunde! »Ben ist jetzt mit Karin Müller‹ befreundet.« »Ben ist tot!«, wollte ich rufen, und: »Gefällt mir nicht!« Und wiederauferstehen wollte ich! Sofort – und zwar nur, um meinen Datenmüll zu entsorgen. Beim Gedanken, welche Spuren meine multiplen digitalen Ichs auf meinen diversen Festplatten hinterlassen hatten, wurde mir höllenheiß. Zu spät. Ruf posthum ruiniert. Beim nächsten Mal sterbe ich mit Internet-Testament. //

»Wer regelt Ihren digitalen Nachlass?«

Ihr letzter Online-Wille

Wenn Sie sterben, lebt Ihr Internet-Ich weiter. Besser, Sie regeln Ihren digitalen Nachlass, bevor das Ihre Facebook-»Freunde« tun.

SOLLTE ES FACEBOOK IM JAHRE 2098 noch geben, wäre es der weltgrößte Friedhof. Es gäbe mehr tote als lebendige Nutzer. Der Grund? Facebook löscht die Profile Verstorbener (noch) nicht, sie leben online weiter; gleichzeitig stagnieren die Nutzerzahlen. Glaubt man der Prognose des digitalen Nachlassverwalters »Digital Beyond«, werden im Jahr 2016 fast eine Million Facebook-Nutzer sterben, 970.000, um genau zu sein. Das ist gruselig. Sorgen Sie vor!

WAS IST ONLINE, WENN SIE FÜR IMMER OFFLINE SIND? Ihre Facebook-Chronik. Ihre Google-Historie. Ihr Xing-Profil und all die anderen Identitäten im Netz – können Sie sie aufzählen? Ihr Handy, Ihre Textnachrichten, Ihre Fotos und Videos, Ihre Computer, Ihre Cloud und Ihre Festplatten, diese posthumen Verräter. Ach, und Ihre E-Mails – wie wäre es mit einer Abwesenheitsnotiz aus der Unendlichkeit? Betreffzeile: »Ich werde NIE WIEDER für Sie erreichbar sein!«

WAS PASSIERT MIT IHREM INTERNET-ICH, wenn Sie es nicht mehr betreuen können, weil Sie auf Wolke sieben weilen und die Cloud vermissen, in der all Ihre Daten schmoren? Darf man Sie posthum befreunden? Soll Ihre Seite zur Gedenkseite werden? – Facebook bietet das inzwischen an. Steht auf Xing: »Suche: Gott«? Folgt Ihr Handy mit ins Feuer oder unter die Erde? Wer erbt Ihr PayPal-Guthaben, Ihre »Elfe Level 80« auf World of Warcraft und Ihre Zugangsdaten? Hinterlassen Sie Ihre Lebensweisheit auf Video und filmen ewige Liebeserklärungen für alle, die es wort sind?

INTERNET-BESTATTUNGEN SIND EINE NISCHE mit Massenmarktpotenzial – ein todsicheres Geschäft. Besser, Sie nehmen es selbst in die Hand. Jetzt.

CHECKLISTE FÜR IHR DIGITALES VERMÄCHTNIS

SOZIALE NETZWERKE & APPS

✔ Wo sind Sie angemeldet, mit welchem Benutzernamen und Passwort? Soll etwas posthum veröffentlicht werden?

✔ Was passiert mit Ihren Profilen, Ihrer Webseite? Löschen oder Gedenkseite einrichten? Motto: »Hier hat [Ihr Name] immer gepostet«?

PASSWÖRTER, PIN-CODES, ABONNEMENTS

✔ Online-Banking, PayPal, Kreditkarten, eBay, Amazon, Spotify, Netflix, iTunes, App-Abos, Handy, Festplatten, Computer, Partnerbörsen – wer wird Ihren digitalen Nachlass verwalten, bezahlen, was zu bezahlen ist, und löschen, was zu löschen ist?

E-MAILS, WHATSAPP, MESSENGER

✔ Gibt es eine Textvorlage für Ihre ewige Abwesenheitsnotiz? Wie lautet die Betreffzeile, wie der Text und die letzte Grußformel?

✔ Was passiert mit Ihren Nachrichtenarchiven auf WhatsApp, Facebook, Skype …? Möchten Sie eine Todesstatuszeile?

SCHWEINSKRAM, SEITENSPRÜNGE, SATANISCHE VERSE

✔ Wem übergeben Sie Ihre intimsten Dateien? Ihre satanischen Verse? Ihr digitales Tagebuch? Wer macht ein Buch daraus, ein Geschäftsmodell oder Asche?

✔ Was passiert mit Ihren Fotos, Ihren Videos, Ihrem Terminkalender?

ABSCHIEDSVIDEO, PLAYLIST FÜR IHR BEGRÄBNIS, DIGITALE TRAUERSEITEN

✔ Drehen Sie ein Abschiedsvideo? Soll es online veröffentlicht oder nur bei Ihrer Beerdigung gezeigt werden?

✔ Gibt es eine Playlist für Ihr Begräbnis?

✔ Soll eine Facebook-Gedenkseite beantragt werden? Soll ein Web-Kondolenzbuch eröffnet werden, z.B. auf www.gedenkseiten.de?

Wo bewahren Sie diese Daten maximal sicher auf? Wer kennt Ort und Zugangsdaten? Und was passiert, falls er oder sie vor Ihnen …?

Schreiben Sie Ihre Grabrede.

Stellen Sie sich vor, Sie sind der Mensch, der morgen Ihre Grabrede halten muss. Was sagen Sie über sich selbst? Wer sind Sie? Wer wären Sie gerne gewesen? Wer sind Sie nie geworden? Was bleibt von Ihnen, wenn nichts mehr bleibt? Wie lebensbejahend das ist, fühlen Sie erst, wenn Sie es getan haben.

WIR NEHMEN HEUTE ABSCHIED VON _____.

_____ wurde nur _____ Jahre alt. _____ Leben war geprägt von _____, _____ und _____. _____ war ein _____ Mensch. _____ liebte _____, _____ und ganz besonders _____, _____ und _____.

Leider hatte _____ immer zu wenig Zeit für _____, _____, _____, _____ und _____. Arbeit bedeutete _____ _____.

Hätte _____ gewusst, dass ihr/ihm die Stunde schlägt, sie/er hätte gerne viel mehr Zeit mit _____, _____, _____, _____ und _____ verbracht. _____ Lebenstraum war: _____ _____. _____ davon hat _____ verwirklicht.

Damit ihr alles besser machen könnt, hätte euch _____ heute folgenden Lebensrat gegeben: _____ _____.

_____ hatte _____ Freunde auf Facebook und _____ Twitter-Follower. Sein letzter Tweet lautete: _____ _____.

Die Angehörigen bitten, von Beileids-Postings, Trauerhashtags und Tränenemojis abzusehen.

PS: DAS LETZTE, WAS _____ **AUF GOOGLE GESUCHT HAT, WAR:**

_____.

Kreuzigen Sie Ihr altes Internet-Ich.

Ja, das fühlt sich an wie Jesus am Karfreitag. Trösten Sie sich mit dem, was danach geschah. Das ist Ihr Weg nach Golgatha. Stellen Sie sich vor, ...

1

... Sie sind Ihr schlimmster Feind. Sehen Sie sich Ihren digitalen Doppelgänger durch das Fadenkreuz eines Egoshooters an. Worauf zielen Sie? Was schießt Sie ab? Wo fehlt Ihrem digitalen Doppelgänger die kugelsichere Weste mit Stehkragen?

2

... Sie sind der, der Ihre Karriere vergolden und Ihnen ein sorgenfreies Leben bescheren kann – falls Sie an sowas glauben, Sie liebenswerter Idealist. Oder stellen Sie sich vor, Sie sind Ihr Traumpartner und finden ... Sie! Röntgen Sie Ihre digitalen Profile aus der Siebsicht eines Goldschürfers: Was lässt Sie aus der Katzengoldmasse herausstrahlen? Was macht Sie im Internet als Gehaltsempfänger und potenzieller Traumpartner attraktiv? Na?

3

... Sie erleben die klügste und selbstkritischste Minute Ihres Lebens. Googeln Sie sich selbst. Dann fragen Sie sich: Bin ich das? Ist mein digitaler Doppelgänger echt? Möchte ich mit ihm leben? Vergleichen Sie das, was Sie im Netz über sich finden, mit dem, was Sie sind, mit dem, was Sie gerne wären, und dem, was Sie nie sein werden – weil Sie es weder sind noch sein wollen oder können. Ziehen Sie von Ihrem Ego die Mehrwertsteuer ab. Nehmen Sie, was übrig bleibt, kreuzigen Sie Ihr altes Internet-Ich und erschaffen Sie sich neu!

R.I.P.

REST IN INTERNET PEACE

Oh weh, Google, voll der Ungnade!

Stellen Sie sich vor, Sie beten und der Google-Algorithmus antwortet – das wäre ... ein Geschäftsmodell! Probieren Sie es aus. Falls es klappt, nichts für ungut.

5 mein Such-
ergebnis.

4 und gebenedeit
ist die Frucht
deines
Datenleibes:

3 du bist gebenedeit
unter den Such-
maschinen

2 der Algorithmus
sei mit dir,

1 Gegrüßet seist du, Google,
voll der Ungnade,

25 Amen.

24 in Ewigkeit,

23 und so du willst,
die Ehrlichkeit,

22 Denn dein ist
das Daten-
reich und die
Monopolkraft

21 sondern erlöse
uns von peinli-
chen Such-
ergebnissen.

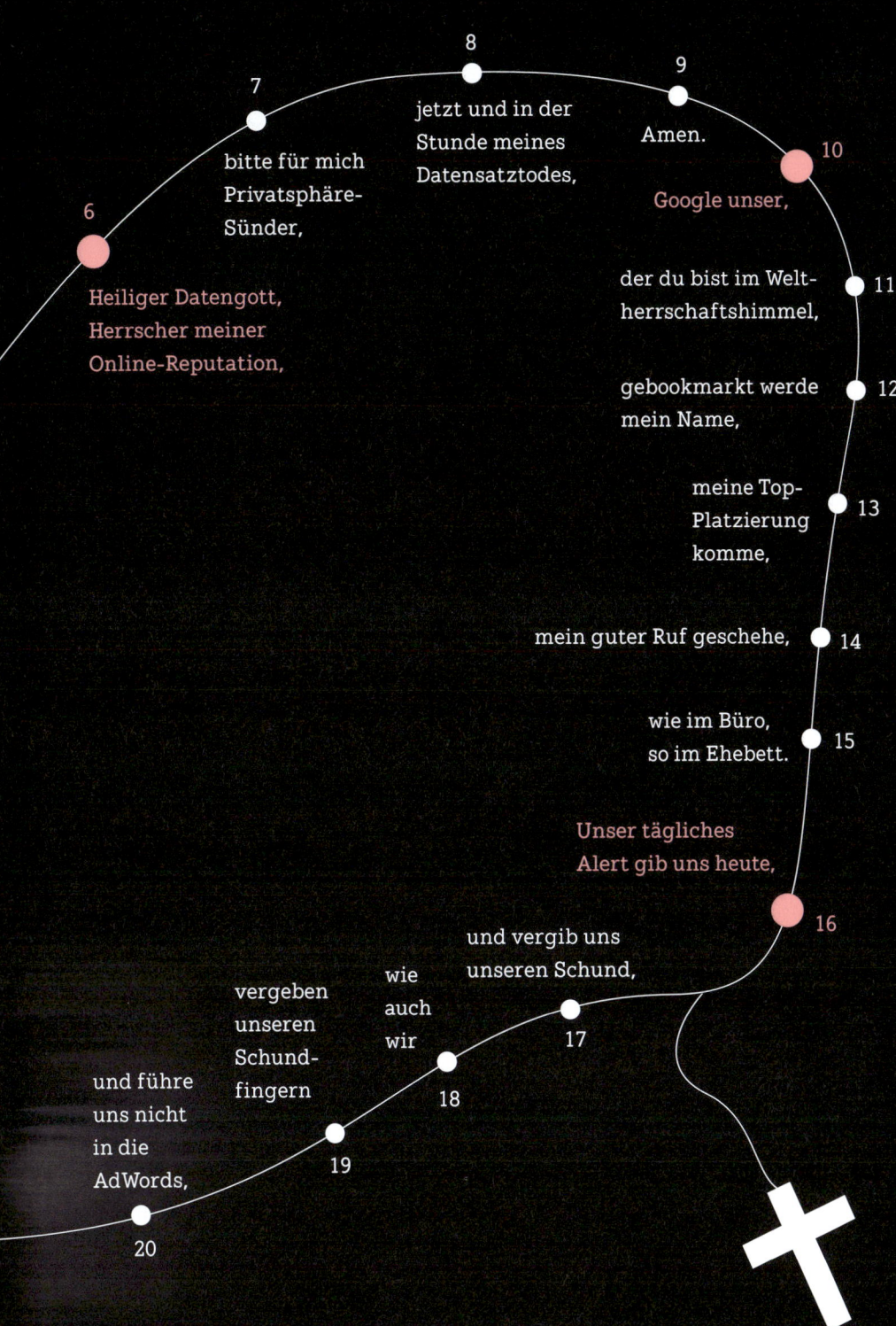

7

bitte für mich
Privatsphäre-
Sünder,

8

jetzt und in der
Stunde meines
Datensatztodes,

9

Amen.

Google unser,

6

Heiliger Datengott,
Herrscher meiner
Online-Reputation,

10

der du bist im Welt-
herrschaftshimmel,

11

gebookmarkt werde
mein Name,

12

meine Top-
Platzierung
komme,

13

mein guter Ruf geschehe,

14

wie im Büro,
so im Ehebett.

15

Unser tägliches
Alert gib uns heute,

16

und vergib uns
unseren Schund,

wie
auch
wir

vergeben
unseren
Schund-
fingern

17

18

und führe
uns nicht
in die
AdWords,

19

20

Schweigeminuten

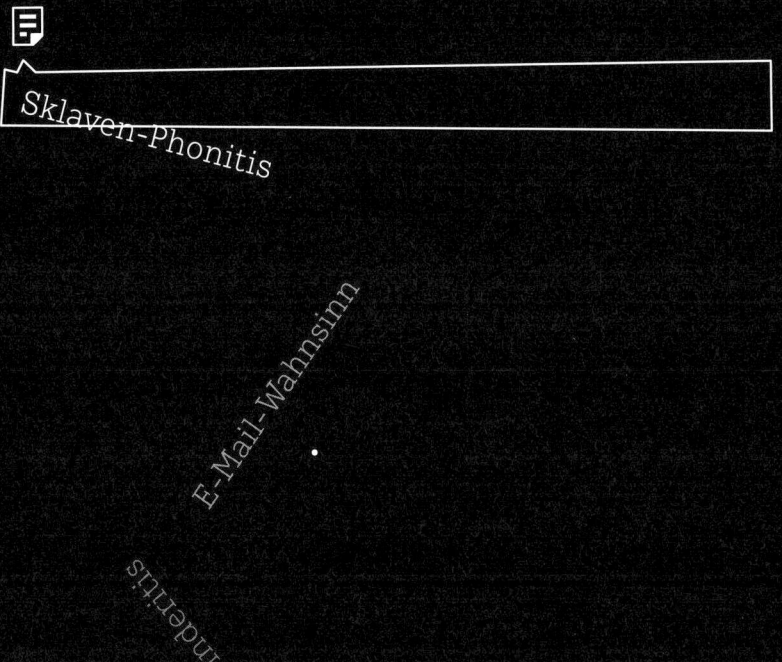

Sklaven-Phonitis

E-Mail-Wahnsinn

Tinderitis

VERABSCHIEDEN SIE SICH JETZT von allem, was Sie sich und Ihrem digitalen Doppelgänger fortan nicht mehr antun werden. Es geht nicht darum, weniger digital zu sein, sondern besser digital zu sein. Besser ist meist nur einen Klick oder einen kritischen Gedanken entfernt. Eine meiner Lieblingsseiten ist: http://thequietplaceproject.com/thethoughtsroom. Schreiben Sie dort alles, was Sie nach Lektüre dieses Buches loswerden möchten, in die Statuszeile. Und ... tschüss!

8%

IHR NEUES INTERNET-ICH LÄDT GERADE ...

STELLEN SIE HEUTE NOCH EIN EINMACHGLAS AUF. Schreiben Sie täglich den erl(i)ebenswertesten Moment des Tages auf einen Zettel, Datum drauf, ab ins Glas! An einem Jahrestag Ihrer Wahl leeren Sie das Glas und genießen die Rückschau auf ein l(i)ebenswertes Leben im Hier und Jetzt.

ANITRA EGGLER gibt es seit 1973. Ihren ersten Atemzug macht sie an einem Pfingstsamstag im Juni – und das ausgerechnet in der deutschen E-Mail-Geburtsstadt Karlsruhe. Ein Omen? Ganz sicher vielleicht. Fakt ist: »Machen« wird Anitras Lieblingswort.

NACH DEM ABITUR STARTET SIE IHRE KARRIERE als Todesanzeigentexterin in Buenos Aires. 1995 gewinnt sie ein Journalismus-Stipendium und studiert Kulturwirt in Passau. Als junge Journalistin erkennt sie die Kraft der digitalen Revolution und sattelt um: 1998 textet sie die ersten Newsletter für Amazon.de und zählt zu den Pionieren der Branche. »Immer online, volle Dosis, du kannst schlafen, wenn du tot bist« – bis 2010 lebt sie in Hochgeschwindigkeit und ist damit als Managerin von Internetfirmen in der Medien- und Werbebranche erfolgreich.

ALS SIE NACH 12 JAHREN AN VORDERSTER INTERNETFRONT erlebt, dass sich der digitale Segen in einen Fluch verwandelt, wenn der Mensch und sein kritischer Verstand nicht die Rolle des Betriebssystems übernehmen, ändert sie ihr Leben und Arbeiten radikal: Aus der Web-Enthusiastin wird eine Kämpferin für den selbstbestimmten, selbstverantwortlichen und selbstkritischen Umgang mit digitalen Chancen und Gefahren.

2011 LANDET SIE MIT DEM PROVOKANTEN RATGEBER »E-Mail macht dumm, krank und arm« einen Digital-Detox-Bestseller noch bevor das Wort in Mode kommt. 2013 folgt »Facebook macht blöd, blind und erfolglos«. Die Vortragsbühnen erobert sie als »Digital-Therapeutin«. Firmen wie Microsoft, IBM, Daimler, Media Markt oder SAP lassen sich von ihr den Spiegel vorhalten und sind begeistert. Wer Anitras Referenzzitate lesen will, braucht dafür länger als für ihre Facebook-Chronik.

ANITRA SPRICHT SECHS SPRACHEN, fühlt sich in der Welt zuhause und ist in ihrer Lieblingsstadt Wien daheim. Zeit verschwendet sie sparsam: In ihren Mußezeiten zieht sie sich zum Denken und Schreiben in eine Plumpsklohütte zurück, liest nächtelang, kocht Jamie O., genießt Filme und Musik, Treibholztage ohne Plan und Ziel, zähmt Raben oder sieht Blumen beim Wachsen zu. Ihre Maxime: Sein ist alles. Heute für immer.

www.anitra-eggler.com

»ANITRA EGGLER IST JEDEN EURO WERT«

Wenn Sie wissen möchten, wer das gesagt hat: www.anitra-eggler.com/referenzen

SENSATIONELL!

Ein Feuerwerk!

Mitreißend!

Brillant!

Frech!

MEHR geht nicht!

Wie heißt die beste Internet-Brandrednerin der Welt? Bevor Sie googeln:
www.anitra-eggler.com

ANITRA EGGLER
Mail halten!

DER VORTRAG. LIVE!

DIGITAL DETOX
FÜR BÜROKRIEGER.
DIE BLITZTHERAPIE.

Die DVD zum Buch:
www.anitra-eggler.com/shop

ANITRAS TOP 10

Meine aktuelle Top 10
der l(i)ebenswerten Dinge.
Jeden Monat in Ihrer Mailbox.
99.999 Abonnenten können
nicht irren. Oder doch?

www.anitra-eggler.com/top10

Quellen

OUVERTÜRE

Roger Willemsen, Der Knacks,
S. Fischer Verlag.

[1]   Kennzahlen des Homo Digitalis: Menthal
      Studie der Uni Bonn: http://www.uni-bonn.
      de/Pressemitteilungen/195-2015, Alexander
      Markowetz, Digitaler Burnout, Droemer
      Knaur, 2015; E-Mails, Meetings: http://www.
      bain.de/press/press-archive/your-scarcest-
      resource.aspx; Scheidungen: Statistisches
      Bundesamt: http://www-genesis.destatis.
      de/genesis/online und http://de.statista.
      com/statistik/daten/studie/229/umfrage/
      anteil-der-ehescheidungen-nach-ehejah-
      ren/; Microsoft-Studie: http://advertising.
      microsoft.com/en/WWDocs/User/display/
      cl/researchreport/31966/en/microsoft-
      attention-spans-research-report.pdf; Sex:
      ProSiebenSat.1 Media (Puls4); Marketagent:
      http://www.puls4.com/tabu
[2]   Dieses Gedicht wurde viele Jahre fälsch-
      licherweise Jorge Luis Borges zuge-
      schrieben: http://en.wikipedia.org/wiki/
      Moments_%28poem%29. Das Web vergisst
      nichts, das Gedicht »Instantes« wird für
      immer Teil von Borges' Internet-Werkschau
      sein.

DATEN DIARRHÖ

[3]   Beachtenswerte Zitate von Erich Schmidt:
      http://de.wikiquote.org/wiki/Eric_Schmidt
[4]   Diese Rubrik ist inspiriert von meinem Lieb-
      lingsmagazin »brandeins« und der Rubrik
      »Die Welt in Zahlen«. Quellenreihenfolge
      folgt Textreihenfolge: E-Mails verschlüsseln:
      brandeins 04/2014 http://www.brandeins.de/
      archiv/2014/originalität/die-welt-in-zahlen/;
      Online-Shopper: Marketagent, Shopper-
      Report 2015, Seite 12: http://www.market-
      agent.com/webfiles/MarketagentCustomer/
      pdf/91c4bc6c-fa73-4099-8663-c28dcc704dc7.

pdf; Ketchum Pleon und TNS Emnid 2011
http://de.statista.com/statistik/daten/stu-
die/205381/umfrage/stellenwert-des-schut-
zes-der-privatsphaere-im-internet/; Facebook Datenschutzrichtlinien: http://de-de.
facebook.com/privacy/explanation; Morphin
von Merck 10 mg: http://www.merckse-
rono.de/cmg.merckserono_de_2011/de/
images/PIL%20MORPHIN%20MERCK%20
10%20MG%20-%20DEU_tcm1635_102797.
pdf?Version=; die durchschnittliche Lesezeit
wurde mit Wörterzahl/200 = Minuten
berechnet; Datenschutz-Verordnung: http://
de.wikipedia.org/wiki/Datenschutz-Grund-
verordnung; www.lobbyplag.eu; Symantec
State of Privacy Report 2015, Seite 12: http://
www.symantec.com/content/en/us/about/
presskits/b-state-of-privacy-report-2015.pdf;
Datenhandel: brandeins 11/2013: http://www.
brandeins.de/archiv/2013/trennung/die-welt-
in-zahlen/; Xing: http://corporate.xing.com/
fileadmin/IR/XING_AG_ergebnisse_GJ_2015.
pdf; Passwort-Verkauf: Sailpoint: http://
www.sailpoint.com/news/market-pulse-sur-
vey-2016; Atomrakete: brandeins 04/2014:
http://www.brandeins.de/archiv/2014/kon-
zentration/die-welt-in-zahlen/; Cybercrime:
brandeins 02/2015: http://www.brandeins.de/
archiv/2015/marketing/die-welt-in-zahlen/
[5]   Datenwert aller Europäer: Boston Consulting
      Group, www.libertyglobal.com/PDF/public-
      policy/The-Value-of-Our-Digital-Identity.pdf
[6]   Datendiebstahl: http://www.gemalto.com/
      brochures-site/download-site/Documents/
      ent-Breach_Level_Index_Annual_Re-
      port_2015.pdf
[7]   60 Sekunden 2016: http://www.kaufda.de/
      info/apps-in-echtzeit/; http://motherboard.
      vice.com/de/read/so-viel-daten-produziert-
      die-menschheit-pro-sekunde-ueber-ihre-
      apps-504
[8]   www.23andme.com
[9]   www.nest.com
[10] Ryan Blocks' Tweet über die Google-Über-
      nahme von Nest: http://twitter.com/ryan/

status/422839526684254209

[11] Bose Soundtouch Datenschutzrichtlinien: http://worldwide.bose.com/downloads/de/web/soundtouch_privacy_policy/page.html

[12] Amazon-Rezension der Bose Soundtouch: http://www.amazon.de/gp/customer-reviews/R18XWSXPI8HJGL/ref=cm_cr_arp_d_rvw_ttl?ie=UTF8&ASIN=B0117RGQ0M

SKLAVEN-PHONITIS

[13] Marketagent, AVG, Forsa, http://derstandard.at/1376534201372/Oesterreicher-verzichten-lieber-auf-Sex-als-auf-Handy-und-Internet, http://www.pressebox.de/inaktiv/avg-technologies-ger-gmbh/Weltweite-AVG-Umfrage-zeigt-SexOE-Nein-danke-Knapp-die-Haelfte-der-deutschen-Frauen-verzichtet-lieber-auf-Sex-als-auf-ihr-Smartphone/boxid/606696, http://www.focus.de/familie/kinderspiele/medien/handy-fuer-jugendliche-oft-wichtiger-als-sex-studie-offenbart_id_2389232.html

[14] Diese Rubrik ist inspiriert von meinem Lieblingsmagazin »brandeins« und der Rubrik »Die Welt in Zahlen«. Quellenreihenfolge folgt Textreihenfolge: http://www.analysysmason.com/Research/Content/Reports/consumer-smartphone-usage-OTT-Apr2014-RDMV0/, brandeins 01/2016: http://www.brandeins.de/archiv/2016/befreiung/die-welt-in-zahlen/; eMarketer via http://de.statista.com/statistik/daten/studie/500579/umfrage/prognose-zur-anzahl-der-smartphonenutzer-in-deutschland/, http://de.statista.com/statistik/daten/studie/198959/umfrage/anzahl-der-smartphonenutzer-in-deutschland-seit-2010/, FUR »Daten und Fakten zum Online-Reisemarkt 2016«, Seite 47, brandeins 05/2013: http://www.brandeins.de/archiv/2013/besitz/die-welt-in-zahlen/, brandeins 03/2012: http://www.brandeins.de/archiv/2012/relevanz/die-welt-in-zahlen/, http://www.mymarktforschung.de/studien/Studie-Digitale-Demenz-2015.pdf

[15] WhatsApp Scheidungen: http://www.independent.co.uk/life-style/gadgets-and-tech/whatsapp-evidence-used-to-divorce-nearly-half-of-italian-adulterers-9850780.html

[16] Menthal App und Studie der Uni Bonn: http://www.uni-bonn.de/Pressemitteilungen/195-2015
BUCHTIPP: Alexander Markowetz: Digitaler Burnout, Droemer Knaur

[17] Baystate Medical Center Massachusetts, 2012

[18] Deloitte Digital, »Digital Disruption«, 2012

E-MAIL-WAHNSINN

[19] Das »Peter-Prinzip« des kanadischen Wissenschaftlers Laurence J. Peter gilt als eines der empirisch am besten bewiesenen Management-Gesetze. Es besagt, dass jeder so lange in Hierarchien befördert wird, bis er die Stufe seiner eigenen Unfähigkeit erreicht. Je kompetenter jemand ist, desto schneller erreicht er diese Stufe und verharrt dort bis ans Ende seiner Karriere.

[20] Diese Rubrik ist inspiriert von meinem Lieblingsmagazin »brandeins« und der Rubrik »Die Welt in Zahlen«. Quellenreihenfolge folgt Textreihenfolge: Bain-Studie: http://bain.de/press/press-archive/your-scarcest-resource.aspx, Bitkom Presseinfo vom 13. Oktober 2014: http://www.bitkom.org/Bitkom/Publikationen/Anforderungen-an-die-Gehalte-von-Kohlenwasserstoffen-PAK.html, Bitkom-Studie Jugend 2.0: http://www.bitkom.org/Bitkom/Publikationen/Studie-Jugend-20.html, Bitkom 2015: http://de.statista.com/infografik/3664/anteil-der-berufstaetigen-die-im-sommer-urlaub-haben-aber-beruflich-erreichbar-sind/, Shell Jugendstudie 2015: http://www.shell.de/aboutshell/media-centre/news-and-media-releases/2015/shell-jugendstudie.html, Bitkom 2016: http://www.bitkom.org/Presse/Presseinformation/Verschluesselung-von-E-Mails-kommt-nur-langsam-voran.html, Symantec State of Privacy Report 2015, Seite 40: http://www.symantec.com/content/en/us/about/presskits/b-state-of-privacy-report-2015.pdf, AOK - Zahlen und Fakten 2015

[21] Basex-Studie: Information Overload: We Have Met the Enemy and He Is Us, Basex, 2008. http://iorgforum.org/wp-content/uploads/2011/06/CostOfNotPayingAttention.BasexReport1.pdf

[22] ADT: CrazyBusy: Overstretched, Overbooked, and About to Snap!, Dr. Edward M. Hallowell, Ballantine Books, 2006. http://agilealliance.org/wp-content/uploads/2016/01/OverloadedCircuitsWhySmartPeopleUnderperform.pdf

[23] Marihuana-Studie: King's College London im Auftrag von Hewlett Packard, 2004.

[24] Ablenkungs-Studie: No Task Left behind? Examining the Nature of Fragmented Work, Victor González, Justin Harris, Gloria Mark, Donald Bren, School of Information and Computer Science, University of California, 2005

[25] »The Pomodoro Technique«, Francesco Cirillo, Lulu.com, 2009. Weitere Infos auf: www.pomodorotechnique.com

[26] A-ttention = Aufmerksamkeit, I-nterest = Interesse, D-esire = Wunsch nach mehr, A-ction = Handlung. Beispiel: Absender = Attention, Betreffzeile = Interest + Desire, Action = E-Mail öffnen. Ein guter E-Mail-Text folgt dann erneut dem AIDA-Aufbau.

[27] Tim Ferris Abwesenheitsnotiz: http://lifehacker.com/tim-ferris-email-auto-responses-can-help-you-manage-yo-1605397285. BUCHTIPP: Etwas veraltet, aber trotzdem lesenswert: Tim Ferris: Die 4-Stunden-Woche, econ

SINNLOS-SURF-SYNDROM

[28] Diese Rubrik ist inspiriert von meinem Lieblingsmagazin »brandeins« und der Rubrik »Die Welt in Zahlen«. Quellenreihenfolge folgt Textreihenfolge: brandeins 08/2014: http://www.brandeins.de/archiv/2014/spass/die-welt-in-zahlen/; brandeins 03/2015: http://www.brandeins.de/archiv/2015/fuehrung/die-welt-in-zahlen/; http://www.similarweb.com/country/germany; brandeins 05/2014: http://www.brandeins.de/archiv/2014/im-interesse-des-kunden/die-welt-in-zahlen/; http://www.swr.de/natuerlich/stromfresser-internet-wie-viel-energie-braucht-das-netz/-/id=100810/did=14939750/nid=100810/17wfi2i/

[29] Stromverbrauch: http://www.swr.de/natuerlich/stromfresser-internet-wie-viel-energie-braucht-das-netz/-/id=100810/did=14939750/nid=100810/17wfi2i/

[30] Lesetest von Journalistikstudenten: http://www.uh.edu/news-events/stories/2014/September/091514printvsonline.php

[31] Stanford-Studie: http://news.stanford.edu/news/2009/august24/multitask-research-study-082409.html

[32] Wikipedia: http://www.welt.de/debatte/kommentare/article142471444/Wikipedia-ist-eine-sexistische-Maennerwelt.html

SOCIAL-MEDIA-INKONTINENZ

[33] Diese Rubrik ist inspiriert von meinem Lieblingsmagazin »brandeins« und der Rubrik »Die Welt in Zahlen«. Quellenreihenfolge folgt Textreihenfolge: brandeins 09/2015: http://www.brandeins.de/archiv/2015/pragmatismus/die-welt-in-zahlen/; http://www.zeit.de/digital/internet/2016-02/twitter-drohung-hass-hetze-trust-safety; Politbarometer: http://www.zdf.de/politbarometer/politbarometer-5990568.html, www.facebook.com/WinfriedKretschmann, www.facebook.com/HCStrache, www.facebook.com/alternativefuerde; Facebook: http://investor.fb.com/releases.cfm; BMW Group: http://www.bmwgroup.com/en/investor-relations/financial-reports.html; Milward Brown: http://www.millwardbrown.com/BrandZ/2015/Global/2015_BrandZ_Top100_Chart.pdf; Selfie-Studie: Tomorrow Focus Media: »Social Trends - Social Media«, März 2015, Seite 16; Bibis Beauty Palace: http://www.youtube.com/user/BibisBeautyPalace; http://www.youtube.com/watch?v_IhrLK4JZwUVY [online seit 10.11.2013]; AGF und http://meedia.de/2016/04/04/muenchen-tatort-mit-hoher-abschaltquote-anne-will-punktet-mit-den-panama-papers/; brandeins 01/2016: http://

www.brandeins.de/archiv/2016/befreiung/
die-welt-in-zahlen/; Instagram; Tomorrow
Focus Media: »Social Trends - Social Media«,
März 2015, Seite 22; Instagram und neon
01/2016 Seite 54

[34] Likenswert:
http://www.facebook.com/zddk.eu

[35] Facebook-Kundendienst-Fall: http://fb-kun-
dendienst.de/kundendienst-bei-aldi-sued-5/

[36] Facebook-Profil: http://www.facebook.com/
kundendienstmitarbeiter

TINDERITIS

[37] Diese Rubrik ist inspiriert von meinem Lieblingsmagazin »brandeins« und der Rubrik
»Die Welt in Zahlen«. Quellenreihenfolge
folgt Textreihenfolge: Liebeserklärungen:
brandeins 03/2015: http://www.brandeins.de/
archiv/2015/fuehrung/die-welt-in-zahlen/,
brandeins 12/2015: http://www.brandeins.de/
archiv/2015/geschwindigkeit/geschwindig-
keit-in-zahlen/; Tinder: brandeins 03/2016:
http://www.brandeins.de/archiv/2016/
das-neue-verkaufen/die-welt-in-zahlen/;
Tinder in der Schweiz: http://www.20min.
ch/community/stories/story/40-Prozent-
kommen-dank-Tinder-zu-Sex-18451320;
Spionieren: Parship: http://www.parship.
de/editorial/unternehmen/presse/presse-
meldungen-2015/parship-wissen-suesses-
geheimnis-oder-bittere-wahrheit-so-halten-
es-singles-mit-der-ehrlichkeit/; Schluss
per Handy: brandeins 12/2013: http://www.
brandeins.de/archiv/2013/zeitgeist/die-welt-
in-zahlen/; Mobile Dating: NEU.DE Studie
08/2014, Seite 6: http://www.presseportal.
de/pm/63152/2804385; Handy im Bett:
brandeins 03/2014: http://www.brandeins.
de/archiv/2014/beobachten/die-welt-in-
zahlen/; Porno: brandeins 11/2013 http://
www.brandeins.de/archiv/2013/trennung/
die-welt-in-zahlen/; Österreicher und Sex:
ProSiebenSat.1 Media (Puls4); Marketagent:
http://de.statista.com/statistik/daten/
studie/301993/umfrage/umfrage-in-oester-
reich-zu-vorteilen-von-virtuellem-sex-cyber-
sex/; SMS vs. Bibel: brandeins 11/2013

http://www.brandeins.de/archiv/2013/
trennung/die-welt-in-zahlen/; Parship:
http://www.parship.de/editorial/jubilae-
um/, Parship-Zahlen: Hochrechnung aus
Nutzerbefragung nach Ende der Premium-
Mitgliedschaft, weltweit, Stand Dezember
2015; Parship-Babys: Hochrechnung auf
Basis der Parship-Paarbefragung 2013,
Emojis: http://www.focus.de/digital/videos/
emojis-sorgen-fuer-mehr-sex-studie-wer-
smileys-verschickt-laesst-es-im-bett-kra-
chen_id_4458457.html

[38] www.emojitracker.com

[39] http://www.wisterialane.eu/pmwiki.php/
Charaktere/IdaGreenberg

FINALE

Roger Willemsen, Momentum,
S. Fischer Verlag.

ALLE QUELLEN WURDEN AM 25.04.2016 ABGERUFEN.

Anitra Eggler

ISBN 978-3-9503241-9-8

DESIGN: Inge Vorraber, www.ingol.at   ←   *Bitte nicht klicken! Suchtgefahr!*

KORREKTORAT: Julian von Heyl, www.korrekturen.de
DRUCK: Graspo CZ a.s., Zlín, www.graspo.com

Vielen Dank
für das Lieben.

Für meine Lebensmenschen,
die vielgeliebten.

Für meine Toten,
die unsterblichen.

Sein ist alles.
Heute für immer
Anita